CB070225

Belas Letras

MÚSICA **CULTURA POP** ESTILO DE VIDA COMIDA
CRIATIVIDADE & IMPACTO SOCIAL

1964
Os olhos do furacão

FOTOGRAFIAS
E REFLEXÕES DE

Paul McCartney

INTRODUÇÃO DE
JILL LEPORE

Belas Letras

Copyright © 2023 MPL Communications Ltd
Copyright da introdução © 2023 Jill Lepore

Todos os direitos reservados
Traduzido e publicado no Brasil pela Belas Letras em acordo com a Liveright Publishing Corporation, uma divisão da W. W. Norton & Company, Inc.
www.wwnorton.com

Nenhuma parte desta publicação pode ser reproduzida, armazenada ou transmitida para fins comerciais sem a permissão do editor. Você não precisa pedir nenhuma autorização, no entanto, para compartilhar pequenos trechos ou reproduções das páginas nas suas redes sociais, para divulgar a capa, nem para contar para seus amigos como este livro é incrível (e como somos modestos).

Este livro é impresso em papel produzido a partir de florestas geridas com um olhar de sustentabilidade e responsabilidade social e ambiental.

Este livro é o resultado de um trabalho feito com muito amor, diversão e gente finice pelas seguintes pessoas:
Gustavo Guertler (*publisher*), Germano Weirich (coordenação editorial e revisão), Celso Orlandin Jr. (adaptação da capa e do projeto gráfico), Gilvan Moura (revisão técnica) e Henrique Guerra (tradução)
Obrigado, amigos.

2023
Todos os direitos desta edição reservados à
Editora Belas Letras Ltda.
Rua Visconde de Mauá, 473/301 – Bairro São Pelegrino
CEP 95010-070 – Caxias do Sul – RS
www.belasletras.com.br

Dados Internacionais de Catalogação na Fonte (CIP)
Biblioteca Pública Municipal Dr. Demetrio Niederauer
Caxias do Sul, RS

M123m	McCartney, Paul
	1964: os olhos do furacão / Paul McCartney; tradutor: Henrique Guerra. - Caxias do Sul, RS: Belas Letras, 2023.
	336 p.: il.
	Contém fotografias.
	Título original: 1964: eyes of the storm
	ISBN: 978-65-5537-277-9
	1. Rock (Música). 2. Músicos de rock - Inglaterra – Fotografia. 3. Beatles (Conjunto musical). 4. Fotografias. I. Guerra, Henrique. II. Título.
23/11	CDU 784.4(420)(084.121)

Catalogação elaborada por Vanessa Pinent, CRB-10/1297

Dedicado à minha esposa, aos meus filhos, aos filhos deles
e aos meus gloriosos familiares e amigos

Apresentação 9
Paul McCartney

Prefácio 16
Nicholas Cullinan

Beatlelândia 19
Introdução de Jill Lepore

Fotografias
Liverpool 39
Londres 71
Paris 123
Nova York 169
Washington, D.C. 203
Miami 229
Coda 304

Outra lente 313
Rosie Broadley

Linha do tempo 325
Notas 330
Agradecimentos 334
Créditos 335

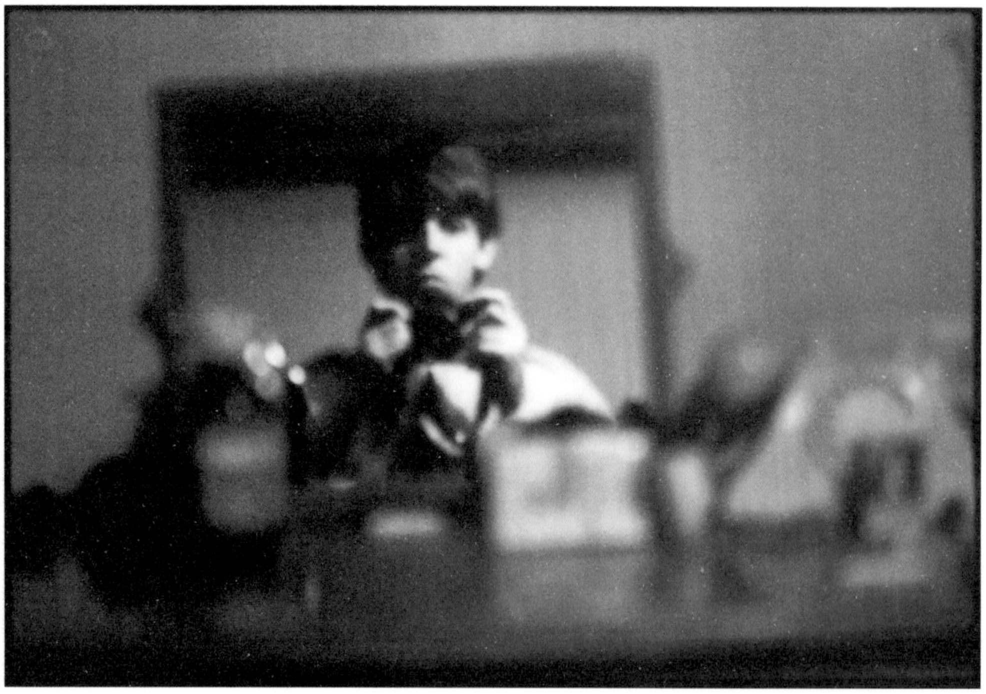

Apresentação
Paul McCartney

Olhar para a força, olhar para o amor e a maravilha do que passamos, capturados nestas fotos, é o essencial. É o que torna a vida excelente.

Eu sempre soube, nos recônditos de minha mente, que havia tirado algumas fotos na década de 1960. A princípio, eu não sabia dizer o ano exato, mas tinha certeza de que éramos bem jovens, justo na época em que os Beatles começaram a decolar para valer. Nunca me esforcei para localizar esta coleção – pelo menos, de modo consciente –, mas eu meio que pensava que, na hora certa, ela viria à tona. Em geral, uma certa dose de acaso feliz, ou serendipidade, está envolvida. Em 2020, durante os preparativos para uma exposição com as fotografias de Linda, minha falecida esposa, comentei haver tirado as minhas próprias. Só então fiquei sabendo que elas tinham sido preservadas em meus arquivos da MPL. Assim, não escondi meu deleite ao ver, pela primeira vez após tantas décadas, estas imagens e folhas de contato, carinhosamente preservadas e enfim localizadas.

É algo instantâneo: quem redescobre uma relíquia pessoal ou um tesouro familiar é engolfado por uma onda de lembranças e emoções, as quais, por sua vez, desencadeiam associações enterradas na bruma do tempo. Foi exatamente essa a minha experiência ao rever essas fotos, tiradas em um trimestre, durante um intenso período de viagens, cujo ápice acabou sendo fevereiro de 1964. Mergulhar outra vez nesse período foi uma sensação maravilhosa que essas fotos me proporcionaram. Ali estava o meu próprio registro de nossa primeira grande turnê, um diário fotográfico dos Beatles em seis cidades, começando por Liverpool e Londres, passando por Paris (que John e eu tínhamos visitado, na condição de caroneiros comuns, pouco mais de dois anos antes), e depois o que consideramos o momento grandioso, a nossa primeira visita como banda aos EUA – Nova York, Washington e Miami –, o país onde, ao menos em nossas mentes, o futuro da música estava nascendo.

Hoje, ninguém duvida que esses três meses foram uma espécie de caldeirão, mas na época não sabíamos que fervilhava um novo som, um novo movimento. Estranhamente estávamos no centro dessa sensação global, que se inflamou no Reino Unido em 1963 e a imprensa cunhou de "Beatlemania". Nas casas de shows, nos programas de tevê e nas paradas, irrompeu esse momento de *pandemônio* – de que outra maneira poderíamos chamar? De repente, a juventude inteira estava ouvindo as nossas músicas.

Era impossível para nós, quatro caras de Liverpool, perceber as implicações do que estávamos fazendo. No finzinho de fevereiro de 1964, após a nossa visita aos Estados Unidos e três participações no *The Ed Sullivan Show*, enfim tivemos que admitir: era infundado nosso temor inicial de que seríamos fogo de palha, como acontecia com muitos grupos. Estávamos na vanguarda de algo mais significativo, uma revolução na cultura, especialmente entre os mais jovens. Talvez nós, de um modo inconsciente e primitivo, até tenhamos sentido isso, mas só mais tarde esse tópico seria retomado por críticos e historiadores do rock, inclusive século XXI adentro, como bem descreve Jill Lepore em sua introdução.

Esta coleção de fotografias – a maioria delas de minha autoria, mas algumas feitas com a minha câmera Pentax por meus colegas de banda, *roadies* e empresários – foram aceitas pela

National Portrait Gallery, em Londres, para a reinauguração da casa após uma longa reforma. Esse fato me deixou honrado, mas também atônito. Reconheço que elas têm valor histórico, mas preciso enfatizar que não estou tentando dizer que sou um mestre, apenas um entusiasta da fotografia que, por acaso do destino, estava no lugar certo na hora certa. E tem um grande valor para mim o fato de que uma curadora sênior da estirpe de Rosie Broadley tenha sido capaz de contextualizar as quase mil fotografias da coleção, das quais 275 estão neste livro. A acrescentar, apenas, que tenho um imenso respeito por todos os fotógrafos profissionais que fizeram das tripas coração – pena que, às vezes, quebrando literalmente um braço ou uma perna nesse processo – para capturar a loucura dos anos 1960. Torço para que estas fotos complementem tudo o que eles já fizeram.

A verdade é que desde criança eu me interesso por fotografia. Na década de 1950, a nossa família tinha uma câmera fotográfica modelo caixote. Eu amava o ritual de abastecer a nossa câmera Brownie com um rolo de filme Kodak. Depois eu pedia ao meu irmão Mike para tirar uma foto minha na frente de um restaurante especializado em *hot-dogs* – produto de exportação dos EUA a um país que nunca tinha visto um cachorro-quente antes. E desde aqueles primeiros anos, manuseávamos a câmera para tirar fotos um do outro. Esse hobby não era só da família McCartney. Cada família que conhecíamos levava sua câmera nas férias, para fazer registros do tipo "Curtindo férias em Blackpool" ou "A tia Dilys, o tio Harry e eu", como fazíamos nas temporadas de férias, nos acampamentos da rede Butlin's.

Quando observo estas fotos, admiro ainda mais os fotógrafos dos Beatles naquela época. Tinham que enquadrar a imagem, calcular a iluminação e simplesmente correr o risco – a loucura que nos envolvia em todos os lugares dificultava ainda mais o trabalho deles. Muitas vezes, eu fotografava os jornalistas, nem tanto por vingança, mas porque estavam ao nosso redor e eram um grupo interessante. Eu costumava indagar a eles: "Qual é a iluminação certa?", porque eram profissionais e tinham a resposta na ponta da língua. Apesar da simplicidade da câmera, o processo, ao menos para mim, era desafiador. A cada rolo, você tinha só vinte e quatro ou trinta e seis imagens, e tinha que acertar, pois não havia uma segunda chance. É um contraste muito grande com o processo atual de tirar fotos com o celular. Naquela época você não poderia ser preguiçoso. Precisava tirar a foto certa, realmente compor a imagem no quadro, sem ter a certeza de que poderia editá-la mais tarde. Eu observava a minha esposa Linda trabalhar, e nesse aspecto ela era muito tradicional. Com disciplina, visualizava a foto e depois a tirava. Ela entendia que tinha só uma oportunidade e precisava acertar.

Esse tipo clássico de fotografia tem mais relevância para a música e o processo de gravação do que você imagina. Hoje em dia, tem gente que entra no estúdio sem ter uma canção nem ideia do que vai fazer – e fica ali tocando, até algo "aparecer". Em geral, penso que isso se configura como uma enorme perda de tempo e aconselho o pessoal a ter uma ideia do que vai fazer antes de entrar e gravar uma faixa musical. Porém, como nas fotos de celular, eles vão gravando trechos de músicas, e mais tarde escolhem e fazem a mixagem.

Quando eu olho para estas fotos hoje, décadas após terem sido tiradas, sinto que elas transmitem uma certa inocência. Naquela época tudo era novo para nós. Mas me agrada pensar que hoje eu não as mudaria em nada e as tiraria exatamente como as tirei. Algumas delas são desfocadas, e eu até poderia dizer: "Bem, seria melhor ter dedicado um pouco mais de tempo para ajustar o foco". Mas não tínhamos esse tempo. E hoje isso me deixa muito feliz. Penso no estilo de Julia Margaret Cameron; boa parte de suas fotos é assim. Falta nitidez a muitos de seus melhores retratos. Tomara que talvez eu consiga me safar também. A correria era tanta que, se a oportunidade surgisse, você tinha apenas que agarrar, agarrar, agarrar! Ou seja, alguns desses instantâneos são menos nítidos que os outros. Mas eu meio que aprecio isso, aprecio essa mescla. Entre as fotos muito nítidas aparecem outras mais românticas, com a maleabilidade que realmente captura o tempo.

As coisas se precipitavam com tanta intensidade que não posso afirmar que a fotografia estava em primeiro plano na minha mente em meio às turnês. Embora quiséssemos deixar de ser uma banda menor para nos tornarmos uma banda importante, e embora almejássemos aceitação internacional quando fomos à França e depois aos EUA, ninguém poderia ter previsto o que eu descrevo como "Os olhos do furacão". Primeiro, fiquei tentado a intitular a obra de "O olho do furacão", pois, com certeza, os Beatles estavam no centro, ou no olho, de um furacão autoprovocado, mas quando perscrutei todas essas fotografias, eu me dei conta de que o título deveria ser "*Os olhos* do furacão", no plural, em atenção a todas as fotos que outras pessoas estavam tirando, às fotos que eu estava tirando e também aos olhos dos fãs que nos recebiam e dos seguranças que nos protegiam. Quem é que está olhando para quem? Parece que a câmera está sempre mudando, ora eu estou fotografando eles, ora a imprensa nos fotografando, e aquelas milhares e milhares de pessoas querendo capturar esse furacão.

A coisa boa é que o nosso sucesso não surgiu de um dia para o outro, mas foi se desenvolvendo de um jeito que eu gosto de descrever como "escada rumo às estrelas". Como se fosse algo planejado, a nossa evolução foi constante até 1964, e estávamos "preparados". Mas me diga se alguém pode estar preparado para fãs rasgando suas roupas ou tentando cortar o seu cabelo com uma tesoura, como experimentou Ringo no lugar mais inusitado de todos, a embaixada britânica em Washington? A verdade é que esse fenômeno internacional não surgiu do nada – houve uma trajetória. Desde visitar as redações de jornais em nossa própria região, tocar em salas de teatro no Reino Unido, participar de programas de rádio, antes de sermos convidados a aparecer na tevê, e, depois disso, sermos parados na rua para dar autógrafos, principalmente após um show de sábado à noite. No começo, era muito lisonjeiro, e era um prazer nos alinharmos diante de uma pequena multidão de garotas e perguntar: "Qual é o seu nome? Para quem vai a dedicatória?". À medida que a loucura foi crescendo, porém, fomos ficando sem tempo, apesar de nossas melhores intenções. Já não podíamos mais ser quem realmente queríamos ser.

Sem sombra de dúvida, os EUA foram o grande prêmio, de onde vinha toda, ou quase toda, a música que amávamos. Em se tratando de filmes, isso também valia; os filmes americanos atraíram não só a minha geração, mas também a de meu pai. Até mesmo os astros cantores, muito antes de Elvis, eram todos americanos. Se achar que estou sendo nostálgico, lembre-se de que isso aconteceu menos de vinte anos após o fim da Segunda Guerra Mundial. Para nós, os EUA eram "a terra dos livres", a nação que recebia "suas massas aglomeradas" – expressão que eu sempre gosto de relembrar quando alguém começa a reclamar da presença de imigrantes. Foram os imigrantes, ainda me apraz dizer às pessoas, que ajudaram a criar a cena cultural americana, pela qual nos apaixonamos e depois adotamos na Inglaterra.

Todos os primórdios do rock'n'roll vieram dos EUA. Eram esses os discos que adorávamos ouvir. Em retrospectiva, os EUA tinham uma enorme vantagem por causa de sua música negra – blues e jazz antigos –, coisa que simplesmente faltava na cultura europeia. A coisa toda veio dos negros, que foram os pioneiros disso tudo, cantando nas cidades, em clubes que Elvis visitava e ficava do lado de fora, admirando, ouvindo canções que mais tarde pegou e moldou em interpretações próprias, coisas como "That's All Right" e "Lawdy Miss Clawdy". Esse foi – e até hoje ainda é – o tipo mais popular de música americana, com estilos como hip-hop só ampliando a sensibilidade para o novo século. Qualquer pessoa que cantar nesse estilo estará, de uma forma ou de outra, imitando músicos negros. Amo rastrear as raízes dessa música, a maior parte do Sul, especialmente de Memphis. Quem lê História, sabe que as origens dessa música vêm da escravidão, do que se cantava nas lavouras de algodão, cantigas filtradas pelo gospel num tipo de som jamais escutado antes. O nosso fascínio por todas essas formas de música, inclusive a nossa, foi evoluindo, num crescendo, como uma estrela prestes a explodir.

Dois meses e meio antes de chegarmos, o presidente Kennedy foi assassinado, e o crime repercutiu no mundo inteiro. Por isso, imaginávamos que a atmosfera nos EUA ainda estaria contida. Mas no instante em que pousamos em Nova York, logo de cara descobrimos: o que nos esperava não tinha nada a ver com clima de velório. Foi no começo de fevereiro que aterrissamos. Uma sexta-feira. Súbito, nos sentimos sob o escrutínio de milhares de olhos – e, mais tarde, por meio da televisão e do *The Ed Sullivan Show*, milhões –, criando um panorama do qual nunca vou me esquecer, pelo resto da minha vida.

O caos naquele aeroporto em fevereiro beirou a histeria em massa. Nem em Liverpool, tampouco em Londres, muito menos em Paris aconteceu algo comparável. Mas o aeroporto (antes Idlewild, recém-rebatizado como Kennedy) foi só o começo. Multidões se enfileiraram nas ruas e rodovias para nos saudar, à medida que o nosso veículo foi rodando, devagarinho, rumo a Manhattan. Jornalistas e fotógrafos nos seguiram em carros e furgões, os fãs se acotovelando nos dois lados da estrada, acenando, como se fôssemos atletas triunfais em plena volta olímpica. A foto que ilustra a capa deste livro, que tirei após escapulir por um acesso lateral do Plaza, onde estávamos hospedados, revela o frenesi da visita e ao mesmo tempo a energia de Nova York, com a silhueta de todos aqueles arranha-céus pairando acima dos outros prédios da West Fifty-Eight

Street. Existe algo aparentemente desesperado nessa necessidade de fugir ou *escapar*, como se pudéssemos acabar presos numa arapuca. Mas, pensando bem, foram essas *perseguições* que colocaram os Beatles no olho do furacão. Estávamos só começando a nos acostumar com esse tipo de consciência.

Talvez você pense que isso tudo foi terrível, doloroso, e que nos sentíamos como bichos numa jaula. Só posso falar por mim mesmo, mas não me senti assim. Aquilo foi algo que sempre almejamos, então, quando aconteceu de verdade, quando os policiais montados contiveram o avanço da multidão nos arredores do Plaza, tive a sensação de que éramos astros no meio de um filme para lá de empolgante. E o melhor é que nunca houve maldade. O povo em nosso encalço só queria nos ver, só queria dizer oi e tocar em nós.

Nem por isso estou dizendo que ignorávamos outros perigos. Quando olho essas fotos hoje, me surpreende o fato de que tantos policiais e suas armas carregadas tenham atraído o meu olhar. Na época de Oliver Cromwell, em meados do século XVII, na Inglaterra existiam muitas pistolas com mecanismo de pederneira, mas na verdade não somos um país de armas. Em minha infância, não me lembro de ter visto uma arma e com certeza nunca manuseei uma. Logo descobri que os EUA tinham essa tradição da Segunda Emenda, mas ainda me chocava estar no meio dessa terra de contrastes: primeiro o glamour, com todas aquelas fotos de palmeiras em Miami, e depois o policial nos acompanhando após encostar ao lado de nosso carro, armas e munição bem ao lado da lente da minha câmera. Em especial após a morte do presidente Kennedy, percebi que isso era algo tipicamente americano.

Mas outras coisas essencialmente americanas também me atraíam. Ainda pairava no ar uma inocência. Você verá como ao longo da visita dos Beatles a Washington e depois a Miami a minha câmera foi atraída para esse novo e americano universo de pessoas comuns. Basta ver o homem com a pá diante do vagão de carga da Pensilvânia em Washington, com olhar absorto, ou os quatro mecânicos de avião em uniforme branco no aeroporto de Miami. Esse povo é meu. É daí que eu venho. Cresci numa família da classe trabalhadora em Liverpool, então eu nunca poderia me descolar de gente assim. Eu queria estar entre eles. Meus parentes eram iguaizinhos a esse pessoal. Você os encontrará – o motorista de ônibus, o carteiro, o leiteiro – não só em minhas canções, mas em muitas destas fotos. Você pode pensar "grande coisa": esse alguém na rua não passa de um sujeito de Liverpool comum, apenas um vendedor de seguros comum. Esse tipo de pensamento pode ser um grande erro, como no caso do meu primo Bert, um cara inteligentíssimo, com um senso de humor incrível, que na verdade coligia palavras cruzadas, e cruzadinhas bem enigmáticas, para três dos principais jornais da Inglaterra. Até hoje sempre defendo o grande valor da gente comum.

Os EUA continuavam sendo um país de contradições. Esse fato se tornou evidente na etapa em Miami, com toda aquela explosão de cores após a cinzenta monotonia de Nova York e Washington, com o entorno da Casa Branca e do Capitólio enterrado em neve lamacenta. Eu ainda não tinha trocado para filme colorido, mas você pode sentir a emoção intensa quando pousamos no aeroporto de Miami, com fãs de todos os tipos saindo pelo ladrão. Os mecânicos preparam a escada de desembarque, e a multidão aguarda, de prontidão, como se quisesse participar da nova história que se desenrola bem na frente deles – não deixe de observar aquelas líderes de banda marcial uniformizadas. E então temos aquela erupção multicolorida junto com a oportunidade de relaxarmos e brincarmos nas águas verde-azuis do Oceano Atlântico, mesmo sabendo que tínhamos pela frente uma nova apresentação ao vivo no *The Ed Sullivan Show*. Essa é uma das minhas sequências prediletas, as fotos que veiculam o luxo de Miami. Oriundos da Grã-Bretanha, desacostumados com o calor até mesmo no verão, foi emocionante tirar uma folga de nossa castigante rotina para se sentar, curtir um dia de folga, tomar uma bebida e fumar um cigarrinho à beira da piscina. Uma foto que mostra George Harrison é uma das minhas favoritas da coleção. O rosto escondido atrás de óculos escuros, ele recebe um drinque – aposto que scotch com coca-cola – de uma garota e, embora não vejamos o rosto dela, vemos seu estonteante biquíni amarelo. Essa composição foi calculada, e estou feliz por ter mantido George como o foco da imagem e não ter dado um passo para trás. Ao recordar essas fotos de uma vida boa, não me surpreende que as fotos coloridas tenham surgido a partir da chegada a Miami, pois, de repente, estávamos no País das Maravilhas.

Na época não tínhamos a perspectiva, mas estávamos, como o mundo inteiro, experimentando um despertar sexual. A geração anterior, a geração de nossos pais e mães, tinha medo de doenças venéreas e todo esse tipo de coisa, mas em meados

Fotógrafo: Mike McCartney

dos anos 1960 notamos que gozávamos de uma liberdade nunca antes disponível a eles. Nossos pais nunca tinham viajado. Também nunca tiveram dinheiro sobrando; analise o quanto as coisas eram difíceis durante a Segunda Guerra e no pós-guerra. Talvez você se surpreenda ao saber que fui a primeira pessoa em meu ramo familiar a comprar um carro. O pessoal simplesmente não tinha carro e dependia do transporte público, como todo mundo em Liverpool. Só tempos depois fui perceber o quanto estávamos na vanguarda dessas novas mudanças, dessa guinada abrupta na juventude, a qual, olhando para trás, parece ter se cristalizado em 1964.

Com base nisso tudo, talvez você conclua que éramos seres políticos, mas a política tradicional passava longe de nossas mentes. Se você encarar a luta pela liberdade como forma de atuação política, talvez possamos dizer que realmente estávamos no âmago, à medida que a liberdade foi se entremeando na cultura, na arte e na política. Essa mudança radical passou a ser testemunhada especialmente nos EUA. A gente falava com as garotas nas festas, e elas descreviam a situação delas, o fato de terem namorado um cara de corte à escovinha que jogava futebol americano ou algo parecido, que representava a falta de liberdade. Ora, eu até aprecio jogadores de futebol americano, mas sentíamos que já havíamos superado isso, e você percebe nossas aspirações e o nosso modo de abraçar a liberdade em nossas entrevistas e, principalmente, em nossas canções. E, mais cedo ou mais tarde, isso extravasaria na política.

Quando saí de casa, não fui cursar uma faculdade. Fui morar sozinho, mas na verdade eu também tinha colegas de quarto, como os universitários. Eu dividia o apartamento com os meus colegas dos Beatles. Como qualquer jovem dos anos 1960, discutíamos as crises da época e nos demos conta de que não gostávamos de racistas nem de muitas outras maluquices que rolavam nos EUA, particularmente a segregação que ainda existia em muitas áreas. Recebemos uma oferta de tocar na África do Sul, mas, embora fosse uma turnê financeiramente promissora, recusamos por causa do *apartheid*. E também nos recusamos a tocar diante de públicos segregados nos EUA, simplesmente porque soava estúpido, para dizer o mínimo. A gente não conseguia entender por que você ia querer que um grupo de pessoas se sentasse aqui e outro, ali. Isso nos fazia lembrar das civilizações medievais em que as mulheres tinham um lugar separado, e os homens, outro. Foi uma grande surpresa testemunhar esse tipo de segregação racial, e também a dos judeus, cujo ingresso em clubes de golfe e alguns bairros era proibido – ou "restringido", como se chamava. Para nós, era difícil acreditar que os EUA, que sempre consideramos "a terra dos livres", não desse liberdade a tantas pessoas diferentes.

Ao redescobrir as fotos que tirei aos vinte e poucos anos, inevitavelmente, fui levado a refletir sobre questões bem mais amplas. Penso que o mesmo acontece com qualquer um; quando você olha fotos suas quando era mais jovem – no meu caso, bem mais jovem –, muitas emoções afloram. No nível mais básico, a gente pensa: "Cara, eu não era bonito?", mas todos nós somos belos na juventude, e tenho orgulho de ter passado por aquilo e agora ter o privilégio de revisitar tantos daqueles momentos.

Percebo que muita gente se entristece ao folhear antigos álbuns de família, mas não tenho essa sensação de perda, embora muitas pessoas aqui retratadas já tenham morrido. Costumo dizer a pessoas de luto que se concentrem apenas nas lembranças boas. É triste, sim, e como não pensar em minha mãe, que se foi tão cedo, quando eu tinha quatorze anos? Seja lá como for, a verdade é que ninguém vive para sempre. E por mais que isso pareça banal a alguns, é a realidade dessa coisa que chamamos de vida. Sei o quanto é difícil, mas não devemos perder tempo nos preocupando com isso, porque a morte é inevitável.

O que prepondera não é o sentimento de perda, mas o regozijo pelo passado. Ao olhar para trás e pensar no assunto, me surpreendo dizendo "Uau". Fizemos tudo isso e éramos só meninos de Liverpool. E isso está aqui nas fotografias. Meu chapa, olha só como o John está bem nas fotos! Como George está bem-apessoado. Como Ringo está legal naquele divertido chapéu francês! Na verdade, cada foto me evoca lembranças, e tento localizar onde é que eles estavam e o que estávamos fazendo, diante e atrás da câmera. Também sinto atração pelas fotos dos profissionais, que jamais foram nossos inimigos. Elas trazem de volta memórias de como foi estarmos em Nova York pela primeira vez, sermos levados ao Central Park, com todos aqueles fotógrafos obstinados, aos berros: "Ei, Beatle, ei, Beatle, ei, Beatle". E tiravam a foto quando olhávamos para eles, e depois mais outra, sempre só mais uma.

Tanta coisa me vem à mente: uma Inglaterra que pertencia mais à geração dos meus pais do que à minha (basta visualizar aquelas fotos quase formais do pai de George, Harry, motorista de ônibus, e da mãe dele, Louise, bem mais jovens do que você imagina, mas é que eles enfrentaram uma guerra mundial e racionamento de víveres, e nós os enxergamos sob nosso prisma moderno); os primeiros shows e aqueles fãs primordiais; a "Beatlemania", verdadeira invenção inglesa, que nos catapultou com tanta eficácia; e uma Londres que em 1963 pulsava com promessas e ambições e mil novidades para quatro jovens nortistas.

E me faz lembrar dos Estados Unidos da América que eu sei que ainda existem, em algum lugar. Eu me lembro de todas essas histórias, reais ou imaginárias, de relancear o olhar pela janela do trem, avistar trens cargueiros americanos e pátios ferroviários americanos. Até hoje eu aprecio trens americanos e me alegra pensar que ainda ouço "aquele apito solitário".* Essa é a glória de todas aquelas antigas canções de blues, e fico imaginando os velhos tempos, com tanta gente pegando carona país afora. Já nessa época, como você escuta em minhas canções, eu estava sempre imaginando a vida de gente que eu não conhecia, como aquele "senhor da Pensilvânia", vamos chamá-lo assim, em frente ao pátio ferroviário, cuja história jamais vou saber, mas nada me impede de perguntar: "O que ele fez quando voltou para casa naquela noite? No jantar, será que mencionou ter avistado os Beatles?".

Essas pessoas, algumas famosas e outras, como os fãs, completamente anônimas, hoje evocam tantas histórias, uma avalanche de lembranças especiais, e esse é um dos inúmeros motivos pelos quais eu amo todas elas e sei que elas sempre vão incendiar minha imaginação. Olhar para a força, olhar para o amor e a *maravilha* do que passamos, capturados nestas fotos, é o essencial. É o que torna a vida excelente.

---

* Citação do clássico country de 1951, "(I Heard That) Lonesome Whistle", de Hank Williams e Jimmie Davies. Em 1957, Johnny Cash também gravou a canção. (N. de T.)

Prefácio
Nicholas Cullinan

Vista de fora, todos nós sabemos como a Beatlemania parecia e soava. Mas perante os quatro pares de olhos que a viveram e a testemunharam em primeira mão, como é que ela foi vista e percebida? *1964: os olhos do furacão* é uma obra que acompanha, através das lentes de Paul McCartney, a extraordinária jornada dos Beatles, cidade por cidade, desde as turnês por auditórios regionais em Liverpool e Londres, até os shows em Paris por dezoito dias e, enfim, a viagem aos Estados Unidos, passando por Nova York, Washington e Miami. As fotografias de McCartney documentam três meses mágicos – dezembro de 1963 a fevereiro de 1964 – e trazem uma nova e crucial perspectiva para esse período. Nas palavras do próprio Paul, as fotos dele constituem "os olhos do furacão": o relancear de olhares ao turbilhão cultural causado por quatro jovens incrivelmente talentosos, todos oriundos de Liverpool, que tanto se esforçaram para alcançar o sucesso. Como afirma Paul: "Esse fenômeno internacional não surgiu do nada – houve uma trajetória".

Ao longo de mais de meio século, as fotos da imprensa que mostram os membros da banda sorrindo e os fãs gritando se tornaram uma constante. Por outro lado, as fotos de Paul McCartney lembram mais um álbum de família: capturam os membros da banda, suas famílias e namoradas, os empresários e a comitiva. O pessoal que você enxerga aqui é registrado em momentos descontraídos, rindo e batendo papo, nadando no mar e relaxando à beira da piscina. Paralelamente, essas imagens revelam a intensidade das turnês, dos longos dias às voltas com ensaios, hotéis e viagens a bordo de aviões, trens e automóveis. McCartney comparou a qualidade pessoal e episódica dessas fotos à de um diário que vai "criando um panorama do qual nunca vou me esquecer, pelo resto da minha vida".

Em sua maioria, são retratos do tipo que tiramos entre amigos: divertidos e afetuosos. Casualmente, porém, o grupo de amigos aqui representado consiste em John Lennon, George Harrison e Ringo Starr, que juntos ajudaram a mudar a própria natureza da cultura popular com suas canções, capas de álbuns, filmes e estilo. A informalidade e a intimidade destes retratos é o que os torna tão ímpares. Paul mostra John tocando violão numa suíte de hotel em Paris. Um George exausto é retratado dormindo no avião a Nova York. Recém-saído da praia, um Ringo em trajes sumários ensaia para a segunda transmissão do *Ed Sullivan Show*. Ao fixar os Beatles no início de uma jornada transformadora, essas fotos impressionantes, mas desconcertantemente singelas, só poderiam ter sido tiradas por quem compartilhou dessas experiências, alguém dono de uma curiosidade inata sobre o dinâmico mundo ao seu redor.

Preservado por quase sessenta anos, o arquivo original dessas imagens faz parte da coleção pessoal de Paul McCartney. Armazenadas como negativos e folhas de contato, foram redescobertas apenas recentemente. Por isso, poucas delas tinham sido impressas ou compartilhadas antes, fora de seu círculo imediato de amigos e familiares. Percebendo seu significado, Paul teve uma atuação fundamental na curadoria das fotografias. Ao fazer sua escolha, Paul debruçou-se por muitas horas sobre estas imagens, as quais, por sua vez, desencadearam uma enxurrada de lembranças, agora recordadas neste livro. Para fins das exposições, impressões modernas foram realizadas a partir dos negativos originais; no caso das folhas de contato, novas digitalizações das imagens foram feitas, quando não existiam negativos. À medida que cada uma das fotinhos era reproduzida em escala maior, novos e encantadores detalhes surgiam: os rostos do povo na multidão esperando no Central Park de Nova York, os funcionários do aeroporto de Miami tapando os ouvidos para abafar o estrépito de milhares de fãs.

A história dos Beatles nesses três meses coincidiu com um período de notável efervescência sociopolítica, tanto nos EUA quanto no Reino Unido – fatos explorados no ensaio a seguir, da historiadora Jill Lepore. Com sua Pentax nas mãos, Paul teve a oportunidade de registrar o que estava acontecendo ao seu redor e documentar a extraordinária jornada deles como banda. Muitas fotografias são em preto e branco, combinando com os ambientes rústicos dos bastidores dos auditórios e salões da Grã-Bretanha no pós-guerra. Elas capturam o clima de Paris nos anos 1960 e o cenário soturno de um dia invernal em Washington. Em contraste, as gloriosas fotografias coloridas dos Beatles curtindo a praia em Miami fornecem um quadro da prosperidade e do glamour americanos que beira o surreal, um quadro nada familiar para nativos do Reino Unido. Claro que o olhar aguçado de Paul e o seu crescente interesse pela fotografia valorizam os múltiplos retratos e fotografias; esses aspectos são explorados, juntamente com a evolução nos estilos e na tecnologia da fotografia, no ensaio da curadora sênior da National Portrait Gallery, Rosie Broadley.

A honra que sentimos quando Paul McCartney procurou a National Portrait Gallery para compartilhar seu arquivo significativo, que registra um momento tão fundamental da história, será para sempre renovada. A Gallery explora o desenrolar da história da cultura e identidade britânicas, por meio de retratos de alguns dos vultos mais importantes e icônicos da história da Grã-Bretanha. A coleção própria da Gallery abrange uma vasta seleção de fotografias de Paul McCartney e dos Beatles ao longo da década de 1960, assinadas por muitos dos principais fotógrafos da época. O aspecto imediato das imagens de Paul acrescenta a essas conhecidas representações um novo ponto de vista – olhar para o mundo, em vez de apenas ser olhado por ele.

Em 2023, após uma ampla reforma, a Gallery reabriu as portas. Pela primeira vez na história, o acervo da Gallery foi inteiramente repaginado. As nossas coleções fotográficas, de longa data um de nossos pontos fortes ocultos, ganharam agora um novo destaque, marcando presença em diferentes exibições e alas, enquanto continuamos a incentivar o trabalho dos fotógrafos com nosso programa de exposições. Com certeza caiu como uma luva reinaugurarmos com uma exposição das fotografias de Paul McCartney, sessenta anos após terem sido tiradas em primeira mão. O mais aprazível nesse aniversário é podermos celebrar uma lenda viva ainda vibrante e atuante, com uma primorosa contribuição à vida cultural britânica. Igualmente empolgante para o público dos EUA é o sexagésimo aniversário da primeira apresentação dos Beatles no *The Ed Sullivan Show*, em 1964, quando o grupo foi assistido por 73 milhões de americanos.

Agradecemos a todos os envolvidos em possibilitar esta exposição e este livro. Meus agradecimentos à equipe e a nossos parceiros da MPL, em particular, Sarah Brown, que trabalhou tão intimamente com a Gallery para transformar um arquivo de negativos e folhas de contato nestas esplêndidas fotografias, e os colegas dela, por suas contribuições e apoio qualificados. Na Gallery, agradeço a Rosie Broadley pelo trabalho árduo e pela dedicação em supervisionar e desenvolver este projeto de modo contínuo. E, claro, a nossa maior gratidão vai para Paul McCartney, não só por nos oferecer a oportunidade de apresentar este arquivo inédito, mas também por sua generosidade e suas diretrizes, além da inestimável seleção. Trabalhar com ele foi um privilégio, e também estamos muito contentes pelo fato de a exposição fazer uma turnê mundo afora, para que um público internacional consiga apreciar suas fotografias. Não poderia haver maneira melhor de começar esse novo e tão emocionante capítulo da National Portrait Gallery.

Dr. Nicholas Cullinan, Diretor
National Portrait Gallery, Londres

Introdução
Beatlelândia: o mundo em 1964
Jill Lepore

*Se você quiser conhecer os anos sessenta,
escute as músicas dos Beatles.*

Aaron Copland

Em 4 de novembro de 1963, os Beatles, exuberantes, exaustos e desafiadores, tocaram para membros da família real no Prince of Wales Theatre, em Londres. "Em nosso último número, eu gostaria de pedir uma ajudinha de vocês", John Lennon gritou para a multidão. "O pessoal nos assentos mais baratos pode bater palmas? E o restante pode apenas sacudir as joias." Duas semanas depois, uma reportagem sobre os Beatles foi ao ar na televisão americana pela primeira vez, no programa *Huntley--Brinkley Report*, da NBC. "O grupo musical mais badalado de hoje na Grã-Bretanha é os Beatles", apresentou o repórter Edwin Newman. "Não é uma coleção de insetos, mas um quarteto de jovens com cabelos em tigela de pudim."[1] E em 22 de novembro, quatro dias depois, data em que *With The Beatles*, o novo álbum da banda, foi lançado no Reino Unido, o programa *CBS Morning News*, com o âncora Mike Wallace, veiculou uma reportagem de cinco minutos, direto da "Beatlelândia", com o correspondente londrino Alexander Kendrick. "Os Beatles vão além de ser apenas os mais recentes objetos da adulação adolescente e, do ponto de vista cultural, a manifestação moderna de cantos e danças compulsivamente tribais", relatou Kendrick. "Os sociólogos veem na banda um significado mais profundo. Conforme alguns, eles são a voz autêntica do proletariado."[2] Todo mundo buscava esse significado mais profundo. Os Beatles achavam difícil levar essa busca a sério.

"Na opinião de vocês, por que motivo vocês fizeram sucesso?", questionou Kendrick a Paul McCartney. "Ah, sei lá", respondeu ele. "Os cortes de cabelo?"[3]

A reportagem de Kendrick teria uma reprise naquela noite, no *CBS Evening News*, com Walter Cronkite. A reprise foi cancelada. A década de 1960 começou em 1964, os historiadores gostam de afirmar, e 1964 começou naquele dia, 22 de novembro de 1963, às 13h40, horário da Costa Leste, quando Cronkite interrompeu a programação normal (novela diurna da CBS, *As the World Turns*).[4] "Em Dallas, Texas, três tiros foram disparados contra a comitiva do presidente Kennedy", informou Cronkite, com voz solene e urgente. "Os primeiros relatos afirmam que o presidente Kennedy foi gravemente ferido nesse atentado." A imagem de Cronkite não apareceu; o informe tinha acabado de chegar pelo serviço de notícias; as câmeras ainda estavam esquentando: tudo o que o espectador podia ver era o slide em que se lia "BOLETIM DE NOTÍCIAS CBS". Minutos depois, com as câmeras enfim ligadas, a tela, em preto e branco, mostrou Cronkite na redação, em mangas de camisa, elegante, mas comovido. "Se conseguir aumentar o zoom com esta câmera, podemos ver esta foto mais de perto", pediu ele a um cinegrafista, segurando uma fotografia da carreata um pouco antes do atentado. Mais tarde, às 14h38, Cronkite mirou o relógio, tentou se recompor, tirou os óculos de armação preta e anunciou a morte do presidente.[5]

"Parecia que o tempo tinha congelado", escreveu o repórter da BBC Peter Watson em suas anotações daquele dia. Ele estava em Nova York, fazendo a cobertura das Nações Unidas, mas se precipitou ao aeroporto e pegou o voo seguinte a Dallas. "O presidente Kennedy foi alvejado às 12h35, horário local. O tiro foi disparado do quinto andar de um depósito de livros estadual, enquanto o veículo presidencial passava em sua visita a Dallas", escreveu Watson em seu primeiro comunicado. "A arma do crime, um rifle italiano calibre 6,5 mm com mira telescópica, foi descoberta sob a escadaria do prédio."[6] As notícias cruzaram o Atlântico via satélite. No canal de televisão da BBC, o âncora John Roberts disse: "Lamentamos anunciar que o presidente Kennedy está morto". Abaixou a cabeça e a manteve abaixada. Depois, por dezenove minutos, na tela viu-se apenas o logotipo da BBC, em preto e branco: um globo girando.[7]

"Ficamos sabendo da notícia nos bastidores de uma pequena turnê na Inglaterra", Paul McCartney me contou.[8] Naquela noite, os Beatles se aprontavam para fazer um show na cidade de Stockton-on-Tees, no Norte.[9] Você poderia afirmar, até mesmo naquele minuto, que o mundo rodopiava. Era como se você pudesse senti-lo girar e se mover em sua órbita. Algo, talvez, que você poderia tentar capturar em filme. Dois dias depois, Jack Ruby matou a tiros o assassino de Kennedy, Lee Harvey Oswald, na televisão, ao vivo. "Agora já vimos de tudo", escreveu Anthony Burgess na revista da BBC, *The Listener*. "Aquele olhar imparcial vislumbrou o assassinato; de agora em diante sempre haverá a mancha de um cadáver no tapete da sala".[10] Em 1964, você poderia erguer a sua câmera para o mundo. Mas qual loucura, qual beleza, qual alegria, qual fúria você ia capturar?

A NOVA LOUCURA

Em 1964, os Beatles se tornaram o primeiro fenômeno verdadeiramente internacional da cultura de massa: moldados por um mundo vastíssimo, a música da banda alcançou esse mundo, retransmitida por satélite, transportada via aérea e enviada em navios porta-contêineres. Trajavam terninhos de estilo italiano e botas de salto cubano, tinham cortes de cabelo germânicos e tocavam *music-hall* britânica dos anos 1920 com rockabilly com rhythm & blues com música de raízes negras das margens do Mississippi e das ruas de Detroit e das montanhas Blue Ridge.[11] Até mesmo no nome isso aparece. "Nada realmente me afetou até o momento em que escutei Elvis", afirmou Lennon certa vez. Mas depois vieram Buddy Holly e Chuck Berry. "The Beatles" mescla o nome da banda de Holly, The Crickets, com os poetas *beat*, rótulo oriundo da gíria dos negros, em que "beat" significava estar fatigado.[12] Os discos dos Beatles tocavam em rádios de Tóquio a Johannesburgo. Quando irrompeu a Beatlemania, o sol no Império Britânico já havia se posto. Mas a era da globalização tinha começado. E algo mais, também, pegava fogo: uma rebelião inquietante e revolucionária. A revista *Time*, escrevendo sobre os Beatles, chamou isso de "A nova loucura".[13]

Sob certo aspecto, consistia na magnífica irreverência, no atrevimento afetuoso, na sensualidade surpreendentemente suave.

> Repórter: Quem inventou o nome Beatles e o que significa mesmo?
> Lennon: Significa Beatles, né? Mas é apenas um nome, sabe, como sapato.
> McCartney: Os Sapatos, saca? A gente poderia se chamar Os Sapatos, numa boa.[14]

Esse tipo de resposta vinha à tona em todas as entrevistas; por si sós, as entrevistas se tornaram uma marca registrada: quatro jovens inteligentíssimos rebatendo perguntas infinitamente idiotas dos repórteres, padrão (apenas de leve) ficcionalizado no filme de 1964 *A Hard Day's Night* (no Brasil, *Os reis do iê-iê-iê*), que, conforme a revista *Village Voice*, se tornou "o *Cidadão Kane* dos musicais de juke-box":[15]

> Repórter: Contem pra gente, como é que vocês descobriram a América?
> Lennon: Passe a Groenlândia e vire à esquerda.
> Repórter: O sucesso mudou a vida de vocês?
> McCartney: Não.
> Repórter: Qual é o nome do corte de cabelo que você está usando?
> Harrison: Arthur.

"Constantemente nos questionam sobre tudo que é tipo de assunto, dos mais profundos", explicou McCartney certa vez, "só que não somos pessoas muito profundas".[16] Músicos profundos eles eram. Solicitados, ridiculamente, a explicar seu próprio significado, ou as forças por trás da mudança geracional, das revoluções culturais e das transformações políticas em que foram arrastados, eles relutaram, se esquivaram e caçoaram da questão. Mesmo assim, McCartney tentou capturar um pouco

Dezembro de 1963: Paul fotografando seus colegas Beatles.

daquela Nova Loucura e como a enxergava através das lentes de sua câmera. Em 1963, cada um dos Beatles adquiriu uma Pentax, e talvez isso os tenha ajudado a lidar (a) com o estresse de serem fotografados de modo contínuo e interminável e (b) com a preocupação de estarem prestes a viajar a um país onde esperavam, como o próprio Kennedy, ser recebidos por multidões frenéticas e hordas de fotógrafos e – preocupação jamais admitida – expostos a possíveis francos atiradores. Do finzinho de 1963 ao começo de 1964, McCartney fotografou dezenas de rolos de filme, durante as peregrinações da banda de Liverpool a Londres e Paris e, na sequência, a Nova York, Washington, D. C. e Miami. De alguma forma, centenas de fotografias de McCartney – entre negativos, fotos impressas, folhas de contato – foram guardadas e redescobertas em 2020, uma galeria da Beatlelândia, vista de dentro para fora.

> And then while I'm away
> I'll write home every day
> And I'll send all my loving to you

A seleta daquele conjunto de fotos que acabou neste livro mostra o que McCartney enxergou, olhos no furacão, enviando amor para casa.

Os Beatles levaram o Norte da Inglaterra ao restante da Inglaterra e depois ao mundo. A Nova Loucura começou em Liverpool. Desde 1957, Lennon e McCartney tocavam juntos, mas ainda assim, para certas pessoas, pareciam ter caído do céu. "Éramos do Norte da Inglaterra, coisa que para muita gente nem era um lugar", explica McCartney. Esse lugar nenhum, o Norte sombrio e áspero da classe trabalhadora e das chaminés fumegantes, cansado da guerra, ultimamente havia se tornado alvo de um certo fascínio. *Coronation Street*, a telenovela ambientada em Manchester, estreou em 1960. Em 1962, Sean Connery, um escocês na pele de James Bond, trouxe uma sensualidade diferente às telas, um charme britânico em cartaz nos cinemas de cada esquina. Mas os Beatles personificavam não só o som do Norte, mas o próprio Norte. Não era só a música nem o sotaque deles, mas a argúcia. Uma pitada de Flandres & Swann. Outra de *Goon Show*.* E muito de Liverpool.

Repórter: Por que você usa tantos anéis nos dedos?
Starr: Porque eles não passam em meu nariz.[17]

"A coisa mais importante em relação aos Beatles é que eles vêm de Liverpool", escreveu Frederick Lewis no *New York Times*, em dezembro, relatando uma novidade no Reino Unido que em 1963 havia sido apelidada de "Beatlemania": a aparente insanidade de serpenteantes multidões de jovens berrando, guinchando, estremecendo, desmaiando; estiolando, explodindo e desabrochando como campos floridos. "Em comparação, Elvis Presley é um tenor eduardiano de considerável timidez", acrescentou Lewis. Explicou que os Beatles surgiram "como porta-vozes da nova e estrondosa geração anti-*Establishment* que ganha força na vida britânica".[18]

Que força era essa? Era mesmo geracional, mas de modo algum exclusivamente britânica. Os Beatles nasceram nos anos intermináveis, árduos e racionados da Segunda Guerra, sob proteção antiaérea e com a iminente ameaça de uma invasão alemã: Lennon e Starr, em 1940; McCartney, em 1942; e Harrison, em 1943. Desde os primórdios, com o nome The Quarry Men, usavam calças justas e gravatas de cadarço, passavam brilhantina no cabelo, à Marlon Brando ou como outros rapazes britânicos valentões que formavam gangues ou fingiam ser delinquentes e se autodenominavam Teddy Boys

---

* Flanders & Swann: dueto formado pelos músicos e comediantes Michael Flanders e Donald Swann; *Goon Show*: programa de rádio humorístico da BBC entre 1951 e 1960, criado por Spike Milligan e Peter Sellers. (N. de T.)

ou, mais tarde, "mods" e "roqueiros". Em 1960, trocaram esse visual quando deixaram Liverpool rumo a Hamburgo, outra cidade portuária – "a cidade mais levada do mundo", conforme Harrison[19] – onde saíam com universitários, artistas e escritores do mundo todo, em busca das ideias de vanguarda, das novidades, do momento, do momento, do momento. Mesmo nos lúgubres pubs dos subterrâneos, eles tocavam para um público essencialmente internacional. "Ter uma plateia estrangeira foi uma mão na roda", opinou Lennon. "Fomos obrigados a nos esforçar ainda mais, a colocar nosso coração e alma naquilo, a nos superarmos." Tocavam até desabar e, quando desabavam, embebiam tudo: elegância de estudantes de arte, existencialismo de boina, obscenidades do distrito das luzes vermelhas, arruaças nos pubs alemães. "Nasci em Liverpool, mas amadureci em Hamburgo", disse Lennon. "Crescemos à força, como ruibarbo", comparou Harrison.[20] Cultivados no solo de um movimento transnacional da juventude no pós-guerra, com anseios, desejos e raiva.[21] Levaram tudo isso a sério. Mas também não levaram nada disso a sério.

> Repórter: Você é um *mod* ou um *rocker*?
> Starr: Sou um *mocker*.*

Em 1962, de volta à Inglaterra, não eram mais adolescentes, exceto Harrison. Mas os fãs deles eram. Os Beatles apareceram pela primeira vez no rádio naquele ano, num programa da BBC chamado *Teenagers Turn – Here We Go*.[22] Na Grã-Bretanha, os adolescentes eram menos rebeldes, menos angustiados e menos contestadores do que nos EUA. "Os Estados Unidos tinham adolescentes, mas em todos os outros lugares só existiam pessoas", salientou Lennon com argúcia.[23] Os adolescentes britânicos, incluindo os próprios Beatles, eram bem mais propensos do que os adolescentes americanos a começar a trabalhar logo após concluir o Ensino Médio (só Lennon tinha feito faculdade; cursou o Liverpool College of Art). Foram a primeira geração sem serviço militar obrigatório: com o declínio do Império Britânico, o alistamento acabou em 1960. Quando um repórter indagou: "Se na Inglaterra houvesse Serviço Militar Obrigatório, os Beatles teriam existido?", Starr disse que não: "Porque a gente estaria servindo ao Exército".[24] Questionados outras vezes sobre o assunto, deram respostas menos sérias.

> Repórter: Cavalheiros, qual a posição de vocês sobre o *draft* na Inglaterra?
> Lennon: Em torno de 1,80 m.
> Starr: Vem ali da porta.[25]**

Liberados da obrigação de lutar pelo império, lutaram contra o *establishment* e em prol de um despertar sexual. Em 1960, a Penguin enfim publicou, após um longo período de proibição, o romance de D. H. Lawrence, *O amante de Lady Chatterley*; naquele ano, um julgamento declarou o livro como "não obsceno". A partir de 1961, a pílula anticoncepcional foi vendida no Reino Unido; dois anos depois, os Beatles lançaram o single "Please Please Me", bem como o álbum homônimo, eventos celebrados por Philip Larkin em seu poema *Annus Mirabilis*:

> Sexual intercourse began
> In nineteen sixty-three
> (which was rather late for me) –
> Between the end of the 'Chatterley' ban
> And the Beatles' first LP.[26]***

"Please please me / Whoa yeah like I please you", cantavam eles. E as meninas, imaginando esse agrado, desmaiavam.

O ano em que a Beatlemania tomou conta da Inglaterra foi 1963. "Um ano meteórico", anunciou a BBC. "Migraram dos porões de Liverpool aos holofotes nacionais."[27] Em junho, tinham um programa de rádio só deles, o *Pop Go The Beatles*.[28]

> Repórter: É muito difícil manter a garra?
> Lennon: Ah, a gente se agarra como pode.[29]

---

* Versões desse trocadilho aparecem numa entrevista dos Beatles em 1964 (na fala de McCartney) e no filme do mesmo ano, *A Hard Day's Night* (com Ringo). A pergunta contrapõe os *mods*, ou modernos, aos *rockers* (roqueiros); a resposta, "mocker", significa "zombeteiro". Entrevista: https://www.youtube.com/watch?v=j9e6zHA6eOY; cena do filme: https://www.youtube.com/watch?v=b-XxZtyM6Qk. (N. de T.)

** A palavra "draft" significa "alistamento militar" ou "corrente de ar"; Ringo brinca com esse duplo sentido. Já Lennon responde "About five eleven", talvez aproveitando que o repórter havia usado a expressão "Where do you stand", em que "stand" pode significar "ficar em pé". Cinco pés e onze polegadas, ou 1,80, é a altura aproximada de Lennon (N. de T.)

*** O intercurso sexual começou/ Em 1963/ (o que pra mim já foi bem tardio)/ Entre o dia em que *Chatterley* saiu/ E os Beatles lançaram o primeiro LP. (N. de T.)

Icônicos, inescapáveis, rapagões bonzinhos e limpos, promovidos com muito zelo, os Fab Four corriam o Reino Unido em uma turnê, do carro ao hotel, do hotel ao palco, do palco ao carro, sempre com a frota de fotógrafos a reboque. "A nossa vida privada acabou", queixou-se Harrison. "Agora entramos em domínio público."[30]

Nas fotos de McCartney em Londres e Liverpool, você consegue visualizar as muralhas se fechando sobre eles. Telhados, vidros de carros, quartos de hotel. Mas nem tudo eram persianas baixadas. Em Londres, McCartney me contou, "o mundo se abriu", em especial no Establishment Club, clube de comédia anti-*Establishment* fundado por Peter Cook em 1961, no Soho, onde outrora existia um clube de striptease.[31] Romancistas, pintores, poetas. Era possível se sentar com os diretores do National Theatre e ficar sabendo sobre a próxima peça que entraria em cartaz. Membros vitalícios recebiam de presente um retrato de Harold Macmillan, o primeiro-ministro do Partido Conservador, a personificação do *Establishment*, do vitorianismo e do toryismo.

Macmillan, aos 67 anos, de bigodes de morsa e coletinho, foi o último primeiro-ministro nascido durante o reinado da Rainha Vitória e o último a ter servido na Segunda Guerra, desesperadamente ferido, alquebrado, manco, quase tão ultrapassado quanto o médico do *Doctor Who*, personagem de ficção científica que estreou na televisão da BBC em 1963, metáfora da Grã-Bretanha como a policial do mundo, senhora do universo, senhora do próprio tempo.[32] O mandato de Macmillan marcou o fim de uma era. "Em termos gerais, estamos na maré baixa", escreveu Macmillan em seu diário em janeiro de 1963. "Todas as minhas políticas internas e externas estão em ruínas", lamentou, em desespero. "Perdemos tudo, exceto nossa coragem e determinação."[33] Poucos meses depois, a administração dele ficou bastante maculada pelo escândalo envolvendo seu ministro da guerra, John Profumo, que tinha um caso com Christine Keeler, acompanhante muito jovem e muito bem remunerada, que também dormia com um adido naval russo.

> Repórter: O que você acha do *affair* Christine Keeler/Profumo?
> Harrison (mordaz): É fantástico, sim.
> (Beatles caem na risada)
> Repórter (rindo): Publicidade boa![34]

Quando Profumo é afastado, Screaming Lord Sutch, um roqueiro de 23 anos, concorre para assumir a vaga dele no Parlamento; defendia a redução da idade eleitoral para dezoito anos e se apresentou como candidato (e, em essência, o único membro) do Partido Nacional dos Adolescentes.[35] Por fim, Macmillan acaba renunciando. O *Daily Mirror* alardeou em sua primeira página: "O QUE DIABOS ESTÁ ACONTECENDO NESTE PAÍS?"[36]

LES BEATLES

Seja lá o que estivesse acontecendo, estava acontecendo em todos os lugares. Em novembro de 1963, os Beatles lançaram seu primeiro álbum na França, *Les Beatles*. Em 10 de dezembro de 1963, Walter Cronkite decidiu ir em frente e transmitir a reportagem de Alexander Kendrick sobre a Beatlelândia, originalmente agendada para 22 de novembro, no *CBS Evening News*.[37]

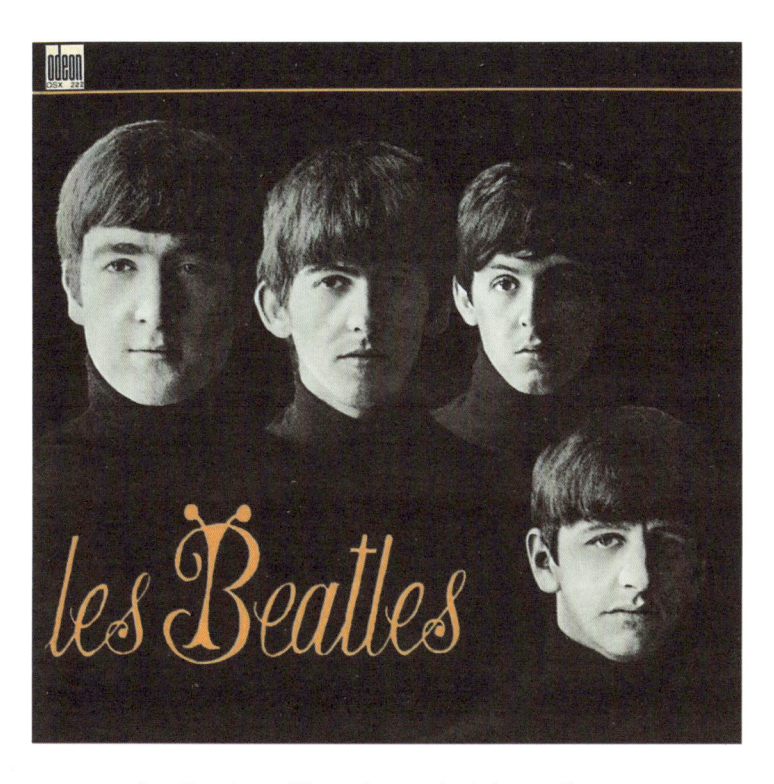

Les Beatles, o álbum de estreia deles na França.

Repórter: Já ouviu falar de Walter Cronkite?
McCartney: Necas.
Harrison: Claro. Noticiário.
Lennon: O bom e velho Walter! NBC News, né? Sim, a gente o conhece. Viu? Não vai me pegar![38]

Começou a Beatlemania nos EUA. Os Beatles tinham lançado três singles por lá; nenhum havia estourado. Porém, em 26 de dezembro, o quarto compacto, "I Want To Hold Your Hand", decolou como um foguete Apollo.

Repórter: Qual compacto foi o primeiro a vender mais de um milhão na Inglaterra e quando foi?
Lennon: Foi com "She Loves You", eu acho. (para os outros) Não foi?
McCartney: Sim.
Repórter: E o segundo foi...
Lennon: "I Want To Hold Your Nose".[39]

Em janeiro, ao volante numa estrada da Califórnia, Bob Dylan ligou o rádio e escutou "I Want To Hold Your Hand". Quase perdeu o controle do carro. "Porra!", exclamou. "Cara, aquilo era bom pra caralho. Ah, cara... porra!"[40]

Os Beatles passaram a maior parte de janeiro em Paris, fazendo shows no teatro Olympia. Na marquise se lia "Les Beatles", letreiro capturado numa fotografia de McCartney. Lennon e McCartney já tinham visitado a França antes, em 1961, para comemorar o aniversário de 21 anos de Lennon.

Repórter: Paul, em breve você vai fazer aniversário... Mas não espera receber nenhum presente dos meninos, pelo que fiquei sabendo...
Lennon: Quando eu fiz 21 anos, Paul me deu um hambúrguer e uma Coca-Cola.
McCartney: E olha que isso foi nos idos de '39![41]

Foram à Torre Eiffel, ao Louvre e ao teatro Olympia assistir ao cantor francês Johnny Hallyday. Conseguiram "os assentos mais baratos do teatro", escreveu McCartney numa carta para casa. "Todo mundo pirou, muita gente batia os pés + vibrava nos corredores e também dançava. Mas o homem nos mandou sentar, então tivemos que obedecer." Na época, Hallyday, cujo nome real era Jean-Philippe Léo Smet, não passava de um imitador de Elvis que ansiava desesperadamente por ser confundido com um americano: nascido e criado em Paris, alegava ter pai americano e ter sido criado no Texas. Em 1961, após ver um show dele, Lennon, aparentemente menos impressionado do que McCartney, escreveu para casa dizendo que a França "não tinha 'rock' (bem, só um pouquinho de rock francês de baixo nível)". Hallyday tentava aprender a cavalgar e a falar como os texanos. Lennon e McCartney se embrenharam pelo caminho oposto: foi nessa viagem que fizeram seus cortes de cabelo artísticos europeus, cortesia do alemão Jürgen Vollmer, um dos amigos lá de Hamburgo, fotógrafo e estudante de Moda. Estavam se tornando europeus, não americanos.

Mais tarde, Lennon diria sobre a década de 1960: "Todo mundo andava na moda, mas nada mudava".[42] Mas isso se aplicava à contracultura e não à política nacional, em especial, à relação entre os Estados Unidos, a Europa e o resto do mundo. No mesmo instante em que Johnny Hallyday apresentava aos adolescentes parisienses uma imitação francesa da música negra adaptada por um sulista americano branco, ativistas dos direitos civis lutavam para desmantelar a segregação, e os movimentos de independência balançavam o equilíbrio de poder entre o norte global e o sul global. Na França, Charles

John, Paul e George na Avenue des Champs-Élysées, Paris, França, janeiro de 1964.

de Gaulle, eleito presidente em 1958, lutava por uma "Europa Livre", independente de influências americanas ou soviéticas. Em 1963, De Gaulle tinha bloqueado o ingresso da Grã-Bretanha na Comunidade Econômica Europeia – isso, somado ao caso Profumo, contribuiu para que a gestão de Macmillan entrasse em derrocada. No começo dos anos 1960, a França, como a Grã-Bretanha, lidava com o legado de seu longo século de domínio imperial. "A derradeira hora do colonialismo chegou", afirmaria Che Guevara num discurso às Nações Unidas, em 1964. "E milhões de habitantes da África, Ásia e América Latina se levantam para encontrar uma vida nova e impor seu direito irrestrito à autodeterminação."[43] Os milhões que se levantaram foram derrubados, mortos em combates, amontoados em campos e massacrados.

Nelson Mandela e outros nove líderes do Congresso Nacional Africano foram levados a julgamento na África do Sul, em julho de 1963, acusados de sabotagem. "Durante minha vida inteira me dediquei a essa luta do povo africano", declarou Mandela num discurso de três horas, proferido no banco dos réus, em abril de 1964. "Acalento o ideal de uma sociedade democrática e livre, em que todas as pessoas convivam juntas, em harmonia e com oportunidades iguais. Esse é o ideal pelo qual espero viver e um dia concretizar. Mas, se necessário, estou pronto para morrer por esse ideal."[44] Foi condenado à prisão perpétua.

Em 1954, a França havia se retirado do Vietnã e, a partir de 1958, De Gaulle pareceu oferecer apoio à independência da Argélia. *"Je vous ai compris"* ("Eu vos entendo"), declarou durante uma visita. Nesse meio-tempo, os EUA começaram a travar uma guerra de contrainsurgência no Vietnã, e a Grã-Bretanha seguia sua campanha incrivelmente brutal para abafar a Revolta dos Mau-Mau, a qual lutava pela independência do Quênia. Mesmo assim, De Gaulle deu sua anuência: em julho de 1962, a Argélia se tornou independente. No mês seguinte, sofreu um atentado. Em 11 de março de 1963, dia em que o autor da tentativa de assassinato foi executado por um pelotão de fuzilamento, os Beatles gravavam um programa de rádio. No dia seguinte, no Texas, Lee Harvey Oswald encomendou um fuzil.[45]

Ao mesmo tempo em que os Beatles eram aclamados como os instigadores da Nova Loucura, símbolos de tudo, desde a boêmia de massa e o ativismo estudantil até a liberação sexual, desde a emancipação feminina até as comoções de uma revolução contracultural, também se dedicavam principalmente a compor, tocar e gravar música.[46] Em Paris, naquelas primeiras semanas de 1964, McCartney tirou uma série de fotos espelhadas de si mesmo, portando a câmera junto ao peito. Registrou fotógrafos tirando fotos dele; Ringo com um chapéu à Napoleão; todos se divertindo com seus respectivos bustos de argila, moldes para as esculturas de bronze de David Wynne; mulher decapitada num casaco; gendarme, fotografado pelo para-brisa traseiro da limusine, orientando o tráfego, como se ele, também, estivesse eternamente posando para uma câmera. Os Beatles mantinham um olho na plateia e o outro nos EUA. Uma confusão entre os fotógrafos e a gerência interrompeu um show, o primeiro daquela noite; o Olympia teve que ser cercado por gendarmes. Durante as três semanas em Paris, eles faziam dois, às vezes três shows por dia. Entraram num estúdio e gravaram dois sucessos deles adaptados ao alemão: "Komm, Gib Mir Deine Hand" ("I Want To Hold Your Hand") e "Sie Liebt Dich" ("She Loves You"), além de uma canção composta por McCartney no quarto do hotel: "Can't Buy Me Love". No estúdio, toparam com Johnny Hallyday: McCartney não perdeu a chance de fotografá-lo. Nos momentos de folga, ouviam, em êxtase, o segundo álbum de Dylan, *The Freewheelin' Bob Dylan*.

Yes, 'n' how many deaths will it take till he knows
That too many people have died?

Na condição de poetas e compositores, musicistas e artistas com discos gravados, a agitação política no entorno mal os atingia.[47] Mas a música sempre os emocionava.

The answer, my friend, is blowin' in the wind
The answer is blowin' in the wind.

De volta ao hotel, na noite seguinte ao primeiro show na França, chegou um telegrama dizendo que "I Want To Hold Your Hand" tinha alcançado o topo da parada da *Cash Box* nos EUA (na semana seguinte, chegou ao topo da parada da *Billboard*). As boas-novas trouxeram um misto de alívio e emoção. "Eu estava muito apreensivo com os EUA", revelou McCartney pouco tempo depois. "Eu tinha dito: 'A gente não pode ir aos EUA e dar com os burros n'água. Se um dia alcançarmos o número um por lá, então podemos realmente ir até lá e, sabe, vamos ser reis'."[48]

Nos Estados Unidos, a Capitol Records imprimiu cinco milhões de pôsteres com o desenho de quatro cabeleiras dos Beatles – sem rosto – e a promessa "Os BEATLES estão chegando!"[49] Eles chegaram em 7 de fevereiro, aterrissando num aeroporto recém-batizado com o nome do falecido presidente americano.[50]

A INVASÃO BRITÂNICA

"Dessa vez, a invasão britânica tem um codinome: Beatlemania", anunciou Walter Cronkite.[51] Aterrissar no aeroporto JFK em Nova York, diria Ringo Starr mais tarde, foi como aterrissar no meio de um polvo cujos tentáculos envolviam a aeronave. Milhares de adolescentes enxameados, à espera. Após o voo da Pan Am dos Beatles pousar, os Fab Four se reuniram num palco para uma entrevista coletiva. Os gritos soavam tão alto que alguns repórteres supuseram tratar-se do zumbido de uma turbina.[52] "O que acham que a música de vocês faz por essas pessoas?", perguntou um repórter, perplexo.

> Starr: Não sei. Ela as agrada, eu acho. Bem, deve agradar, porque elas estão comprando.
> Repórter: Por que a música de vocês as empolga tanto?
> McCartney: Não sabemos. Verdade.
> Lennon: Se a gente soubesse, formaríamos outro grupo e seríamos empresários.
> Repórter: E quanto a essa conversa toda de que vocês representam algum tipo de rebelião social?
> Lennon: Mentira deslavada. Mentira deslavada.

Mas então o que eles representavam? Todos queriam saber. Rebelião? Ou, quem sabe, algo mais próximo do oposto? "Os Beatles querem pegar sua mão", escreveu Tom Wolfe. "Mas os Stones querem incendiar sua cidade."[53]

> Repórter: Estão preocupados com o boato de que os Rolling Stones são mais importantes que os Beatles?
> Lennon: Se isso está nos preocupando? Não.
> Starr: Não.

Polícia no aeroporto JFK contém os fãs dos Beatles.

> McCartney: Isso não nos preocupa, porque a gente consegue...
> Lennon: Nós administramos a nossa dor.[54]

Foram rodando até o hotel Plaza, numa carreata, sob escolta policial. McCartney telefonou a uma estação de rádio e pediu para que tocassem Marvin Gaye. "ELVIS ESTÁ MORTO, VIDA LONGA AOS BEATLES", dizia um cartaz erguido por uma garota, no meio de quatro mil fãs que cercavam o hotel. "Queremos os Beatles!", protestavam, com cachecóis e mitenes para aplacar o frio. "Então América é isso", murmurou Starr. "Parecem todos fora de si."[55]

McCartney sacou a sua câmera e tirou fotos do avião e da carreata: turbinas, arranha-céus, moças na multidão, polícia em suas casacas transpassadas, polícia montada, polícia de capacetes antimotim, polícia, polícia e mais polícia. Você "encontrava 200 ou 300 policiais... fazendo a segurança dos Beatles", depôs mais tarde uma testemunha nas audiências sobre distúrbios raciais, "enquanto noutras áreas mais populosas do West Side e do Harlem, a gente não encontra sequer um policial, seja lá qual for a hora do dia".[56]

Quase sempre cercados. E quase sempre juntos, em sua própria defesa. "Uma irmandade", descreveu George Martin. "Na verdade, como uma fortaleza de quatro cantos, inexpugnável."[57] Quando chegaram a Nova York, já conheciam bem a experiência inusitada de explorar terras estrangeiras. Lennon, questionado se apreciava a Suécia, após se apresentarem lá em outubro de 1963, respondeu: "Sim, bastante. Era do carro pro quarto e do quarto pro carro e pedimos sanduíches de queijo no hotel".[58]

> Repórter: Já saíram desde que chegaram aqui?
> McCartney: Não sei, a polícia nos ronda o tempo todo.[59]

Um repórter os chamou de "detentos com serviço de quarto".[60] Lá fora, as garotas berravam, guinchavam e desmaiavam. Seriam elas as verdadeiras prisioneiras? "Qual o significado de mulheres jovens dispostas a violar barricadas policiais, ignorar completamente as autoridades policiais para tentar encostar no cabelo de Ringo?", questionou Susan Douglas, a historiadora feminista. "Era uma espécie de fuga prisional coletiva."[61]

Uma repórter da revista *Life*, analisando em retrospectiva, afirmou que os Beatles foram "o grande abridor de latas do século XX". Foi o apogeu da Guerra Fria. *Dr. Fantástico* estreou nos cinemas no finzinho de janeiro; o lançamento original, programado para 22 de novembro de 1963, assim como a reportagem da CBS News sobre os Beatles, foi adiado por causa do assassinato de Kennedy.

> Repórter: Corre o boato de que os Beatles são uma ameaça à segurança pública. Um de vocês pode comentar isso?
> Lennon: Bem, não somos piores que bombas, ou somos?[62]

Se os Beatles foram um abridor de latas, o que é que eles abriram? No fundo, o que (e quem) eles representavam? "Meio que representam os adolescentes", ponderou um adolescente a um repórter.[63] "De certa forma, a ala feminina da sociedade era representada por eles", observou Yoko Ono em 1969.[64] Não era a única que pensava isso. Muita gente defendia que os Beatles representavam o feminismo ou, pelo menos, o promoviam, seja por sua própria feminilidade – aparência andrógina, ternura, incontáveis letras de canções sobre agradar as mulheres, amar as mulheres, aprender com as mulheres, a afinidade, a empatia.

> Eleanor Rigby
> Picks up the rice in the church where a wedding has been
> Lives in a dream
> Waits at the window
> Wearing the face that she keeps in a jar by the door
> Who is it for?

De onde vinha essa qualidade feminina dos Beatles? Dos relacionamentos de Lennon e McCartney com suas mães ou esposas? Ou de Brian Epstein, que era gay e tinha seu próprio senso de fluidez de gênero e sexualidade? O fato é que essa característica só iria crescer, às vezes, transparecendo como uma carência gutural,

> Half of what I say is meaningless
> But I say it just to reach you, Julia

noutras, como um desejo solene e melancólico.

> When I find myself in times of trouble
> Mother Mary comes to me
> Speaking words of wisdom
> Let it be

A música trazia prazer e tristeza, havia um esplendor nisso tudo e, depois, o êxtase de ouvi-la, a liberação sexual – "Close your eyes and I'll kiss you/ Tomorrow I'll miss you" – ou, para os mais sortudos e mais dedicados, a emoção quase insustentável de vislumbrar os próprios Beatles, cada êxtase absorvido como mais um sintoma da mais nova loucura.[65] "É obscura a causa desse mal", insistiu David Dempsey, crítico do *New York Times*, no artigo "Why the Girls Scream, Weep, Flip" ("Por que as meninas gritam, choram e pulam"). Por um lado, sugeriu que essas moças em específico entravam em desespero: "Esses grupos que gritam e pulam têm uma alta proporção de gente caseira e solitária, pouco à vontade em situações sociais". Além disso, preconizou – nem o primeiro, tampouco o último, a ver nos Beatles e nos fãs deles uma aura de negritude misteriosa e ameaçadora – que os gritos e as contorções expressavam, no fundo, o primitivismo, com músicas repletas de "ritmos selváticos" e danças "instintivamente aborígines".[66]

Nesse meio-tempo, num planeta mais intimamente conectado do que nunca, surtos dessa loucura em outras partes do mundo foram atribuídos à influência erosiva do Ocidente. Entre 1962 e 1964, enquanto a Beatlemania se alastrava de Liverpool e Londres até Paris e Nova York, num internato rural no território da Tanganica, no Leste da África, dezenas de adolescentes, sem motivo aparente, tiveram uma crise incontrolável de riso e choro, e nada os fazia parar. Incapazes de estudar, foram enviados de volta a suas respectivas casas, coisa que serviu apenas para escalar a angústia. O surto contaminou milhares de pessoas e exigiu meses de investigação. Após nova epidemia eclodir em Uganda em 1964, especialistas deram o diagnóstico: "histeria em massa", causada possivelmente pelas tensões da própria modernidade.[67]

> Repórter: O que vocês acham de tudo que os
>   psicólogos andam falando sobre...
> Harrison: Ah... besteira.
> Repórter: ...todas essas definições bem pesadas sobre
>   o significado disso tudo?
> Harrison: Um monte de besteira.
> Lennon: Não tem mais nada para fazer, essa galera.[68]

Histeria em massa: você podia vê-la em moças colegiais, "após um show de rock'n'roll", descreveu um médico, analisando os surtos em Tanganica e Uganda, à luz da Beatlemania. Mas, em geral, "sociedades em fluxo onde o povo continua a exercer o velho em face do novo parecem especialmente propensas a enfrentar epidemias de histeria".[69] Não importa de qual ângulo você olhe, em 1964, as adolescentes estavam ficando rebeldes.

> Hold your head up, you silly girl
> Look what you've done
> When you find yourself in the thick of it
> Help yourself to a bit of what is all around you.

Perguntei a McCartney: por que as moças gritavam? Recostou-se na poltrona, estudando uma resposta já centenas de vezes fornecida. Milhares. Abriu um sorrisinho. Aquele sorriso. "E é culpa delas?"

Em 9 de fevereiro, o dia em que os Beatles participaram do *The Ed Sullivan Show*, "I Want To Hold Your Hand" chegou ao topo da parada de singles nos EUA, mas o álbum que liderava a lista era *The Singing Nun*, coletânea de canções religiosas de Jeannine Deckers, freira da Ordem Dominicana da Bélgica, típico disco de voz e violão.[70] (Deckers também ganhou destaque no *Ed Sullivan* em 1964; Sullivan a visitou no mosteiro.)[71] Johnny Hallyday tinha marcado presença no programa em 1962 – episódio gravado no Moulin Rouge.[72] Mas foram os Beatles, elegantes em seus terninhos e gravatas, que fizeram história nas telinhas: 73 milhões de pessoas sintonizadas, a maior audiência da história da televisão.

Sabiam que traziam algo novo, mas também sabiam que traziam algo velho, algo americano, de volta aos EUA. "Tínhamos o costume de caçoar dos EUA, exceto de sua música", explicou Lennon. "Curtíamos música negra", acrescentou, mas "os branquelas só ouviam Jan e Dean". O objetivo, disse ele, era atrair as pessoas a "escutarem esse tipo de música".[73] Elas escutaram. No primeiro trimestre de 1964, singles e álbuns dos Beatles representaram 60% de todas as vendas de discos nos Estados Unidos.[74]

Nessa primeira noite no *The Ed Sullivan Show*, os Beatles fizeram dois segmentos breves e explosivos. E então Sullivan, o protótipo do senhor respeitável, cabelo lambido para trás, semblante quase de vampiro, agradeceu ao Departamento de Polícia de Nova York por conter a multidão sem precedentes do lado de fora do teatro e por bloquear a Broadway na altura da Fifty-Third. O tumulto beirou uma rebelião. Uma fuga prisional em massa.

Fãs empolgadas presenciam a chegada dos Beatles ao Aeroporto JFK, em 7 de fevereiro de 1964.

A CAMPANHA ELEITORAL E AS QUESTÕES RACIAIS

"É como se eu fosse candidato à presidência, né?", comparou McCartney dois dias depois, em 11 de fevereiro, quando passageiros pediram seu autógrafo a bordo de um trem de Nova York a Washington.[75]

Nos EUA, 1964 foi um ano eleitoral. O conservador Barry Goldwater, senador do Arizona, que se opunha ao Projeto de Lei dos Direitos Civis, entrou na campanha para indicação presidencial pelo Partido Republicano. "Uma agitação está pulsando no país", declarou Goldwater. "Um clima de inquietude. Estamos nos sentindo à deriva num mar desconhecido e tempestuoso. Estamos nos sentindo sem rumo."[76] O texano Lyndon B. Johnson, substituto de Kennedy, era o candidato dos democratas.

> Repórter: O que vocês acham do presidente Johnson?
> Starr e Lennon: Nunca fomos apresentados a ele.
> Lennon (comicamente, para Starr): Puxa vida, estamos pensando igual!
> McCartney: Não fomos apresentados a ele.
> Starr: Não sabemos. Não o conhecemos... (pausa) Ele compra nossos discos?[77]

Em novembro de 1963, após o assassinato de Kennedy, Johnson prometeu aprovar a proposta da lei de direitos civis. "Nenhuma homenagem fúnebre poderia honrar com mais eloquência a memória do presidente Kennedy do que aprovar, com a maior diligência possível, o projeto de lei dos direitos civis, pelo qual ele lutou por tanto tempo", declarou o novo presidente em uma sessão conjunta do Congresso. Em seu discurso sobre o Estado da Nação, Johnson declarou uma "guerra contra a pobreza" e reafirmou seu empenho para aprovar o Projeto de Lei dos Direitos Civis, prometendo abrir todas as oportunidades "a americanos de todas as cores". Em 10 de fevereiro, um dia após a presença dos Beatles no *The Ed Sullivan Show*, programa transmitido a partir de Nova York, o projeto de lei enfim foi aprovado pela Câmara. Antes do fim do mês chegaria ao plenário do Senado. Johnson foi em busca dos votos, senador por senador. Como explicou o biógrafo de Johnson, Robert Caro, "Se o senador objetasse: 'Sabe, isso vai deixar meu eleitorado insatisfeito', ele refutava, bajulava, ameaçava ou subornava. Ele fazia tudo que fosse necessário para garantir o seu voto". Richard Russell, senador da Geórgia e uma das lideranças sulistas, reconheceu que poderia ter derrotado Jack Kennedy na questão dos direitos civis, mas seria impossível superar Lyndon Johnson. "Ele arranca o braço do cara na altura do ombro e com ele nos dá uma bordoada na cabeça", exemplificou Russell. "Vai dar um jeito de aprovar."[78]

Os Beatles planejaram ir a Washington de avião, mas uma nevasca os obrigou a ir de trem. A bordo, todo mundo tirou fotos, inclusive cada um dos Beatles. Starr, um Buster Keaton por natureza, o azarão num enorme sobretudo, fez palhaçada com os fotógrafos e imitou um deles, carregando meia dúzia de sacolas para câmeras e gritando: "Extra, extra!". McCartney tirou algumas de suas melhores fotos de toda a excursão aos EUA nessa viagem de trem. Uma dessas imagens mostra uma estação de trem da Pensilvânia. Dois homens negros fazem uma pausa na remoção de neve; noutra, um operário negro coça o queixo na plataforma da estação, tendo atrás de si um vagão de carga. Lá pelas tantas, no percurso, um repórter encurralou McCartney.

> Repórter: Que lugar você acha que esse capítulo dos Beatles terá na história da cultura ocidental?
> McCartney: Você está brincando comigo.[79]

Paul é recebido por jornalistas e fotógrafos em Washington, D. C.

Mesmo assim, eles absorviam tudo. Na Inglaterra, explicou McCartney, ele tinha visto cenas de protestos em prol dos direitos civis, trechos filmados em Little Rock, "duas garotas negras entrando na escola, e a multidão gritando, a polícia com seus cães... Tipo, meu Deus, que coisa mais apavorante. Não pensávamos que os EUA fossem assim. Então fomos descobrindo os EUA aos poucos, compramos o sonho, me dê suas massas aglomeradas,* os EUA são a terra da liberdade, onde pessoas buscaram a segurança, fugindo do Holocausto, e uau, sabe, agora vai ser muito melhor". Mas quanto mais o quarteto enxergava os EUA, mais enxergava segregação. Uma desilusão e tanto. McCartney acrescentou: "Foi algo, tipo, meu Deus, isso é mesmo verdade?".

Em Washington, tirou fotos do Capitólio, da Casa Branca e da marquise do Coliseum, onde os Beatles tocaram nos Estados Unidos pela primeira vez. Flagrou, na marquise de uma casa de espetáculos ali perto, os dizeres: "Christine Keeler vira nudista" – a mesma Christine Keeler cujo caso com John Profumo derrubou o primeiro-ministro da Grã-Bretanha.

Enquanto os Beatles estavam em Washington, os sulistas do Senado planejavam uma obstrução nos trabalhos legislativos. A obstrução começou semanas depois. "Vamos resistir até o fim a qualquer medida ou movimento que busque trazer igualdade social, mescla e amálgama das raças em nossos Estados", declarou Russell. A obstrução continuaria por cinquenta e quatro dias. Martin Luther King Jr. e Malcolm X viajaram a Washington para acompanhar. Foi a única vez que os dois se encontraram. "Sou a favor da liberdade, da justiça e da igualdade para os negros neste país", Malcolm X disse a um repórter. "E no momento em que a ala liberal dos brancos afirma que é a favor da legislação dos direitos civis, vim hoje para ver se é mesmo a favor, ou se é apenas mais uma encenação política para enganar os negros, para votar neles quando a eleição chegar este ano."[80]

Brian Epstein tinha advertido os Beatles para nunca discutirem política em público; isso limitaria o encanto da banda.[81] Mas não havia como evitar essas questões de raça, segregação e justiça racial. Isso acabava voltando a eles a toda hora. "Ainda bem que os Beatles são brancos", anunciou a revista *Time*, numa matéria de capa de 1965.[82] "Não precisamos esperar que os Beatles legitimem a nossa cultura", enfureceu-se Stokely Carmichael.[83] Mesmo assim, os Beatles tinham legiões de fãs negros. "Eles tinham tanto frescor e irreverência", salientou Julian Bond, aluno do Morehouse College que em 1960 ajudou a fundar o Comitê de Coordenação Estudantil Sem Violência (SNCC, de *Student Nonviolent Coordinating Committee*). Segundo Bond, os Beatles eram "o que imaginávamos ser – desdenhavam moldes adultos, indispostos a se conformar com o padrão de se vestir ou pensar". A revista *Time* pode ter pensado nos Beatles como uma forma de resgatar a branquitude, mas os líderes dos direitos civis abraçaram os Beatles como defensores da causa. Uma vez, o SNCC enviou um memorando sugerindo que um show para arrecadar fundos em Nova York faria bem mais sucesso caso "James Brown ou os Beatles fossem adicionados" ao line-up, artistas intercambiáveis aos olhos dos organizadores do SNCC.[84]

No segundo trimestre de 1964, enquanto a obstrução no Senado prosperava, Johnson anunciou uma nova agenda. Sua administração não só travaria uma Guerra Contra a Pobreza e garantiria a aprovação da Lei dos Direitos Civis, mas também trabalharia para gerar uma Grande Sociedade. "A Grande Sociedade baseia-se em abundância e liberdade a todos. Ela exige o fim da pobreza e da injustiça racial, e hoje estamos totalmente comprometidos com isso. E a gente ainda nem começou", garantiu ele durante um discurso em Michigan. "É um lugar onde a cidade humana atende não só às necessidades do corpo e às exigências do comércio, mas também ao desejo por beleza e à ânsia de pertencer a uma comunidade."

> You know I work all day
> To get you money to buy you things
> And it's worth it just to hear you say
> You're gonna give me everything
> So why on earth should I moan?
> 'Cause when I get you alone
> You know I feel okay

Após a noite de um dia cansativo, o desejo por beleza e a ânsia de pertencer a uma comunidade. É ou não é uma loucura?

---

* McCartney cita novamente os versos da poetisa judaica Emma Lazarus inscritos na Estátua da Liberdade: "*Give me your tired, your poor/ Your huddled masses yearning to breathe free*" (Dê-me suas cansadas, suas pobres/ Suas massas aglomeradas, ansiosas por respirar a liberdade). (N. de T.)

OS MAIORAIS

Em 13 de fevereiro de 1964, os Beatles decolaram para Miami; o comandante do avião vestiu uma peruca dos Beatles.[85] Curtiram uma semana em Miami Beach, com mais tempo livre do que tiveram durante meses. Nadaram. Pescaram. Velejaram. Praticaram esqui aquático. Sorveram coquetéis à beira da piscina. McCartney fotografou com filme colorido: gaivotas e surfe, moças de biquíni, Harrison sem camisa, Starr de óculos escuros, uma faixa publicitária rebocada por um avião monomotor cortando o céu azul sem nuvens: "There is only one mister pants." (Senhor Calças só existe um).

Em 16 de fevereiro, os Beatles marcaram nova presença no *The Ed Sullivan Show*, dessa vez, transmitido ao vivo do hotel deles, em Miami Beach. "Estamos aqui com quatro dos jovens mais legais que já tivemos em nosso palco", introduziu Sullivan, com um aceno e um rodopio.

> I've got arms that long to hold you
> And keep you by my side
> I've got lips that long to kiss you
> And keep you satisfied

E as meninas gritavam, desmaiavam e arrancavam os cabelos.

Nesse ínterim, Miami Beach vivia a expectativa de um dos maiores eventos esportivos de todos os tempos, o primeiro embate entre o campeão mundial dos pesos pesados, Sonny Liston, e a estrela em ascensão, Cassius Clay, marcado para 25 de fevereiro. Em 18 de fevereiro, em um compromisso publicitário, os Beatles foram conduzidos a bordo de uma limusine para uma sessão de fotos com Liston, o franco favorito para vencer a luta. O cronista esportivo Robert Lipsyte, de 26 anos, foi à Flórida fazer a cobertura do evento. Liston, disse ele, "lançou um olhar àqueles quatro menininhos e sacramentou: 'Não vou posar com aqueles maricas'". Então foram visitar Clay. Chegando ao ginásio onde Clay estava treinando, Lipsyte perguntou ao grupo de repórteres o que era aquele burburinho. "Uma banda, sabe, cantores para o público feminino", alguém disse a ele.

> E nada de Cassius Clay chegar. Os Beatles deram as costas, porque não iam ficar esperando um tal de Cassius Clay, mas os guardas os empurraram degraus acima. E tipo – nessa época você podia empurrar os Beatles. Foram empurrados escadaria acima, nos enfiaram num camarim vazio e trancaram a porta. Furiosos, os Beatles chutavam e xingavam. Eis que de repente a porta se abre, e surge a criatura mais linda já vista por qualquer um de nós. A gente até se esquece do tamanho de Cassius Clay porque ele era tão perfeito. Chegou dando risada e falou: "Vamos, Beatles, vamos ganhar uma grana!". E o quarteto foi atrás dele, sabe, como criancinhas no jardim de infância.

Numa famosa série de fotos, Ali, de calções e luvas, acerta um direto nos Beatles enfileirados, que caem como peças de dominó; depois os quatro aparecem deitados no ringue, olhando o vulto altaneiro de Ali, em pé, batendo no peito. O texto de Lipsyte continua:

> E então os Beatles vão embora. Cassius Clay retorna ao camarim para receber sua massagem. Ele meio que acena para mim e indaga: "E aí, quem eram aqueles mariquinhas?"[86]

Uma semana depois, Clay derrotaria Liston no sétimo assalto, por nocaute técnico. Após a luta, declararia publicamente sua conversão à Nação do Islã e adotaria o nome de Muhammad Ali. A revanche aconteceu no ano seguinte. Ali derrubou Liston no primeiro round.

Os Beatles com o peso pesado Cassius Clay (que em breve se tornaria Muhammad Ali).

Repórter: Quanto tempo vocês vão ficar nos EUA?
Lennon: Até irmos embora.[87]

Olhar para trás é algo que os Beatles nunca fariam. Voaram rumo a Londres em 21 de fevereiro; a primeira turnê americana deles chegava ao fim. Mas a ascensão da banda recém começava. Gravaram mais singles e lançaram outro álbum em 1964, e participaram de seu primeiro filme. Em 4 de abril, os cinco primeiros lugares na parada de singles da Billboard eram ocupados por canções dos Beatles: "Can't Buy Me Love", "Twist And Shout", "She Loves You", "I Want To Hold Your Hand" e "Please Please Me". A indústria fonográfica jamais seria a mesma.

"Estávamos todos no mesmo barco nos anos 1960, não só os Beatles, mas o nosso movimento, a nossa geração", ponderou Lennon mais tarde. "E é claro que chegamos a algum lugar."[88] O mais difícil é dizer exatamente onde.

Em junho, os Beatles pegaram a estrada de novo, agora em sua primeira "turnê mundial". A rota incluía Dinamarca, Hong Kong e Austrália. Enquanto isso, nos Estados Unidos, o senador democrata Hubert Humphrey discursou no Senado, no intuito de levantar a obstrução à Lei dos Direitos Civis. "Meus colegas de Senado, talvez em suas vidas vocês possam contar aos filhos de seus filhos que estiveram aqui em prol dos EUA para fazer de 1964 o ano que vai libertar vocês. Rogo a meus colegas que tornem realidade esse sonho de liberdade plena, justiça plena e cidadania plena a todos os americanos, por meio de seus votos neste dia, e isso será lembrado até o fim dos tempos."[89] Enfim, o projeto de lei foi aprovado em 19 de junho. Dois dias depois, três ativistas dos direitos civis – James Chaney, Andrew Goodman e Michael Schwerner – foram mortos por membros da Ku Klux Klan, no Mississippi. Tentavam registrar eleitores negros, parte da campanha chamada "Freedom Summer" (Verão da Liberdade). Mas aquele verão também se tornaria o primeiro de quatro "longos e efervescentes verões" de levantes por justiça racial, cada qual em protesto a outro sinistro exemplo de brutalidade policial, o primeiro deles no Harlem, em julho, semanas após Johnson assinar a Lei dos Direitos Civis.

No início de julho, a Convenção Nacional Republicana se reuniu no Cow Palace, em São Francisco. Barry Goldwater aceita a indicação, ataca a moderação e inaugura uma nova era na política americana: a ascensão do extremismo conservador.[90] Mas fora do Cow Palace, os fãs dos Beatles organizaram comícios de "Ringo for President".

Repórter: Quem você prefere para presidente?
McCartney: Ringo... Em segundo lugar, Johnson.[91]

Nos comícios de "Ringo for President", fãs usavam bótons que diziam: "Se eu tivesse 21 anos, eu votaria em Ringo". Na época, os jovens americanos, como os jovens britânicos, lutavam para reduzir a idade eleitoral para dezoito anos, alegando que, já que podiam ser convocados para arriscar suas vidas no Vietnã, deveriam ter o direito de votar. Nos EUA, após anos de um movimento estudantil contra a guerra, a idade eleitoral seria reduzida em 1971 com a ratificação da Vigésima Sexta Emenda.[92]

Em 18 de agosto, os Beatles partiram para uma segunda turnê americana – 32 shows em 24 cidades em 34 dias. Tudo começou com a coletiva de imprensa em Los Angeles.

Repórter: Ringo, qual sua opinião sobre a campanha "Ringo para Presidente"?
Starr: Bem, é muito... é maravilhoso!
Repórter: Caso você fosse presidente dos EUA, faria alguma promessa política?
Starr: Não sei, sabe. Não tenho mentalidade política.
Lennon: Não tem?
Starr: Não, John. Pode crer que não.

Recaía sempre na mesma e velha pergunta: o que os Beatles representam? E, como sempre, a coletiva de imprensa enveredou para um humor à *Goon Show*.

Repórter: Ringo, você nomearia os outros como parte de seu gabinete?
Starr: Bem, eu seria obrigado... ou não seria?
Harrison: Eu poderia ser a porta.
Starr: George seria o tesoureiro.
Lennon: E eu o armário!

Na próxima noite, os Beatles abriram sua turnê em São Francisco, onde tocaram no Cow Palace, nos sombrios covis de Goldwater.

Repórter: Quero saber o que os Beatles acham de Barry Goldwater.

Manifestantes em prol dos direitos civis do Congresso de Igualdade Racial (CORE) na Convenção Nacional do Partido Republicano, Cow Palace, São Francisco, julho de 1964.

McCartney: Bu! (mostra o polegar para baixo)
 (a multidão aplaude)
McCartney (em meio ao estrépito da multidão): Não curto ele... Não curto ele... fecha aspas![93]

Os Beatles tocariam em Vancouver em 22 de agosto, quando o Comitê de Credenciais da Convenção Nacional Democrata se reuniu em Atlantic City, e Fannie Lou Hamer, falando do plenário, expôs a farsa da convenção. O Mississippi, como outros Estados "Jim Crow", ou racialmente segregados (partes da antiga Confederação), enviou uma delegação composta somente por brancos. Em protesto, Hamer cofundou o Partido Democrático da Liberdade do Mississippi, que enviou sua própria delegação. Ela contou sobre o espancamento e a detenção que sofreu ao tentar registrar eleitores negros. Ela contou sobre o homicídio dos três ativistas em prol dos direitos civis e sobre o assassinato de Medgar Evers, uma liderança na campanha pelos direitos civis. E então ela fez uma pergunta: "Tudo isso é porque queremos título de eleitor para nos tornarmos cidadãos de primeira classe, e se o Partido Democrático da Liberdade não for empossado agora, eu questiono os EUA: é esta nação americana, a terra dos livres e o lar dos corajosos, onde temos que dormir com os telefones fora do gancho porque nossas vidas são ameaçadas diariamente, só porque desejamos viver como seres humanos decentes, nos EUA?"[94]

Em 27 de agosto, Johnson aceitou a indicação pelos democratas. No dia seguinte, em Nova York, os Beatles enfim conheceram Bob Dylan pessoalmente. O encontro teve lugar num quarto do hotel Delmonico e é mais lembrado por ser a primeira vez que os Beatles tiveram contato com a maconha. Dylan ficou tão chapado que só atendia ao telefone aos gritos: "Aqui é a Beatlemania!"[95]

A Nova Loucura continuava se alastrando. Em 14 de setembro, o dia em que o Movimento pela Liberdade de Expressão se formou na Universidade da Califórnia em Berkeley, os Beatles estavam tocando em Pittsburgh. "Vocês têm que colocar seus corpos sobre as engrenagens, sobre as rodas, sobre as alavancas, sobre todos os aparelhos, e têm que fazer tudo parar", declarou o estudante da Berkeley Mario Savio, num protesto em massa iniciado quando a universidade tentou impedir que estudantes que trabalhavam em prol do Freedom Summer se reunissem em busca de apoio no campus.[96]

Nesse meio-tempo, os Beatles ultrapassavam os limites de seu próprio discurso. Se, por um lado, tinham driblado com destreza as perguntas políticas dos repórteres, desde a primeira coletiva de imprensa no *lounge* da Pan Am no aeroporto Kennedy, em fevereiro –

Repórter: E quanto a essa conversa toda de que vocês representam algum tipo de rebelião social?
Lennon: Mentira deslavada. Mentira deslavada.[97]

– naquele agosto voaram direto rumo a elas. O primeiro show deles no "Jim Crow South" (ou seja, estados segregacionistas do Sul), aconteceria em Jacksonville, na Flórida, em 11 de setembro. Em 26 de agosto, numa coletiva de imprensa em Denver, antes do show deles naquela noite, foram questionados sobre o hotel em que se hospedariam em Jacksonville, o George Washington.

Repórter: George, fiquei sabendo que, no mês que vem, vocês estão indo visitar o Sul. Sei que vocês são muito contrários à segregação que existe lá e nos disseram que houve uns probleminhas no hotel em que vocês iam ficar em Jacksonville.
Harrison: Não sabemos de nada sobre nossas acomodações. Não somos nós que decidimos isso. Mas, sabe, não vamos tocar em nenhum lugar onde exista isso.[98]

A imprensa não parou de trazer isso à tona. Em 6 de setembro, numa coletiva de imprensa em Montreal, foram indagados se fariam shows em auditórios segregados. Lennon respondeu: "Não vamos tocar, a menos que os negros possam se sentar onde quiserem". A essa altura, todos os contratos dos Beatles incluíam uma cláusula de não segregação. Do ponto de vista técnico, qualquer show segregado estaria violando a nova Lei dos Direitos Civis.[99] "Segregação é um absurdo", afirmou Starr, não muito tempo depois. Os EUA continuavam a chocar McCartney. "Em algum lugar lá na floresta tinha esses nazistas e você dizia, 'Ah, que inferno maldito, esses americanos são uns doidos", ele me contou. "Você sabia sobre a Ku Klux Klan, você ouvia aquela história toda sobre linchamentos e coisas assim. Mas achava que estava tudo acabado, achava que estava tudo melhor." E daí descobria que não estava tudo melhor.

Tocaram em Jacksonville, no Gator Bowl, e no dia seguinte rumaram ao Norte, para tocar no Boston Garden, e fecharam a turnê norte-americana no dia 20 de setembro, em Nova York. No último trimestre do ano, fizeram uma turnê pelo Reino Unido, e as eleições seriam realizadas em outubro. Na véspera da eleição, Brian Epstein enviou um telegrama a Harold Wilson, o líder do Partido Trabalhista: "Espero que o seu grupo seja tão bem-sucedido quanto o meu".[100]

No dia das eleições, os Beatles deram uma entrevista em Stockton-on-Tees, a mesma cidade onde tocaram em 22 de novembro de 1963, o dia em que Kennedy foi morto.

Repórter: Acho que o Paul tem aspirações de se tornar primeiro-ministro. Continua com essas ideias?
McCartney: Não.[101]

Membros da Associação Nacional para o Avanço das Pessoas de Cor (NAACP) protestam contra o desaparecimento de três ativistas dos direitos civis do Mississippi, em Washington, D. C., EUA, 24 de junho de 1964.

O Partido Trabalhista venceu, e Wilson tornou-se o novo primeiro-ministro – "Ponto assim o Partido Ao Meio Trabalhista de volta ao pôster após um grande abscesso",* conforme escreveu Lennon em seu estilo *Jabberwocky* de Lewis Carroll.[102] Wilson, 48 anos, prometia criar uma "Nova Grã--Bretanha".[103] No mês seguinte, 3 de novembro, nos EUA, a vitória de Johnson e sua Grande Sociedade foi esmagadora. Em peso os americanos votaram nele. "O triunfo do liberalismo político ocorrido em toda a nação em 3 de novembro de 1964 foi o último", vaticinou o historiador Jon Margolis. "Nele estavam contidas as sementes da dominância conservadora."[104]

Mas no fim de 1964 isso ainda não era visível. Em vez disso, você enxergava – ao menos, encontrava nos arquivos –

---

* No original: "*Thus pudding the Laboring Partly back into powell after a large abcess*". A frase é do miniconto "We Must Not Forget... The General Erection", do livro *A Spaniard in the Works*, publicado em 1965. Na transcrição de Paulo Leminski: "Assim pasmilhou o Partindo Trabalhícito devolta ao pudim depois de um longo abscesso" (*Um atrapalho no trabalho*, Edição completa, bilíngue e ilustrada de *Lennon com sua própria letra* e *Um atrapalho no trabalho*. Apresentação: Paul McCartney; Transcrição e Posfácio: Paulo Leminski, Ed. Brasiliense, p. 124, 1985). (N. de T.)

memorandos dos líderes do SNCC, esperançosos por arrecadar dinheiro e tirar Stokely Carmichael da prisão. De que maneira? Convencendo os Beatles a realizar um show beneficente. James Forman enviou um telegrama a Joan Baez, pedindo ajuda para encaminhar uma mensagem aos Beatles. Depois a equipe dele deu seguimento. "Corre um boato há um tempinho de que os Beatles talvez estejam dispostos a fazer algo pelo SNCC", escreveu ele em 1965. "Agora se tornou urgente, já que os Beatles são aguardados nos EUA em breve."[105] Esse show beneficente nunca se concretizou. No ano seguinte, numa série de entrevistas a um jornal londrino, Lennon disse que os Beatles haviam se tornado tão famosos, e o Cristianismo parecia estar em tal declínio, que era como se os Beatles fossem "maiores que Jesus". Por sua vez, McCartney, indagado sobre os EUA, denunciou o racismo do país. Os Batistas do Sul começaram a queimar os discos dos Beatles e amaldiçoar suas canções, rotulando-as de "satânicas". Robert Shelton, o grande dragão da KKK, ateou fogo a montes de discos dos Beatles em Memphis e declarou: "Não consegui identificar se são brancos mesmo ou negros".[106] E, é claro, parte da questão consistia nisso.

REVOLUÇÃO

Talvez a fotografia mais impactante que Paul McCartney tirou em 1964, com certeza a mais triste, seja a de um policial em Miami, pilotando uma motocicleta, o close do revólver e os seis cartuchos no cinturão. No ano seguinte, Malcolm X foi morto a tiros nos EUA, e mais tarde, em 1968, Martin Luther King Jr. "Blackbird", conta McCartney, composta em 1968, é um hino silencioso sobre essa luta pelos direitos civis.

> Blackbird singing in the dead of night
> Take these broken wings and learn to fly
> All your life, you were only waiting
> For this moment to arise

Uma enorme convulsão, uma nova loucura, uma contracultura, uma revolução.

> You say you want a revolution
> Well, you know
> We all want to change the world

Em 1964, os Beatles mudaram o mundo, e o mundo os mudou, e rodopiou e se emaranhou e se desemaranhou, e a música pulsou, estremeceu corações e despertou almas, e foguetes voaram ao espaço, e os oceanos começaram a subir, e os manifestantes marcharam e choraram, e as meninas gritaram, gritaram e gritaram. Todo mundo andou na moda. Com botas de salto cubano e ternos de corte italiano. E tudo mudou. Veio então a contrarrevolução e um mergulho na violência política.

> Don't you know it's gonna be
> All right?
> Don't you know it's gonna be (all right)
> Don't you know it's gonna be (all right)

Talvez esteja. Talvez tenha estado. Talvez um dia venha a estar, se agarrarmos o êxtase e abandonarmos a fúria.

Fotografias

3 3A 4 4A 5 5A 6 6A 7
KODAK SAF.ETY FILM
KODAK TRI-X PAN FILM
8 8A 9 9A 10 10A 11 11A 12
KODAK SAF.ETY FILM
KODAK TRI-X PAN FILM
13 13A 14 14A 15 15A 16 16A 17
KODAK SAF.ETY FILM
KODAK TRI-X PAN FILM
17A 18 18A 19 19A 20 20A 21 21A 22
KODAK TRI-X PAN FILM
23 24 24A 25 25A 26 26A 27 27A
KODAK TRI-X PAN FILM
28 28A 29 29A 30 30A 31 31A 32 32A
KODAK TRI-X PAN FILM
KODAK SAF.ETY FILM

Liverpool
Londres
Paris
Nova York
Washington, D.C.
Miami

LIVERPOOL

7th & 22nd December 1963

No finzinho de 1963, eu ainda estava aprendendo a usar minha câmera. Para treinar, fazia retratos de gente próxima. Na infância, sempre me interessei por arte e pelas coisas que eu via no mundo ao meu redor. Ter uma câmera me permitiu explorar novos aspectos de meu "olhar" artístico. Durante o Ensino Médio, ganhei um prêmio artístico com uma pintura que fiz de uma igreja. Por isso, acho que algum tipo de sensibilidade visual já estava presente em mim, desde pirralho. E quando ganhei um concurso nacional de redação e pude escolher um livro como prêmio, optei por uma obra sobre arte moderna, que abriu meus olhos para o cenário artístico contemporâneo. A partir daí, comecei a formar opiniões sobre quais artistas eu curtia e quais não curtia. Na época em que comecei a tirar fotos, eu já estava em turnê com os Beatles e havia desenvolvido uma boa noção sobre enquadramento, composição e padrões artísticos, recursos que eu ia aplicando inconscientemente. Estar na estrada também equivalia a ter uma série de novos temas para tentar capturar na altamente dinâmica mídia fotográfica.

No início dos anos 1960, com as novas invenções como televisão, câmeras portáteis e filmes coloridos, começamos a ver coisas de um tipo que nossos pais nunca tinham visto. Não crescemos com livros na *coffee table* (na verdade, nem café decente havia), por isso eu não tirava fotos com a meta de que elas acabassem na mesa de centro. Era apenas outro modo de explorar a arte. As fotografias eram para mim, só para mim. Claro, eu as mostrava a amigos e familiares e, às vezes, mandava fazer uma cópia para alguém. Publicar as fotografias por meio deste livro acrescentou uma nova dimensão à forma como eu as encaro hoje.

Acho que nas fotos a seguir eu tento encapsular a loucura que explodiu no finzinho de 1963 e começo de 1964. Para alguém como eu, que vim de um bairro da classe trabalhadora em Liverpool, me enche de orgulho dizer que a loucura que presenciamos como músicos foi experimentada em primeira mão em nossa cidade natal. Tirei fotos do pessoal que nos é mais familiar, por isso você vai se deparar nestas páginas com diversos rostos de Liverpool e muita gente do Norte.

As fotografias também mostram John, George, Ringo e, se você me incluir, nós quatro, os Beatles. Sem dúvida, como banda, trazemos muitas coisas de Liverpool, mas algo que realmente chamou a atenção, e acho que nos destacou, foi o nosso senso de humor. O povo de Liverpool é divertido. Faz parte de nossas tradições. Boa parte desse humor transborda nessas fotos e em como passávamos nosso tempo juntos. Essa é uma das coisas que eu adoro nos Beatles. A gente brincava e se divertia. Isso manteve a nossa sanidade mental. E, olhando em retrospectiva, acho que esse foi um ótimo plano não intencional – usamos o lúdico como ferramenta.

Jovens curiosos com horizontes em constante expansão. Tudo nos interessava. Começamos a descobrir o trabalho de fotógrafos como Henri Cartier-Bresson e Richard Avedon, com quem trabalhamos anos depois. Nesses primórdios, posávamos para gente como Dezo Hoffmann e Norman Parkinson. Parkinson costumava nos enfileirar e nos fazer "abrir as pálpebras". Confira como nossos olhos parecem arregalados em alguns dos retratos que ele fez de nós. Outro profissional com quem simplesmente convivemos um tempão foi Robert Freeman. Ele fotografou algumas capas de nossos álbuns.

Aprendíamos com todos os fotógrafos que encontrávamos. Em Hamburgo, conhecemos Astrid Kirchherr, uma excelente fotógrafa, e nos tornamos bons amigos dela. Lembro o quanto me inspirava enxergar o que Astrid enxergava e como ela trabalhava. Em geral, passávamos tanto tempo com os fotógrafos que, ao longo do caminho, fomos aprendendo seus truques. Eu apreciava vê-los trabalhando e como portavam uma sacolinha preta junto com eles e, sem precisar olhar, mergulhavam a câmera nela. Hora de trocar o filme. Então retiravam a câmera recém-carregada, prontos para recomeçar. Eu admirava a destreza que isso envolvia.

Quando nós mesmos tirávamos fotos, indagávamos aos fotógrafos: "Qual é o ajuste da luz?". Mas claro, nem sempre eles queriam revelar seus segredos ou, às vezes, até davam dicas erradas de propósito, como "f/8 de abertura e uma quinzena de exposição". Acho que não queriam que outros fotógrafos ouvissem e revelassem seus segredos para a concorrência.

Algumas das fotografias foram tiradas em Liverpool quando nós quatro participamos de um programa musical chamado *Juke Box Jury*, e a BBC rompeu a tradição, saindo de Londres e indo a Liverpool filmar no Empire Theatre. Esta seleta traz uma foto do apresentador David Jacobs. Após o *Juke Box Jury*, trouxeram uma nova plateia – acho que ambas compostas por membros do nosso fã-clube –, e gravamos o especial *It's The Beatles* para a BBC. O show foi superanimado e teve uma enorme audiência quando foi ao ar naquela noite. Em torno de vinte e dois milhões de espectadores, praticamente a metade da população inglesa na época.

As fotos que tirei em Liverpool mostram um pouco sobre como era estar nos bastidores no finzinho de 1963: a expectativa, a diversão e o típico humor *Scouse*. Elas mostram com que frequência estávamos perto de outras pessoas e músicos, ou seja, como os nossos sentidos estavam sob estímulo constante. Detalhes que inspiravam não só a nossa música, mas também para onde eu apontava a lente de minha câmera.

John e George.

43

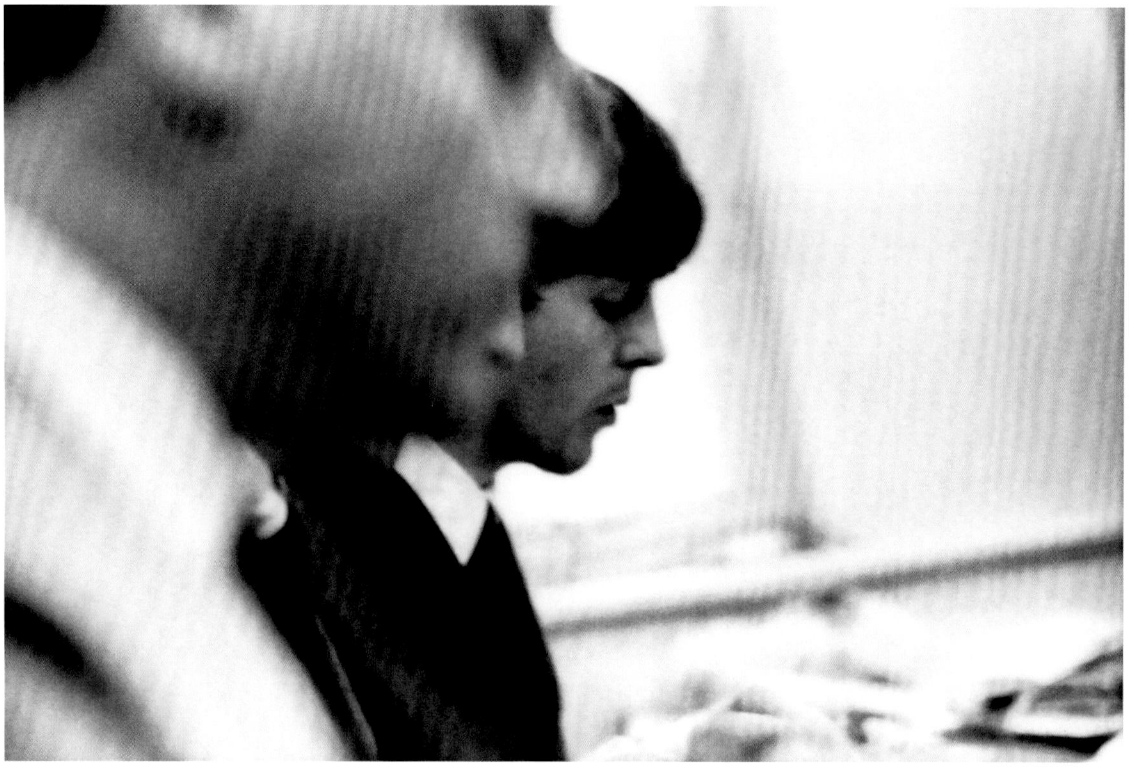

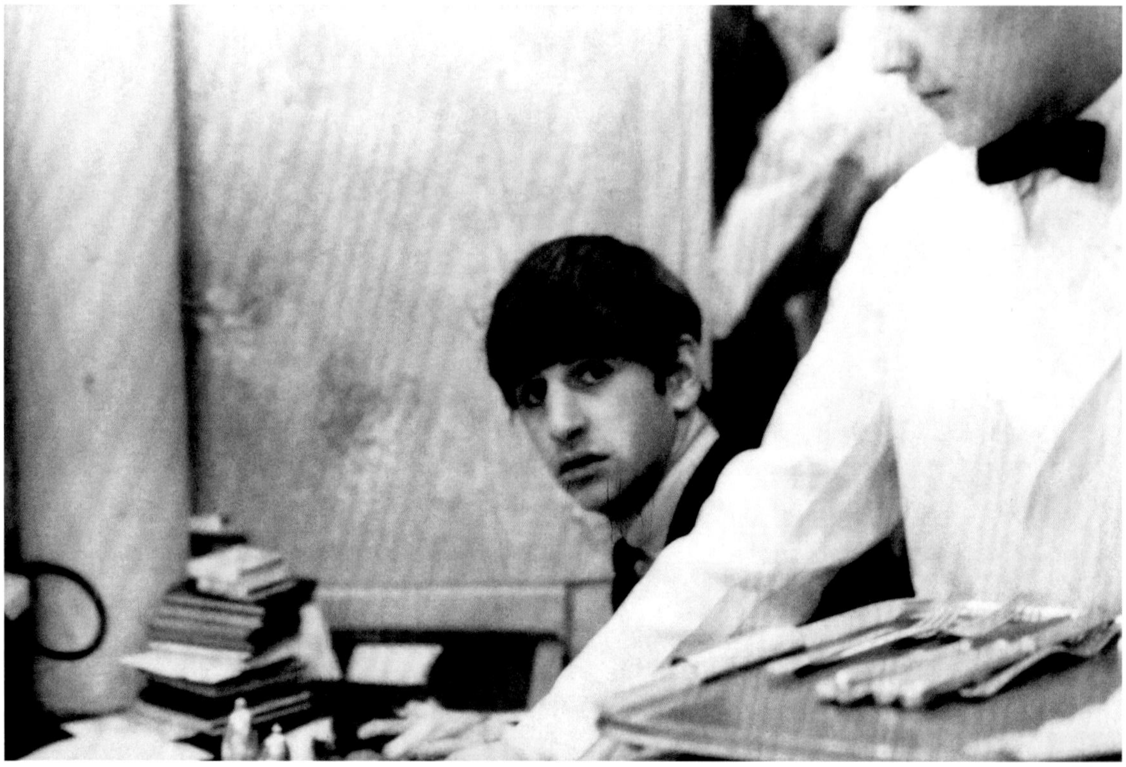

A esta altura, Ringo já estava na banda havia um ano e meio, mas ainda me lembro da primeira vez que ele tocou conosco. John, George e eu nos entreolhamos e soubemos: é isto!

Nosso empresário, Brian Epstein. Nós o chamávamos de Mr. Epstein,
e ele era a única pessoa que conseguia nos manter na linha.

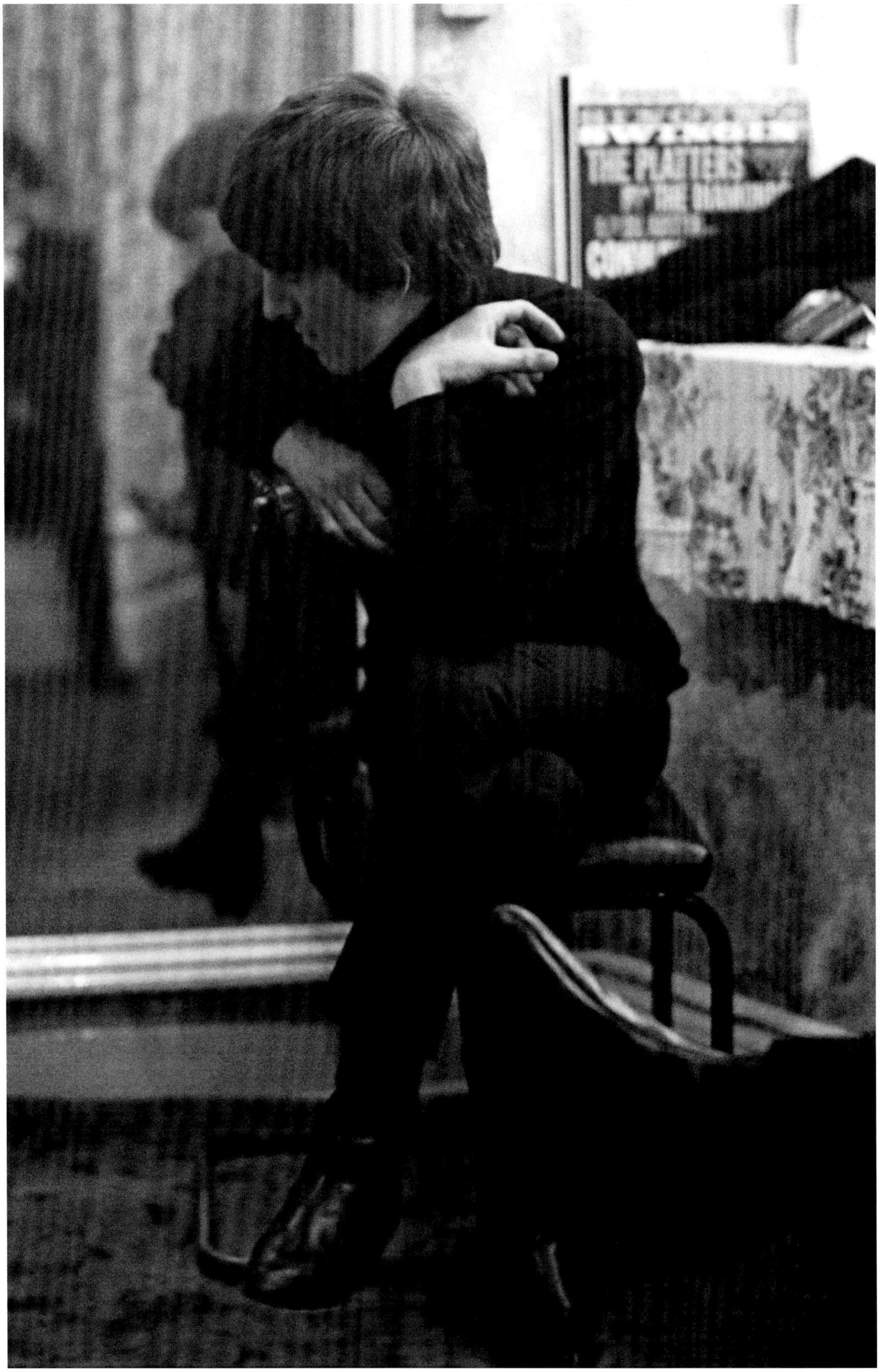
THE PLATTERS

Foto rara de John de óculos.

50

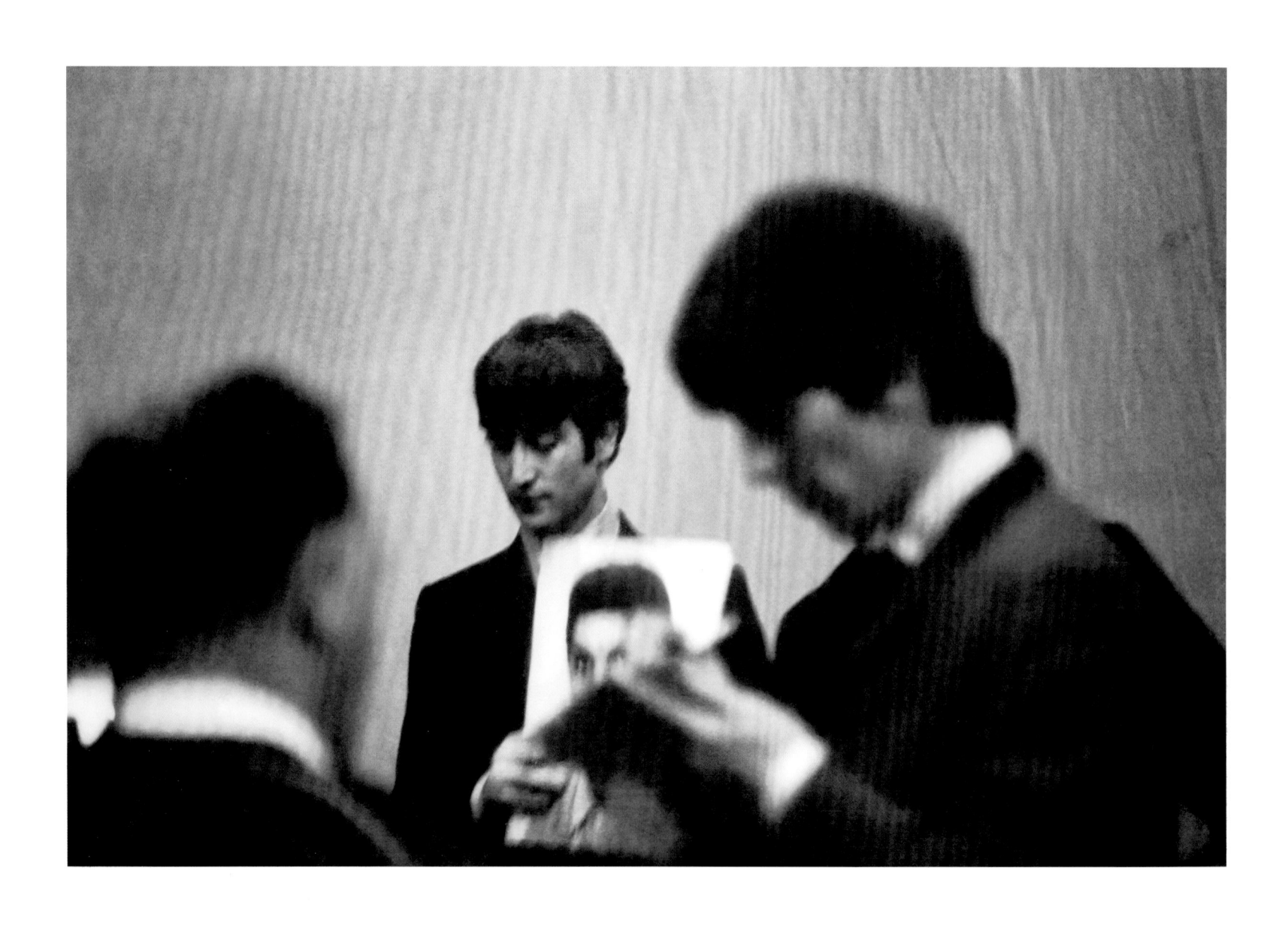

Freda Kelly, que administrava o nosso fã-clube.

Famoso na época entre o público da TV britânica, David Jacobs, apresentador do *Juke Box Jury*.

Ensaio de Peter Jay and The Jaywalkers.

54 Billy J. Kramer iluminado por um só holofote, criando um momento intimista de seu show.

Peter Jay and The Jaywalkers no palco.

O grande astral e a voz singular de Cilla Black a catapultaram da chapelaria do
The Cavern Club ao cenário nacional. O nome dela era Priscilla White.

O repórter Michael Braun nos acompanhou na Inglaterra, França e EUA
e registrou tudo no livro *Love Me Do! The Beatles' Progress*.

O nosso *roadie*, assistente e amigo Mal Evans.

Tony Barrow, nosso publicitário, o sujeito que cunhou o termo "Fab Four" e escreveu os textos dos encartes de nossos primeiros álbuns. Uma chaminé ambulante!

O X nesta foto mostra que foi pinçada de uma folha de contato, e a marca –
feita por mim – indica que era uma de minhas prediletas.

E tudo o que eu disse a ele foi "aja naturalmente".

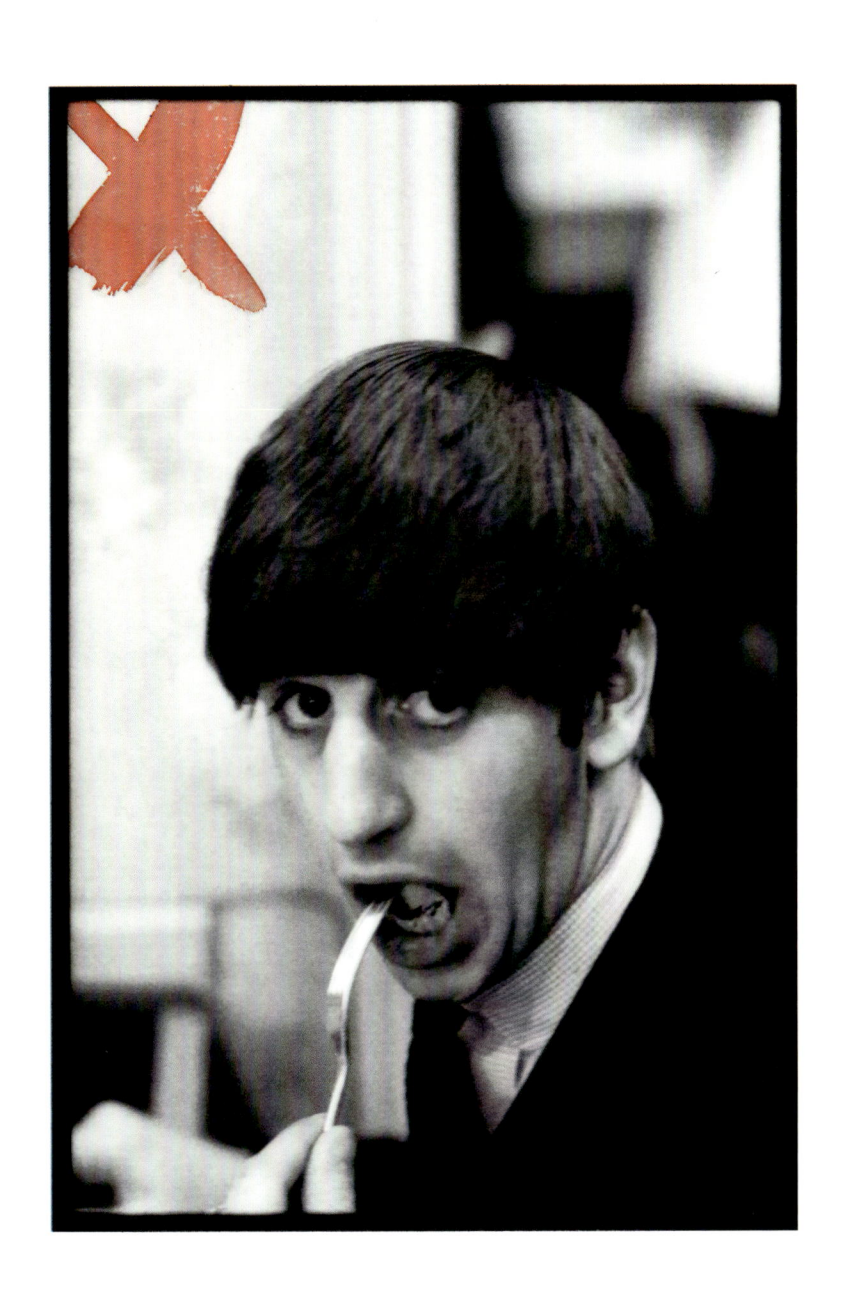

62

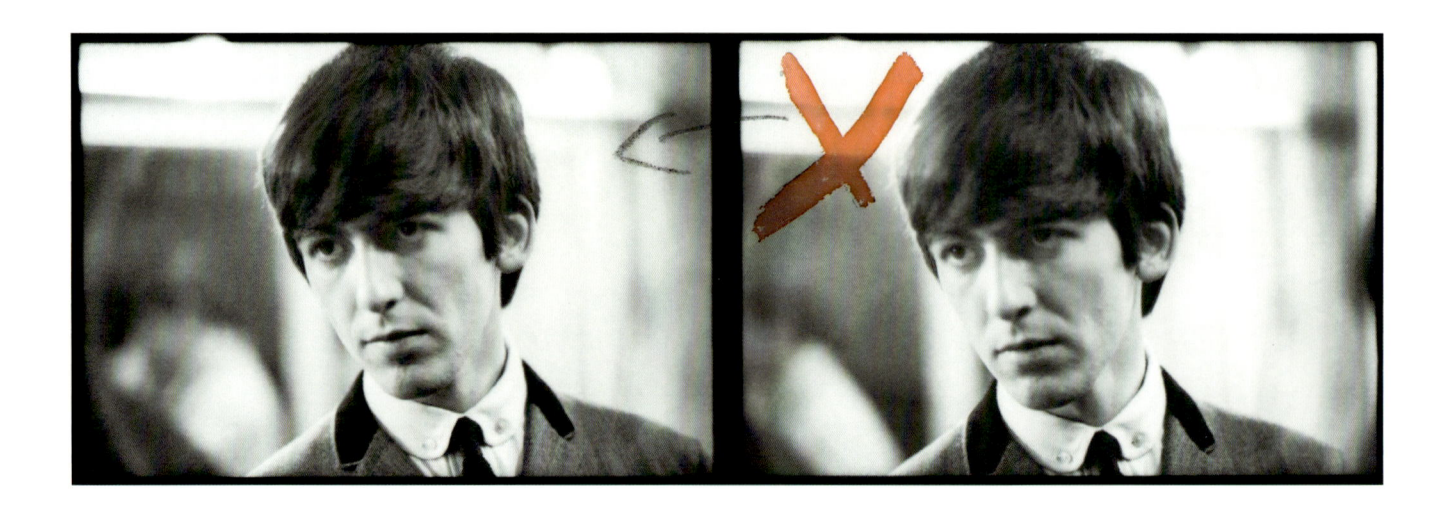

63

Jean Owen, do grupo The Vernons Girls.

Brian tratando de seus negócios.

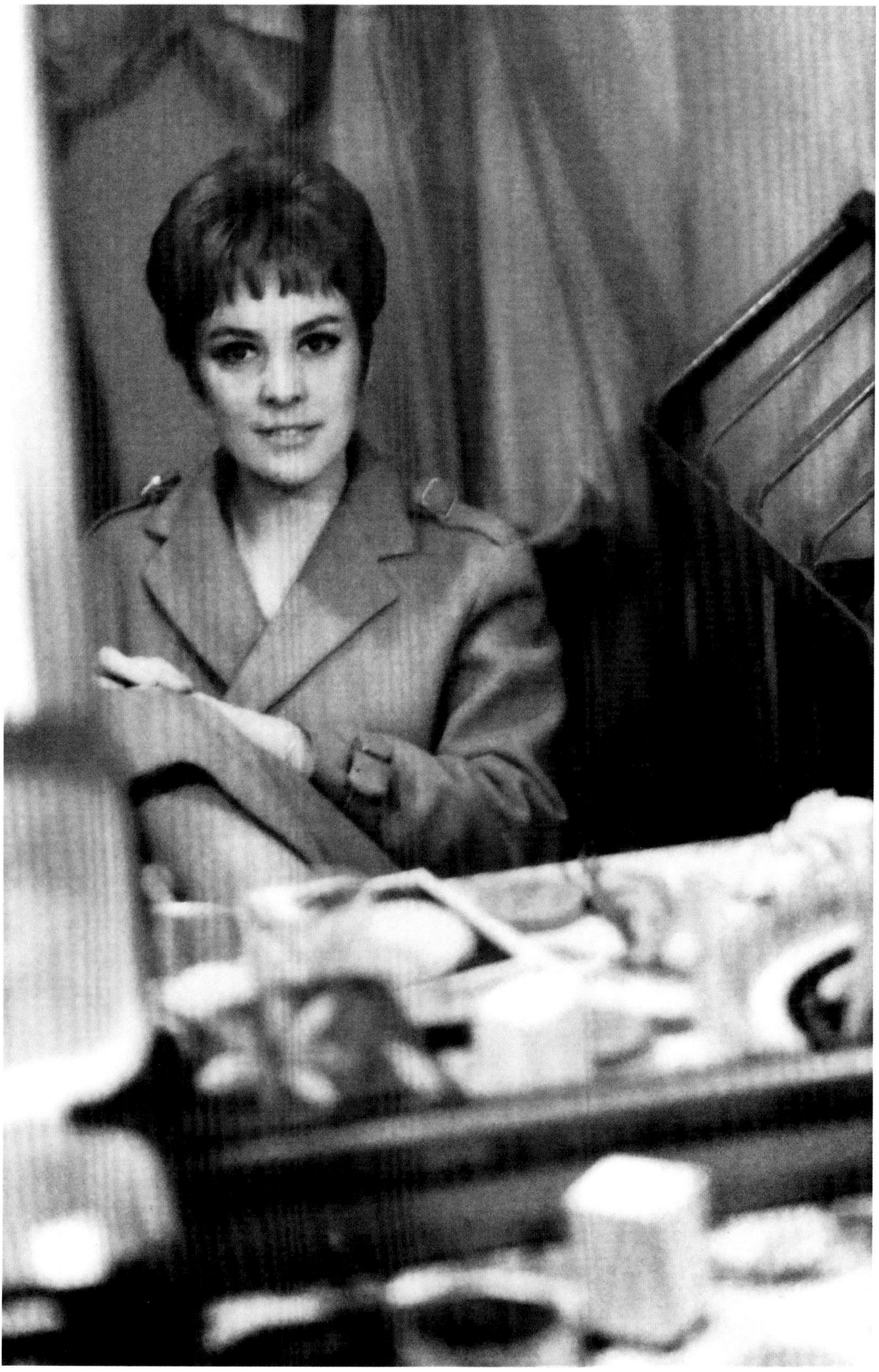

Os caras se aprontando para um show.

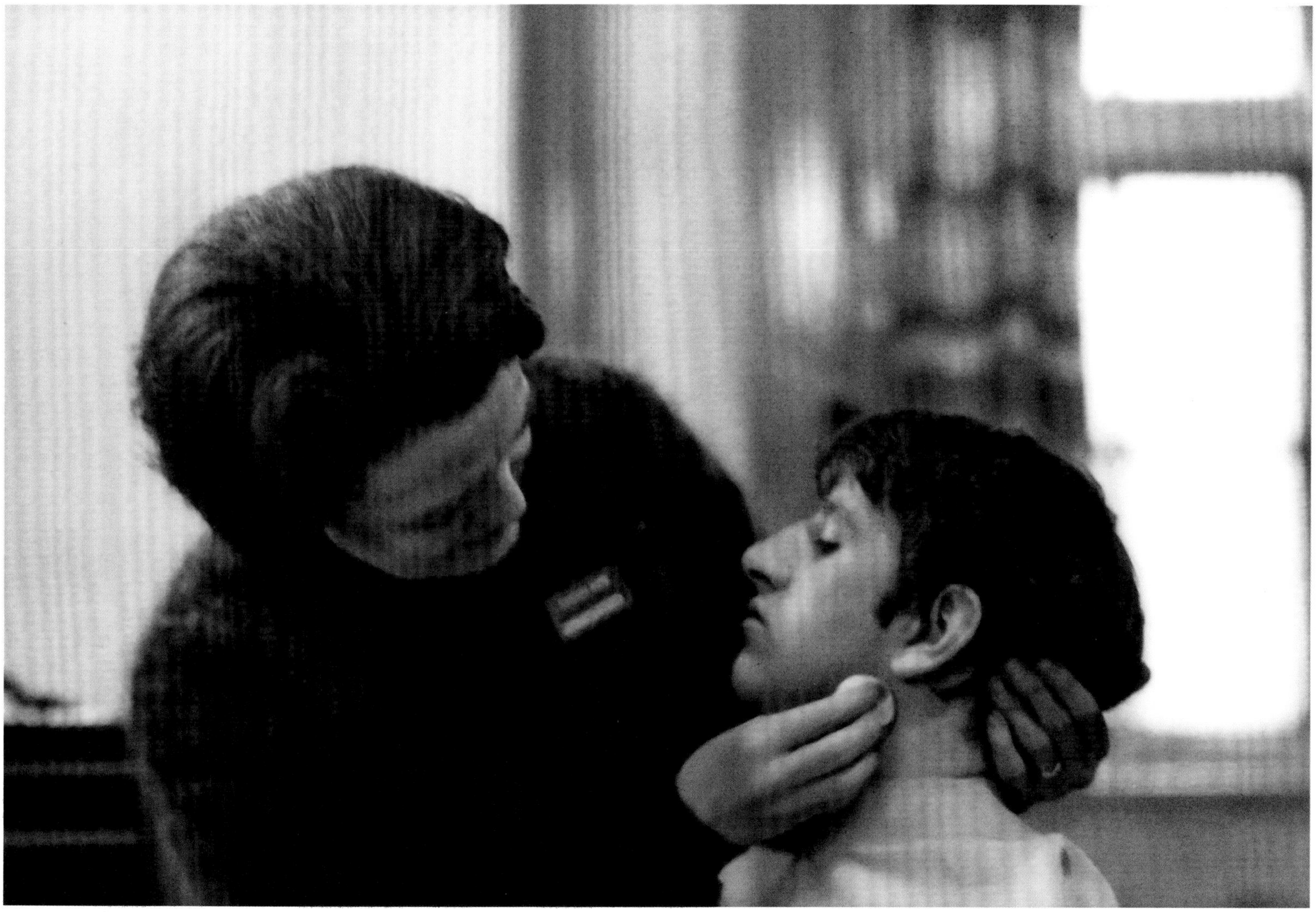

2 2A 3 3A 4 4A 5 5A 6 6A
7 7A 8 8A 9 9A 10 10A 11 11A
12 12A 13 13A 14 14A 15 15A 16 16A
17 17A 17 17A 18 18A 19 19A 20 20A
21 21A 22 22A 23 23A 24 24A 25 25A
26 26A 27 27A 28 28A 29 29A 30 30A
31 31A 32 32A 33 33A

Liverpool

Londres

Paris

Nova York

Washington, D.C.

Miami

LONDON.
24th December – 12th January 1964

Era a metrópole. Era *Londres*, e eu amei.

Eu me perdia nas ruas. Mas existiam mapas impressos que você desdobrava e lia. Outra opção era usar aquele velho e incrível guia de ruas, o *London* A-Z. Por exemplo, se eu tivesse um compromisso na Fleet Street, bastava procurar no guia. Só aprender a me orientar já foi empolgante e uma parte da emoção. Londres me proporcionou tantas novas experiências, e algumas delas, inevitavelmente, apareceram em minhas fotos e músicas. Nessa época, eu absorvia tudo, especialmente porque tudo era tão diferente de onde cresci.

Olhando para trás, percebo que a fotografia se tornava cada vez mais importante e presente em minha vida; de repente, a minha primeira câmera me deu a possibilidade de explorar o meio. Um dos rapazes em meu escritório recentemente observou que eu começo as reuniões enquadrando entre os dedos as coisas que me interessam. Formar um quadro, procurar uma boa foto. E ao revisar todas estas fotografias, só pensei em recortar duas delas. Se você está confiante na hora de compor a foto no visor da câmera, depois não precisará recortá-la. No entanto, você tem que buscar essa boa foto. Sentado à mesa com um grupo de pessoas, pode ser difícil. Todos estão muito distantes. Porém, se você buscar outro ângulo, talvez encontre um enquadramento melhor. Acho que isso tem que ser algo instintivo, pois o momento passa num piscar de olhos.

No começo de nossa carreira, muitas vezes precisávamos de fotos para um folheto promocional, então visitávamos esses fotógrafos da sociedade, porque a fotografia musical ainda era uma coisa nova (ainda não vinham atrás de nós!). Em Londres, participamos de sessões um pouco mais profissionais do que em Liverpool. Além de Dezo Hoffmann, fizemos sessões com Philip Gotlop, cujo estúdio ficava em Kensington. Íamos até lá e fazíamos quaisquer configurações que ele sugerisse.

Em 1963, fui morar no apartamento L, na 57 Green Street, com John, George e Ringo. Fica em Mayfair, perto de Park Lane. Naquela época já era de classe alta. Mas o apê só tinha quartos vazios. Sem poltronas nem quadros nas paredes. Não parecia um lar e me sobrou o quarto menor. Logo depois, fui convidado a morar com a minha namorada Jane Asher e a família dela. Eles me hospedaram no sótão, no último andar, e acho que o autorretrato no espelho foi tirado naquele quarto. Os Asher não só me deram um lar longe de casa, mas um lar cheio de pessoas e conversas interessantes, e também um ótimo lugar para compor. Eu tinha um pianinho Knight no meu quarto e havia outro piano no térreo, no qual a sra. Asher dava aulas. Ela lecionava na Guildhall School of Music and Drama, e teve como aluno um jovem cavalheiro, George Martin, que anos depois se tornou o produtor dos Beatles.

Nosso primeiro ano em Londres foi memorável, e estas fotos mostram o pessoal que me cercava na época. Apareço em casa com os Asher, ou nos bastidores e nas laterais do palco, capturando os outros músicos. Por volta de outubro de 1963, a imprensa começou a usar o termo "Beatlemania". A imagem de fãs correndo atrás de nós aos gritos é mais comum nas fotos que tirei nos EUA, mas isso também aconteceu com fãs britânicos nesse ano. Embora eu soubesse de alguns fatos – 40% da população do Reino Unido havia assistido a uma de nossas apresentações na TV, e dois singles nossos tinham alcançado o 1º lugar –, tudo ainda parecia um tanto precário para mim. Como George Martin disse mais tarde em nossa série de TV *Anthology*: em 1963, era difícil acreditar que os Beatles durariam para sempre. Acho que as fotos que tirei nessa época marcam essa incerteza. Mostram minha empolgação por estar perto de outros músicos promissores. Valia a pena capturar tudo, pois você não sabia quanto tempo aquilo ia durar.

Concluímos o ano com *The Beatles Christmas Show*, durante o qual muitas dessas fotos foram tiradas. Uma diversão e tanto. Ingressos esgotados durante mais ou menos três semanas e, na maior parte desse período, com dois shows diários. Fizemos os shows no então Finsbury Park Astoria. Era comum tocarmos em salas de cinema, afinal, naquela época nem existiam auditórios para shows como os de hoje.

O line-up incluía The Barron Knights com Duke D'Mond, além de artistas gerenciados por nosso empresário, Brian Epstein, como Tommy Quickly, The Fourmost, Billy J. Kramer e os Dakotas e Cilla Black, muitos dos quais aparecem nas fotos deste livro. Uma pena, mas alguns desses músicos acabam não sendo muito lembrados hoje, a menos que você os procure. Por isso, é legal que muitos deles apareçam nas fotos.

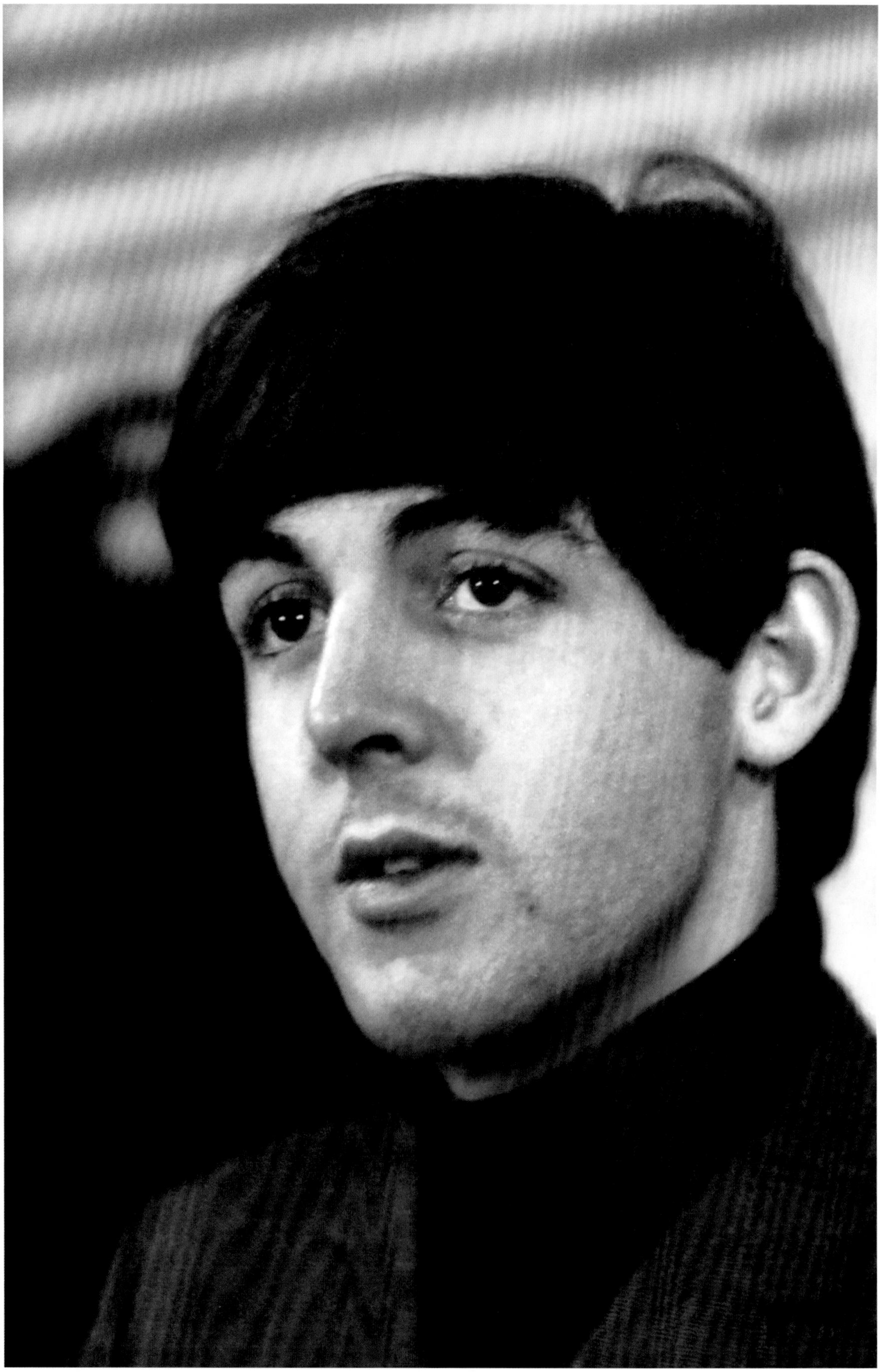

Conheci Jane Asher no programa *Swinging Sound '63*, no Royal Albert Hall, e fui morar com a família dela no final do ano. Muitas vezes fiz retratos dela no período em que estivemos juntos.

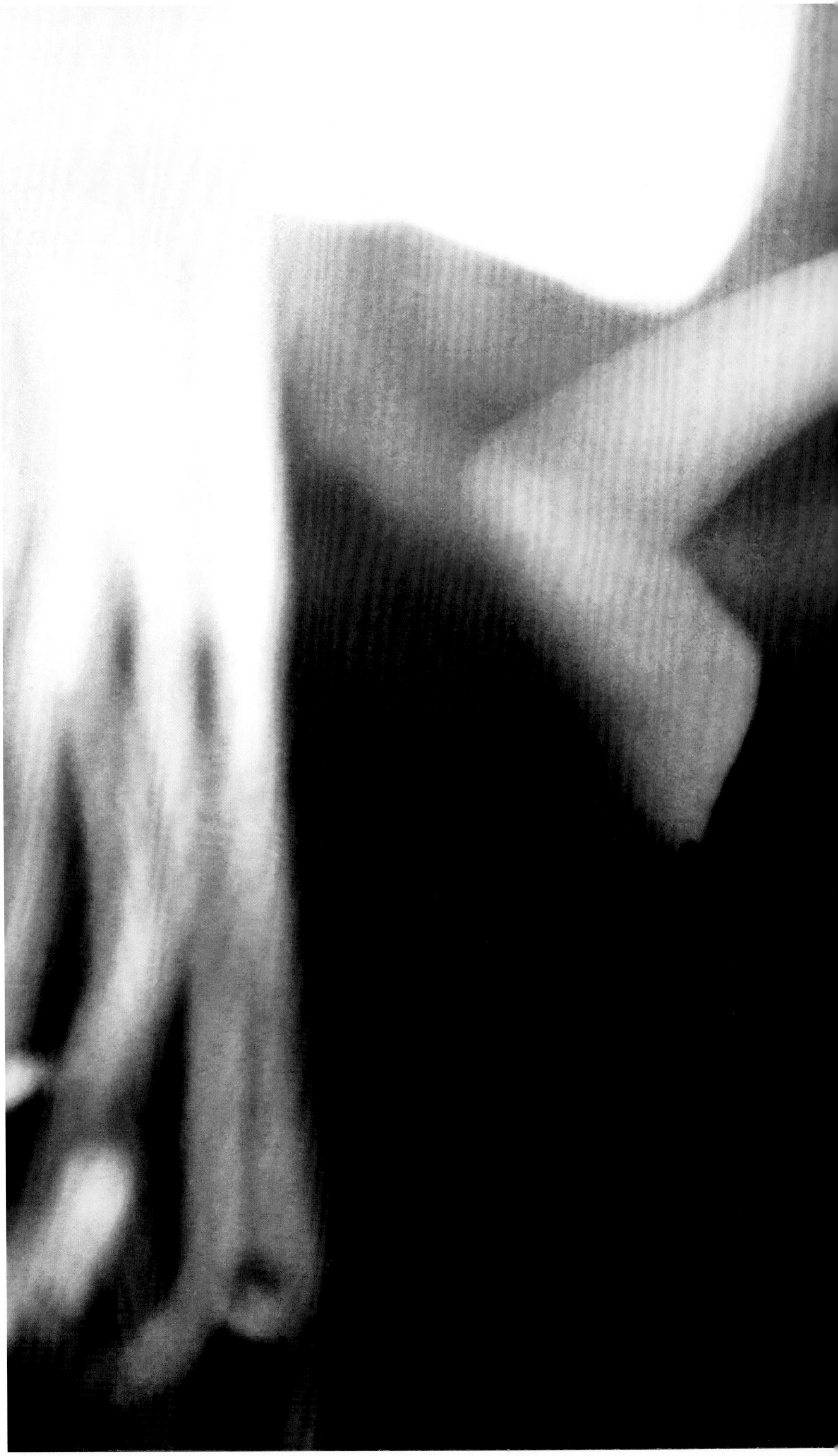

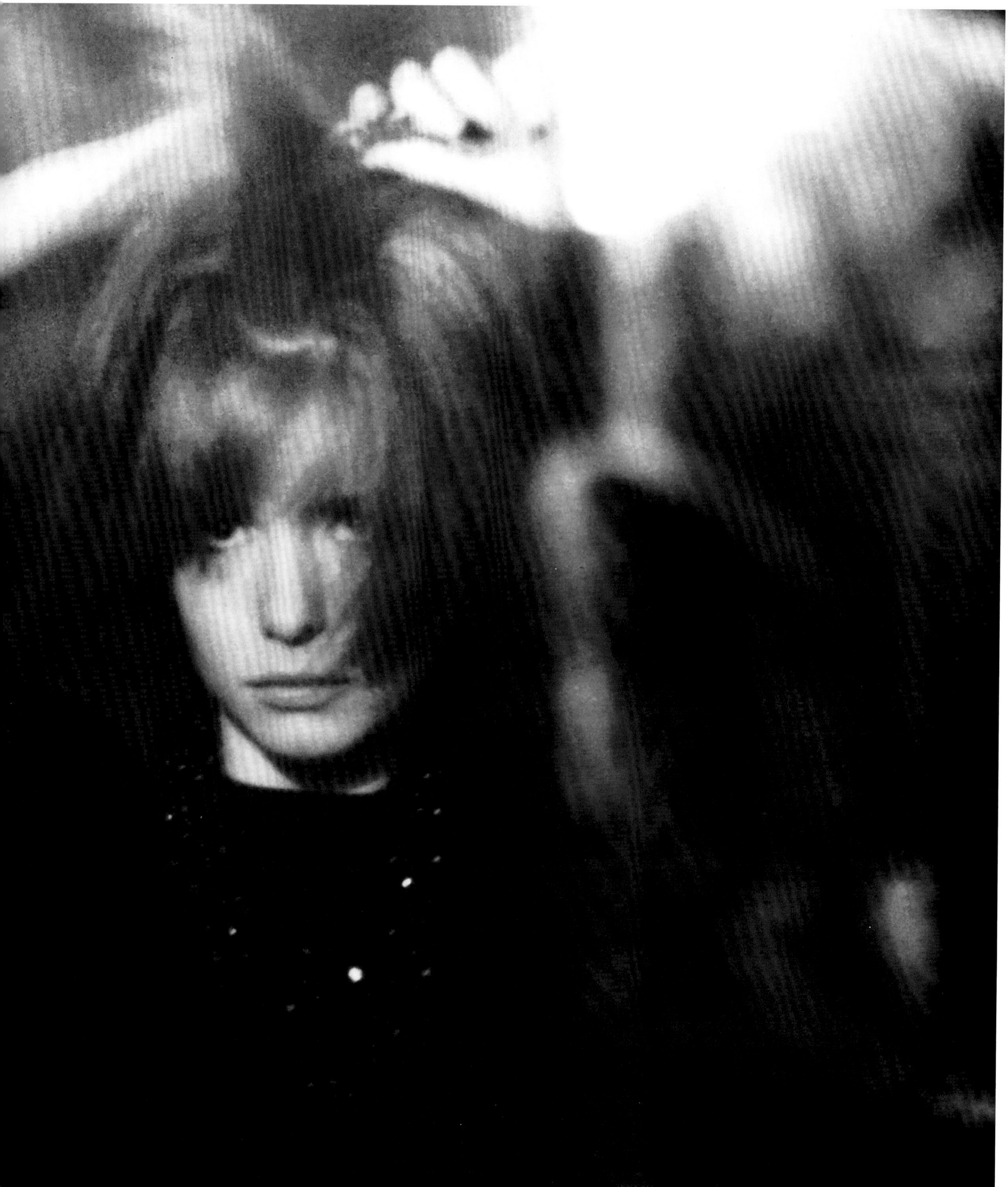

A intimista foto em preto e branco não faz jus aos impressionantes cabelos ruivos de Jane.

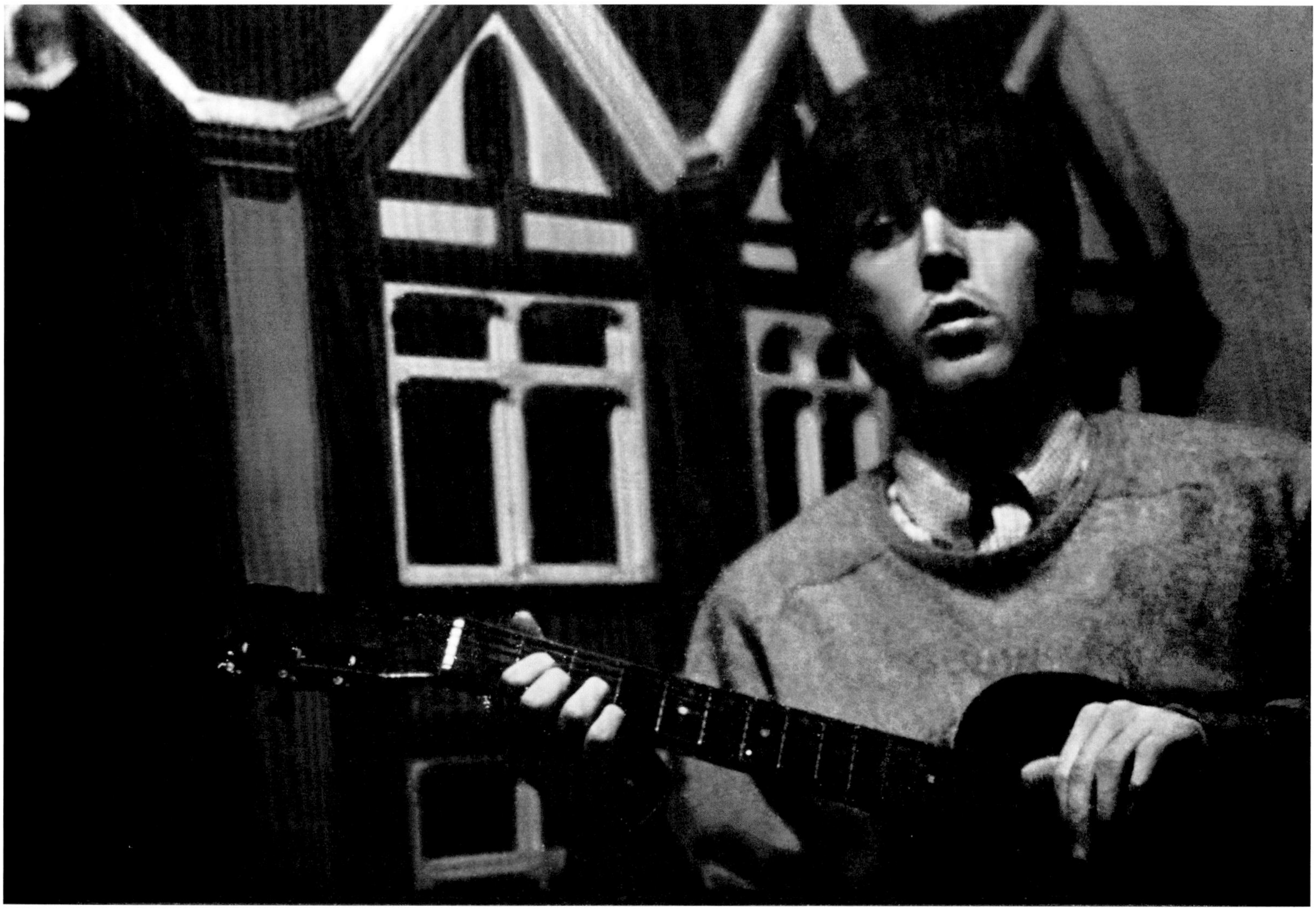

Peter Asher, irmão de Jane. Por volta dessa época, eu compus "A World Without Love" para ele e Gordon Waller. O single acabou superando "Can't Buy Me Love" e se tornou 1º lugar nas paradas do Reino Unido.

Vista dos fundos da casa dos Asher na Wimpole Street.

John e George nos bastidores do Finsbury Park Astoria, em um de nossos shows natalinos.

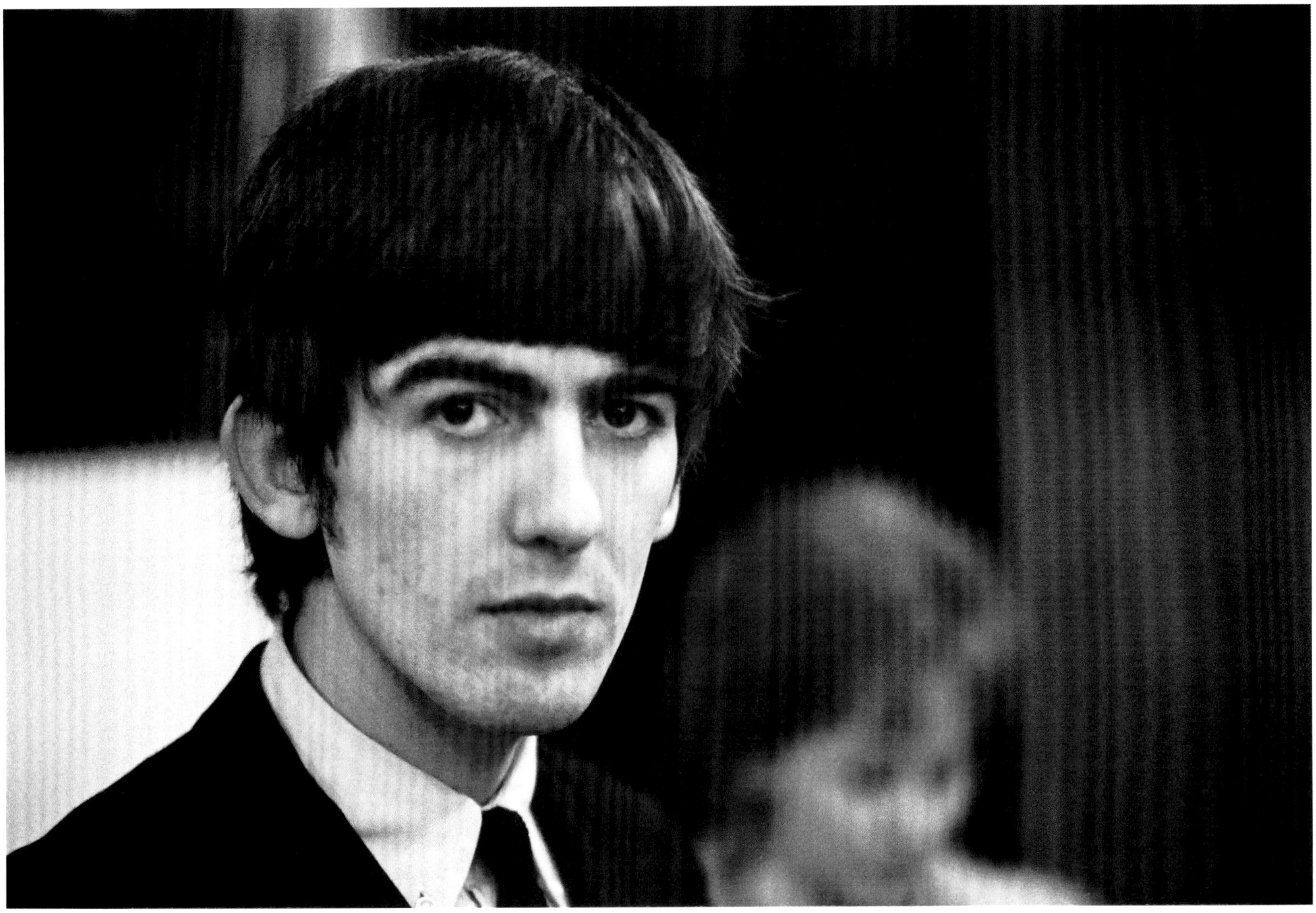

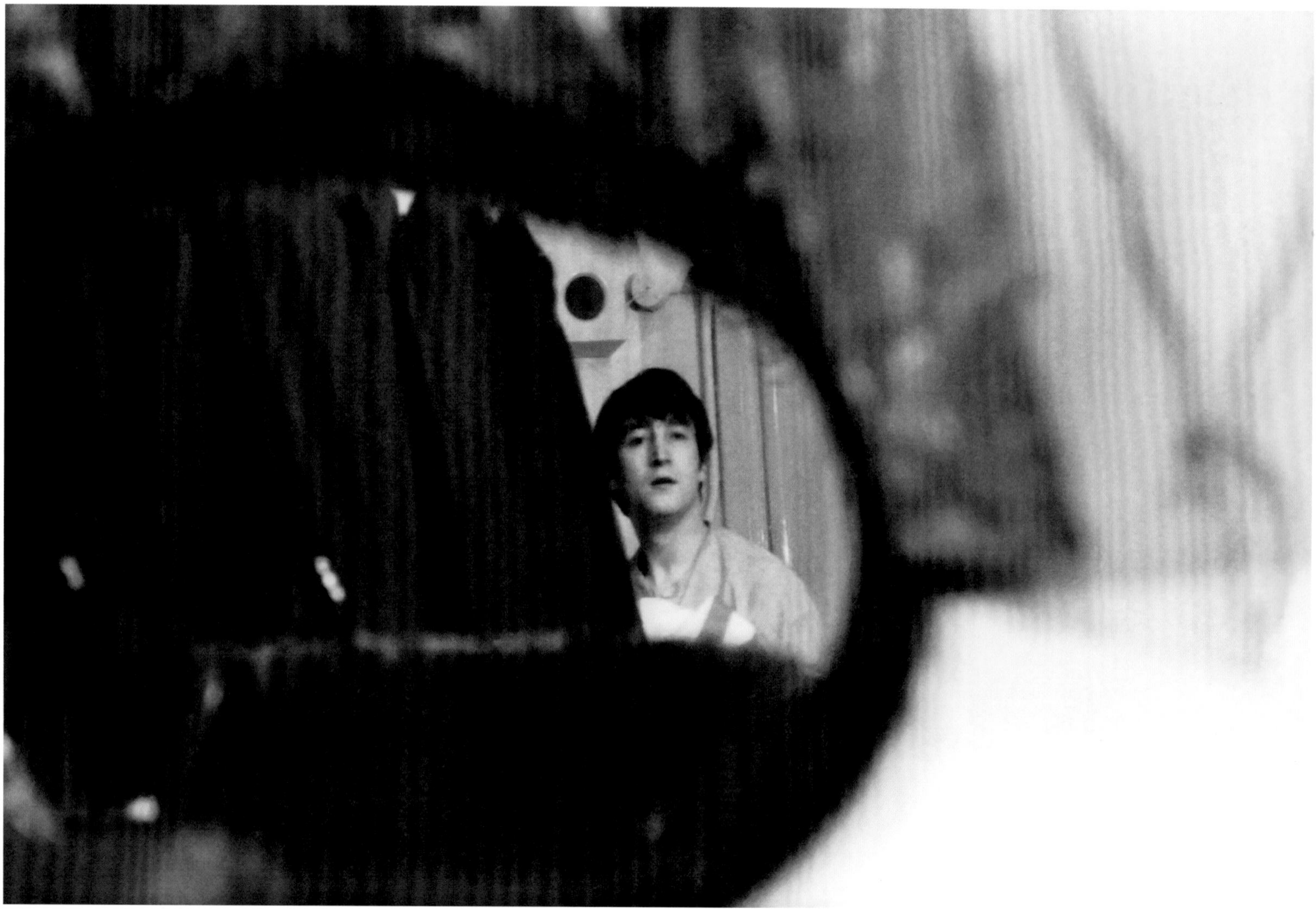

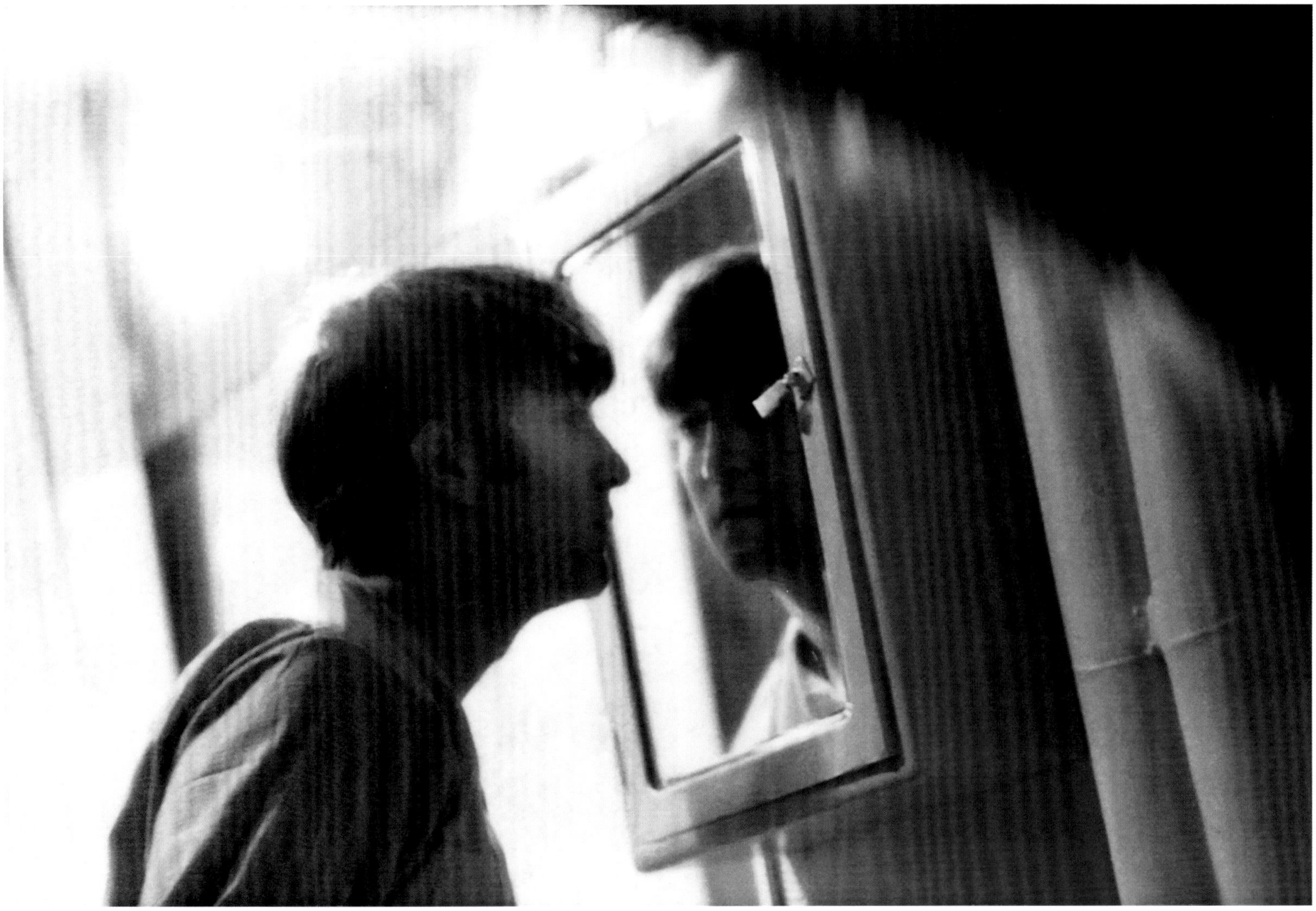

Os meninos em nosso camarim.

Com a banda toda no palco; esta provavelmente foi tirada por Brian, Mal ou nosso *road manager*, Neil Aspinall.

Às vezes, a entrada de fãs no camarim era permitida.

Usando o espelho dos bastidores para capturar um pensativo e desprevenido Ringo.

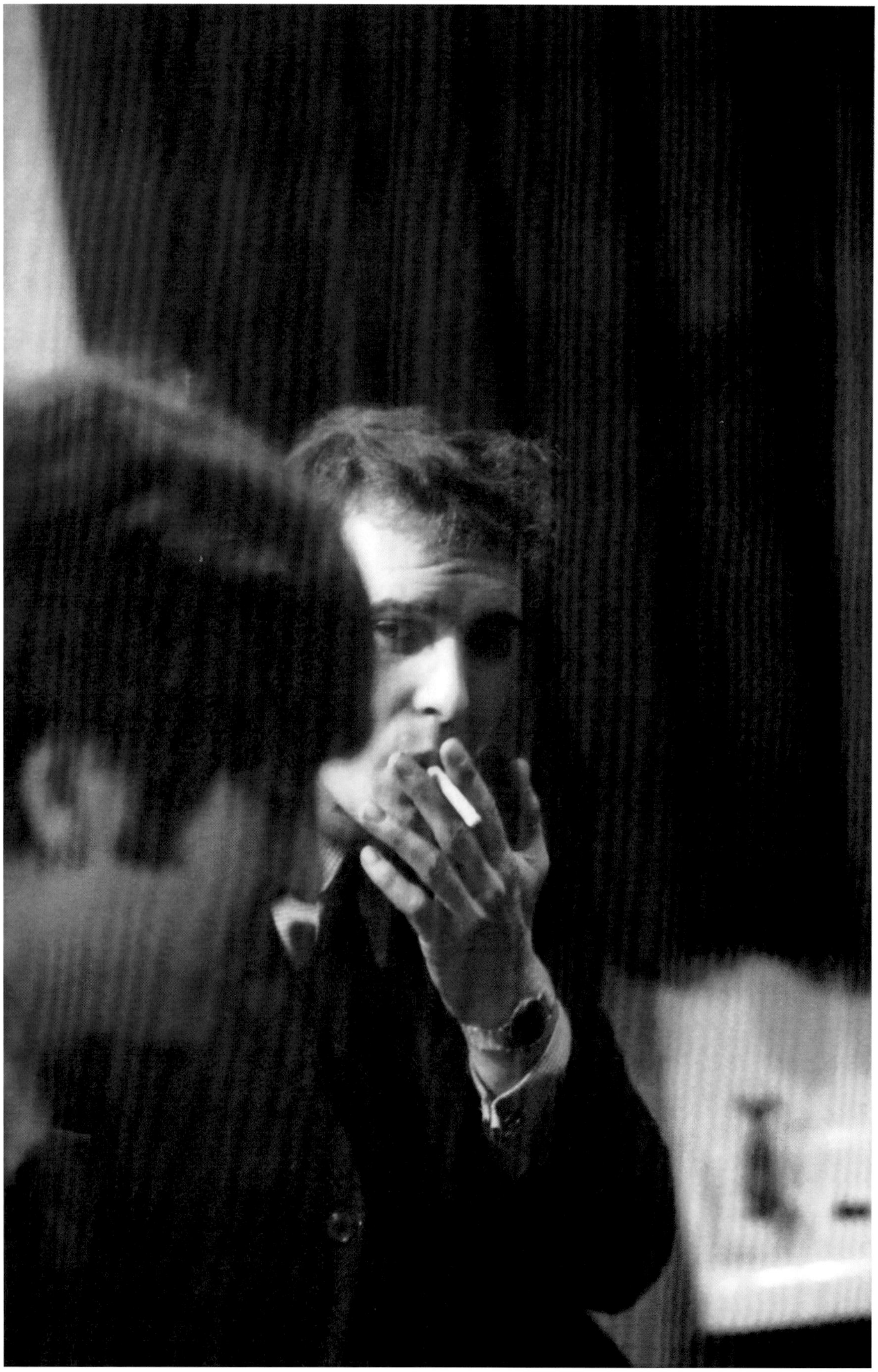

À esquerda: O nosso *road manager*, Neil, motorista de nossa van Commer, grafitada por fãs. Ele nos conduzia Reino Unido afora, equipamento atrás, nós na frente. Recentemente, George e eu também havíamos passado no teste de direção, por isso, às vezes, disputávamos as chaves do veículo.

Acima: No palco, The Fourmost, uma das bandas que abriam para nós no *The Beatles Christmas Show*, no Finsbury Park Astoria.

John com um visual muito cool nos ensaios para *The Beatles Christmas Show*.

No palco do Lewisham Odeon, The Vernons Girls.

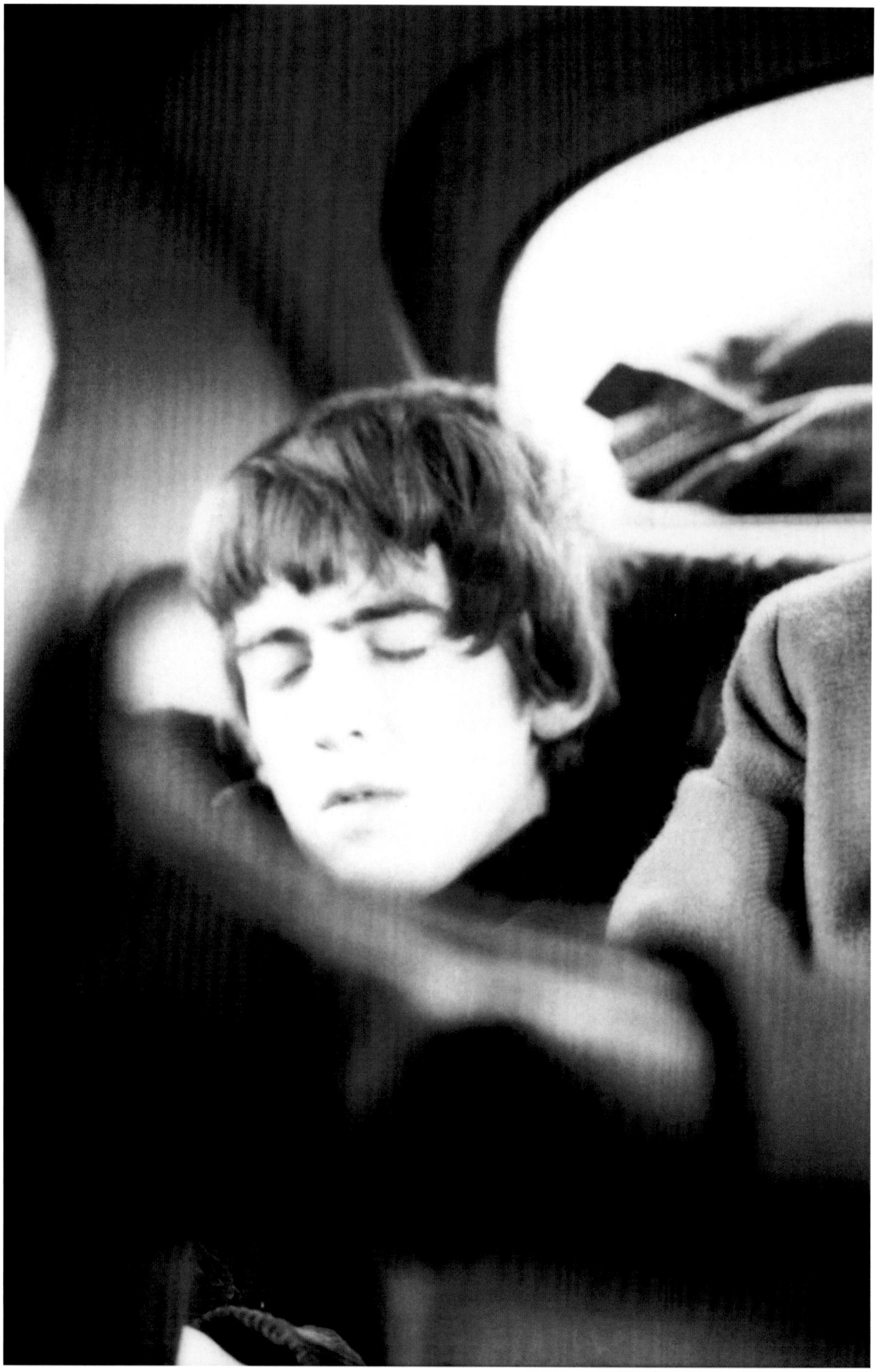

Adoro a intimidade destas fotos. Éramos uma banda muito coesa, então só um de nós seria capaz de tirar fotografias assim.

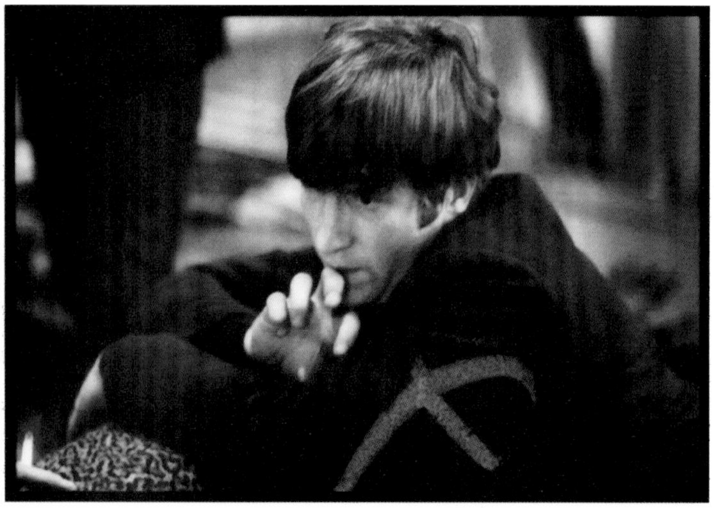

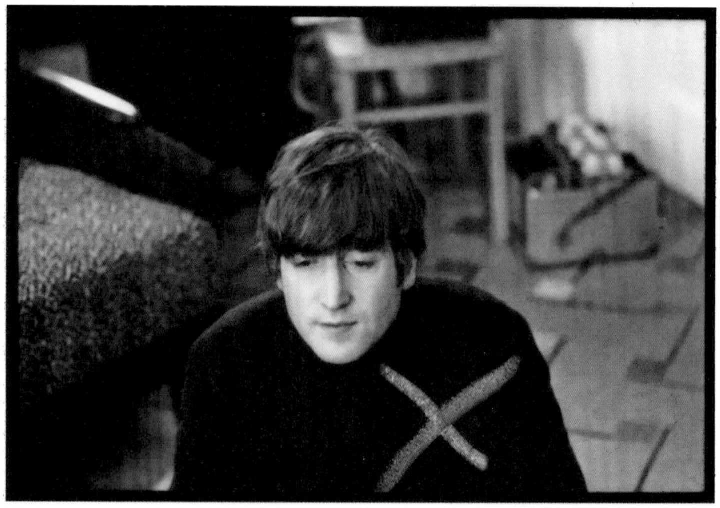

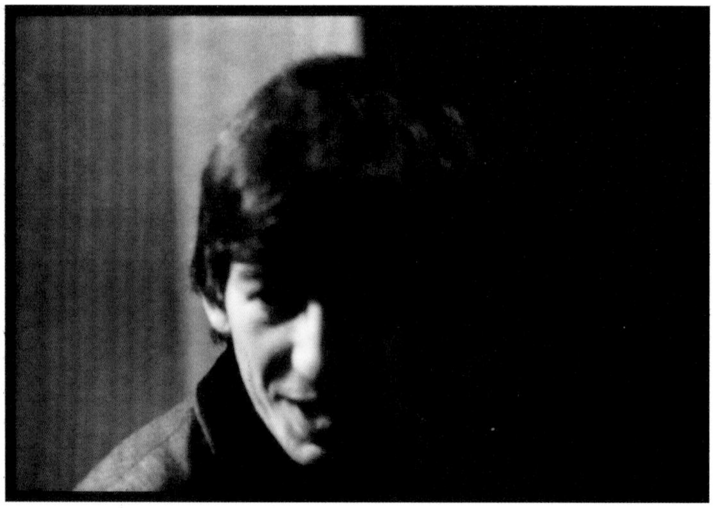

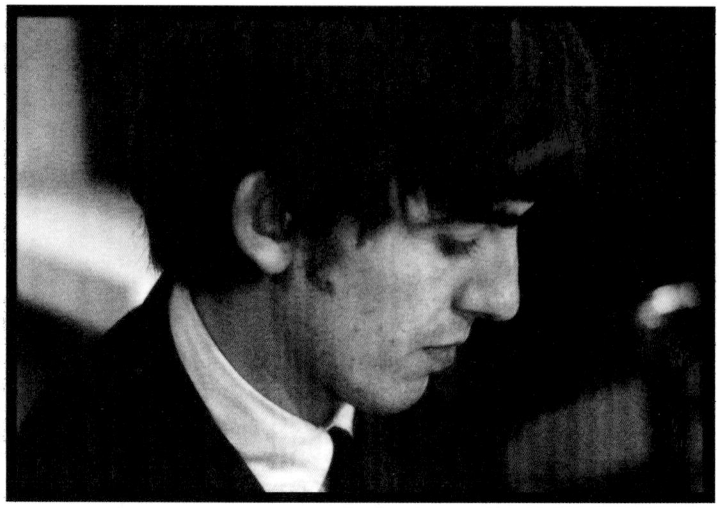

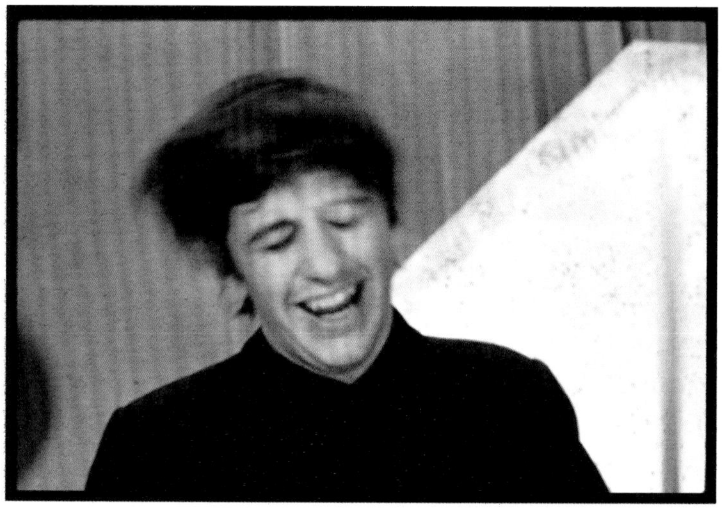

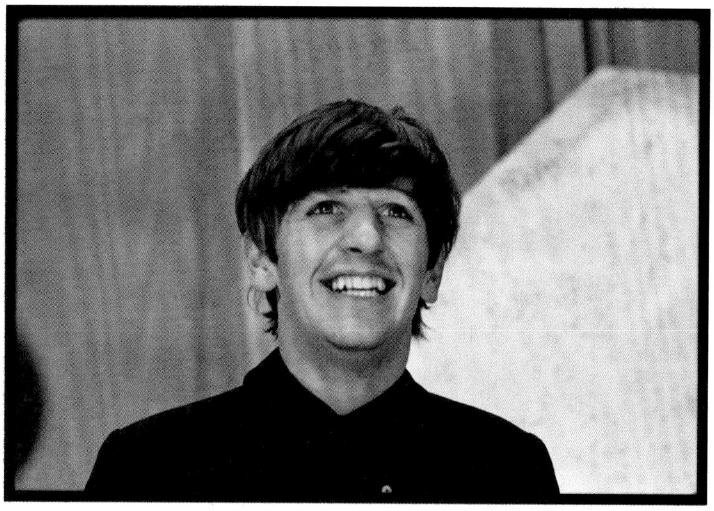

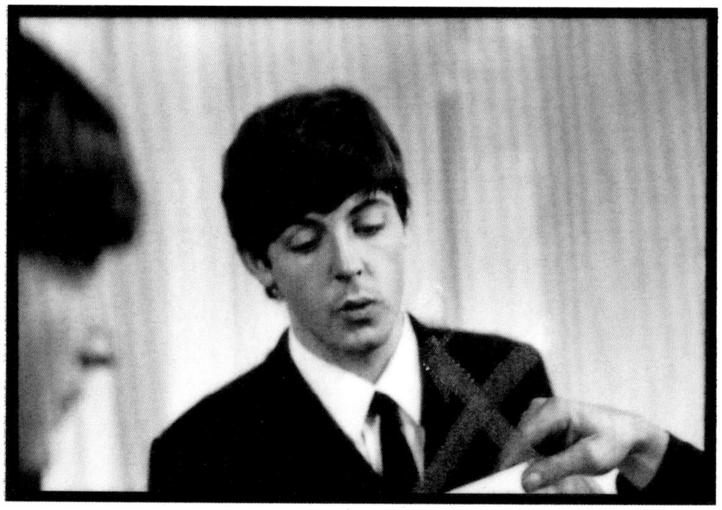

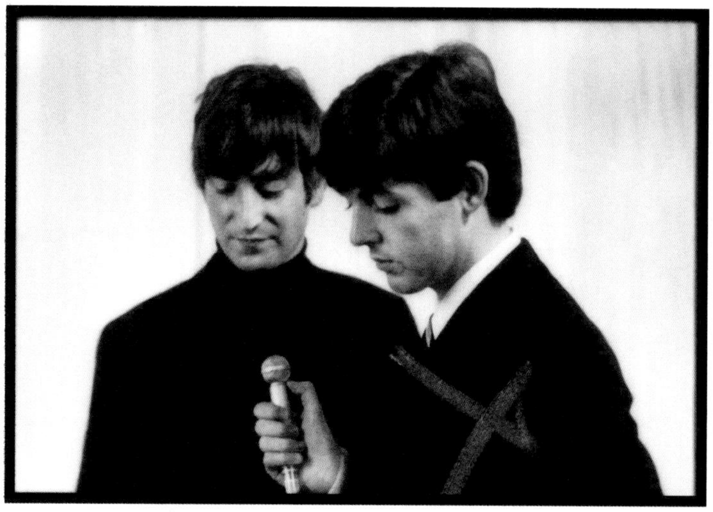

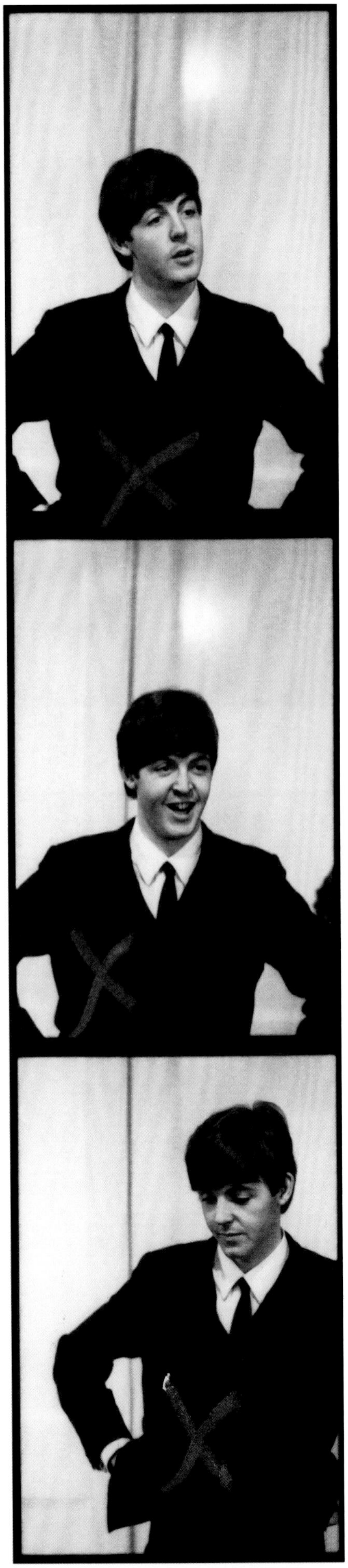

Brincando na sessão de fotos. The Clarence Tavern, no Finsbury Park.

100 Às vezes, eu marcava minhas fotos prediletas com um lápis de cera.

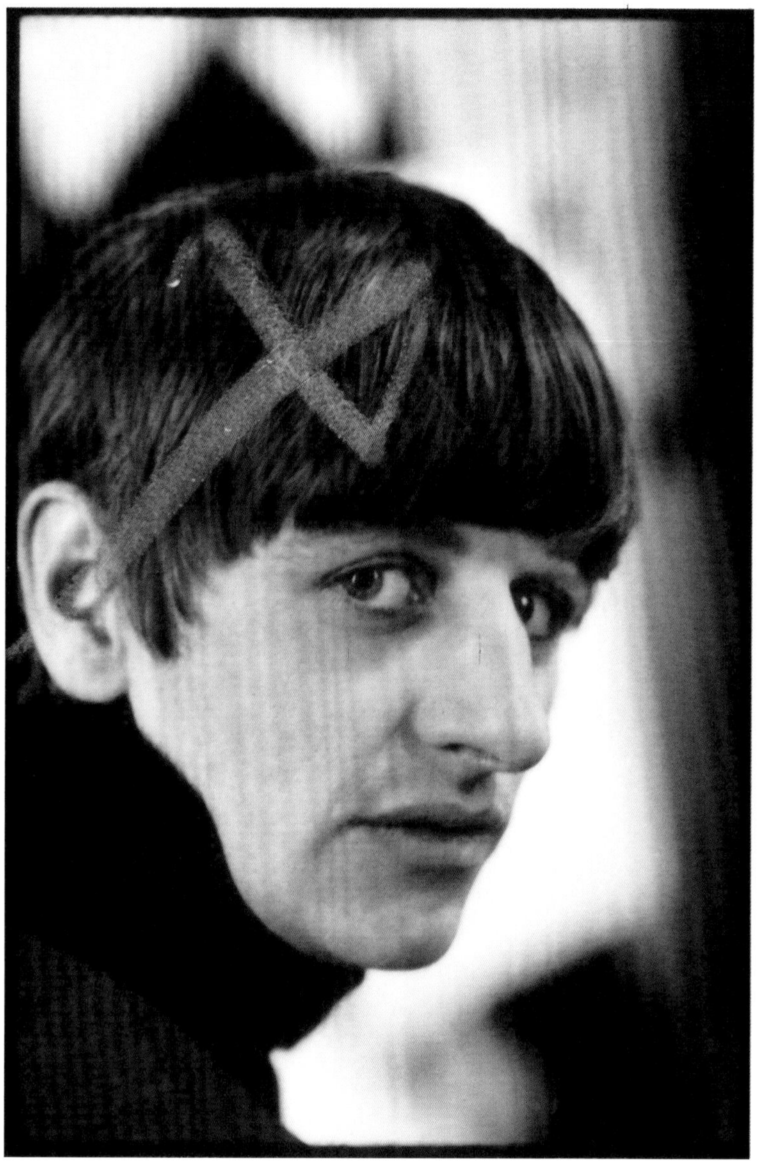

Bill Corbett, o nosso chofer e um sujeito muito engraçado.

Legal ver o Mal fazendo um intervalo.

John sereno em meio ao alvoroço.

O diretor Peter Yolland, que, com Brian Epstein, foi um dos criadores do *The Beatles Christmas Show*.

Judy Lockhart-Smith, que trabalhou na Parlophone Records e, em 1966, se casou com George Martin.

Billy Hatton, baixista e vocalista do The Fourmost.

Cilla nos bastidores; *The Beatles Christmas Show*.

Páginas seguintes: Fotógrafo Robert Freeman e John vistos de perfil.
Por um tempo os dois moraram no mesmo prédio em Londres.

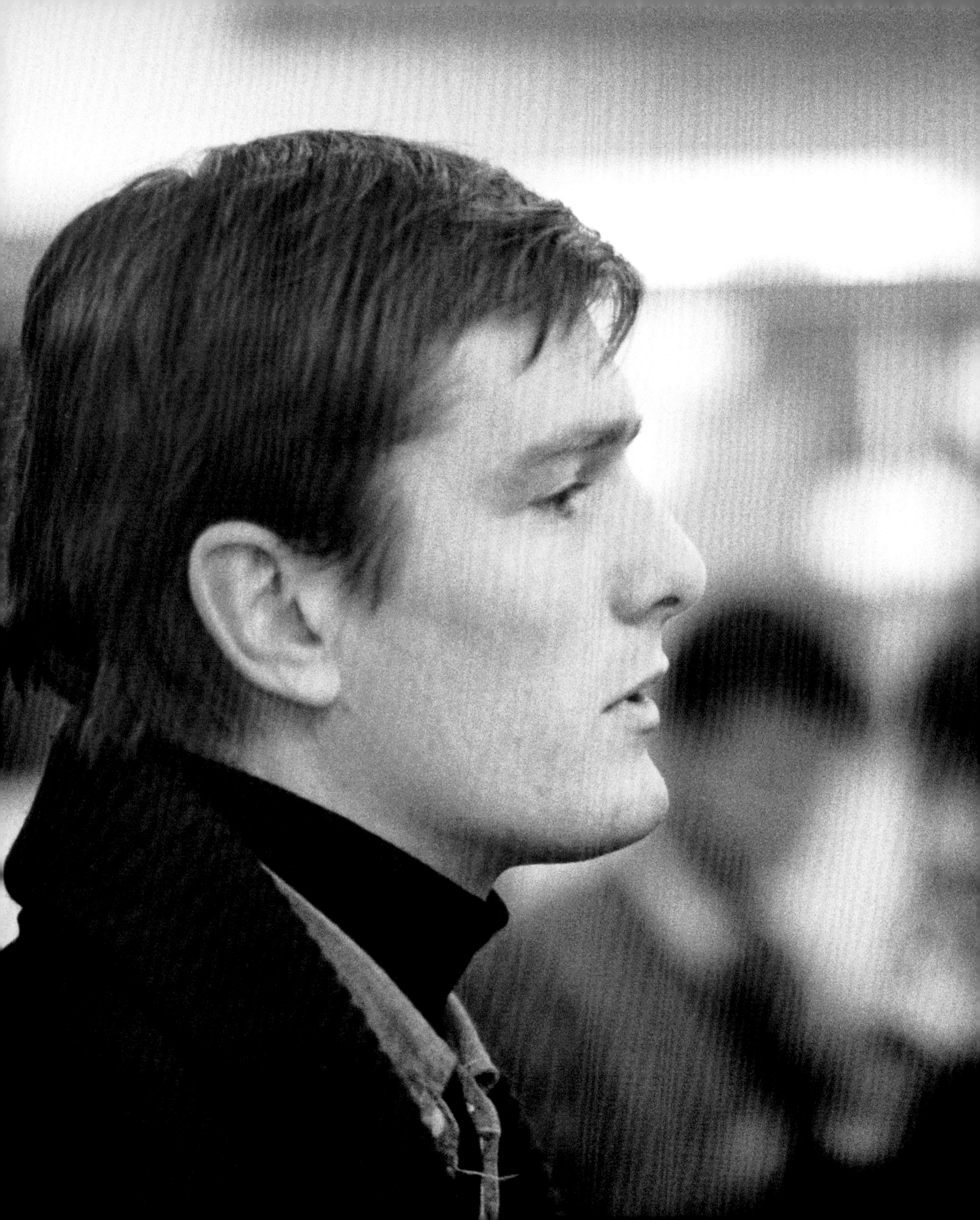

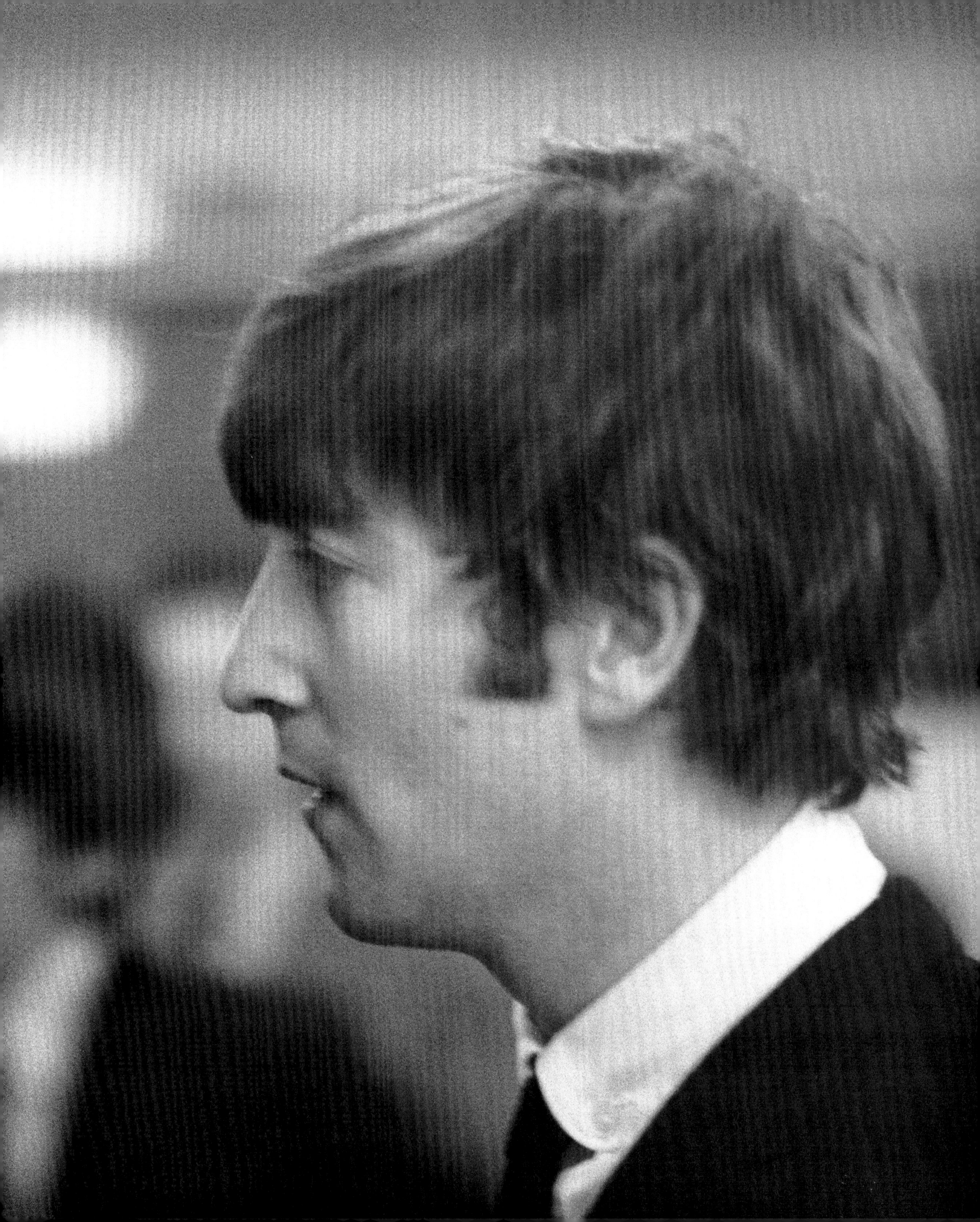

Louise e Harry, os amorosos e incentivadores pais de George.

George duplamente de chapéu.

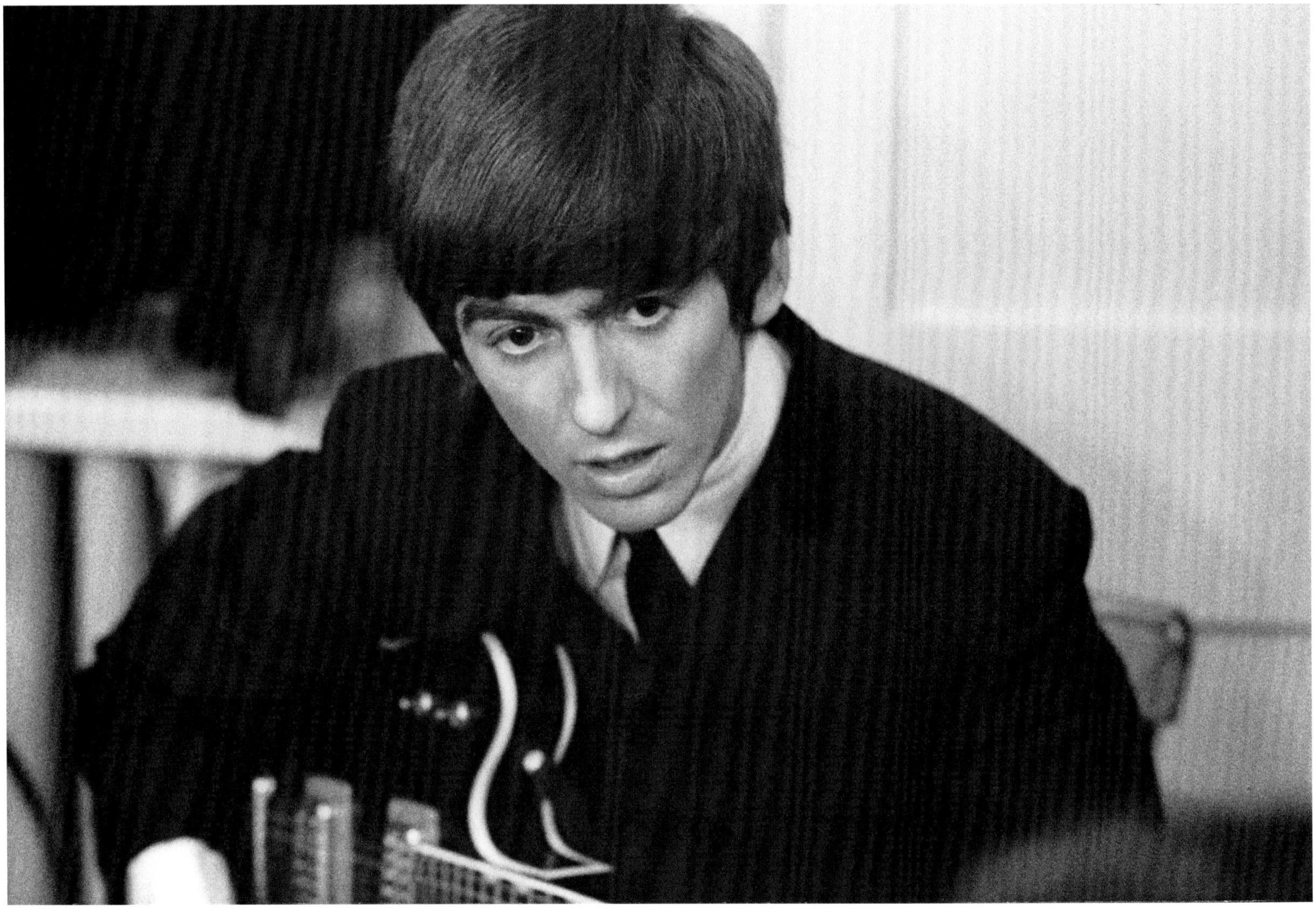

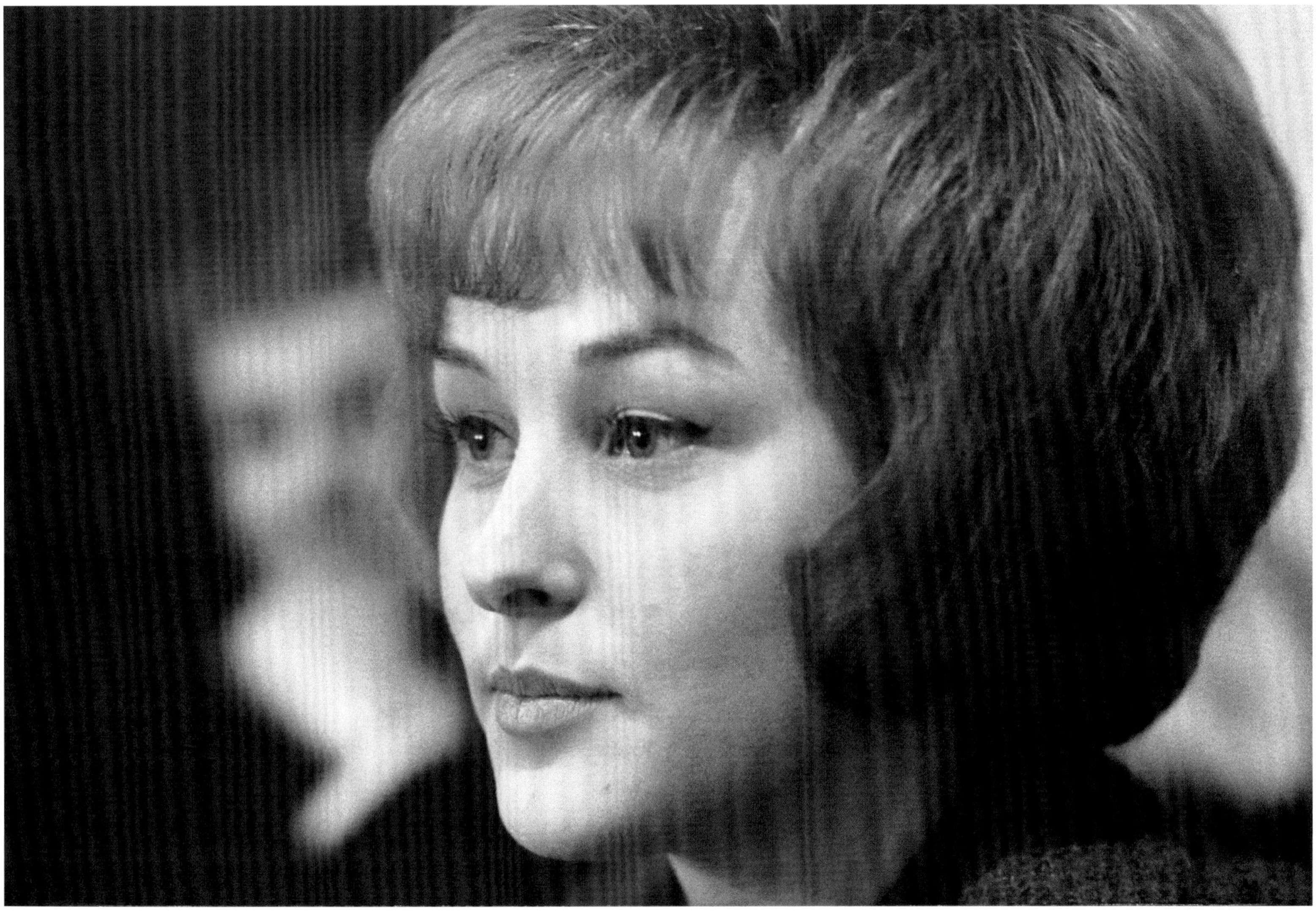

Billy J. Kramer desce os degraus do helicóptero montado no palco.

Sombras e holofotes criam uma imagem dramática de Billy.

Bastidores do London Palladium.

Em shows grandes assim, era comum a polícia nos pedir para não olharmos pelas janelas, pois isso deixaria muito agitados os fãs lá fora – incitando o que a imprensa já chamava de "Beatlemania".

Aprendemos muitas coisas com os fotógrafos com quem trabalhamos. Por exemplo, era comum posarmos para fotos como quatro cabeças empilhadas verticalmente, umas sobre as outras. Isso acontecia porque os editores nem sempre tinham espaço para uma imagem mais larga, e tudo tinha que caber numa só coluna.

121

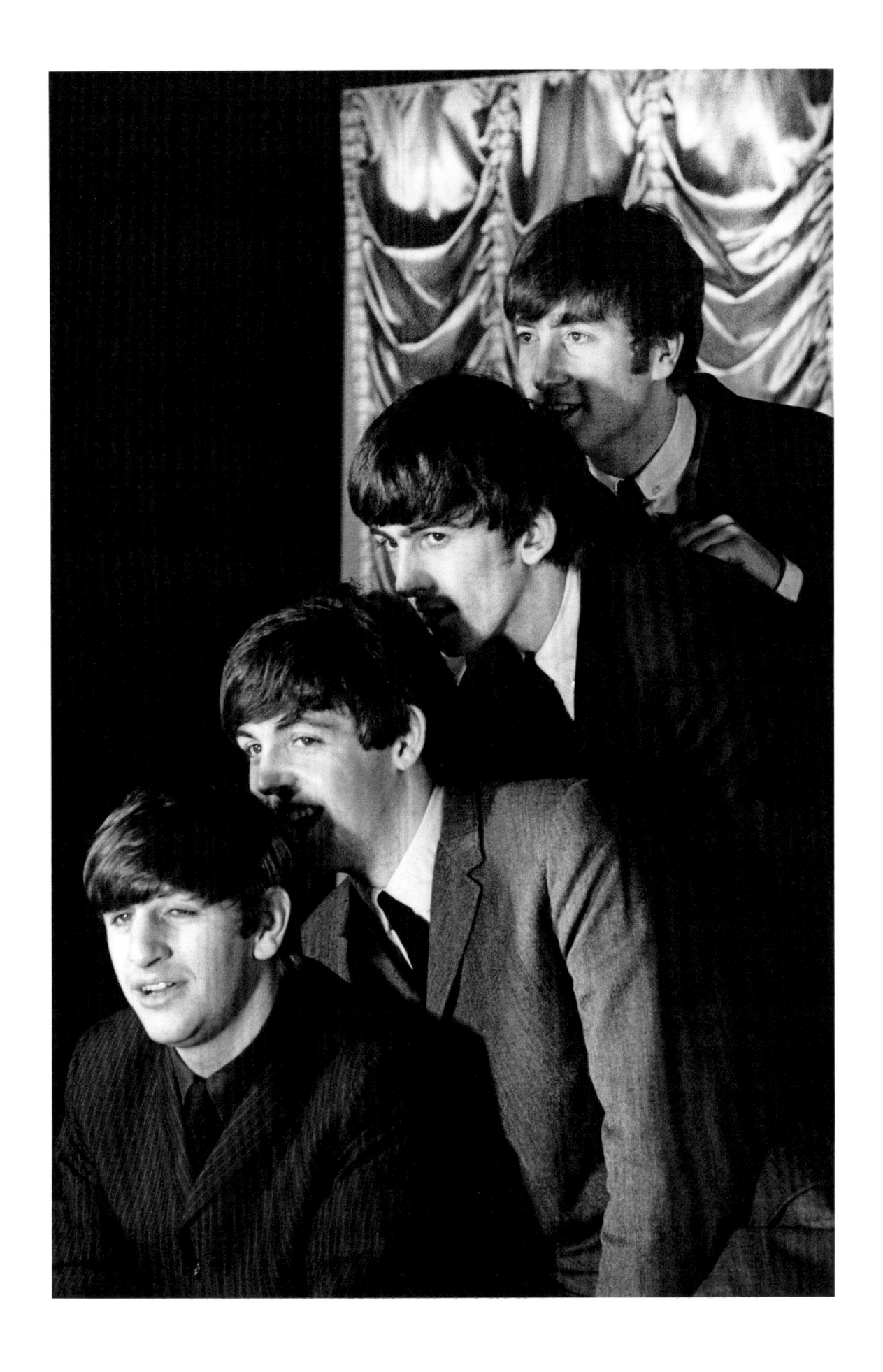

33A 34 34A 35 35A 36 36A
KODAK TRI-X PAN FILM
KODAK SAFETY FILM
28A 29 29A 30 30A 31 31A 32 32A 33
KODAK TRI-X PAN FILM
23A 24 24A 25 25A 26 26A 27 27A 28
KODAK TRI-X PAN FILM
18A 19 19A 20 20A 21 21A 22 22A 23
KODAK SAFETY FILM
KODAK TRI-X PAN FILM
SNACK BAR RESTAURANT
PERGOLA
13A 14 14A 15 15A 16 16A 17 17A 18
KODAK SAFETY FILM
KODAK TRI-X PAN FILM
8A 9 9A 10 10A 11 11A 12 12A 13
KODAK SAFETY FILM
KODAK TRI-X PAN FILM
3A 4 4A 5 5A 6 6A 7 7A 8

Liverpool

Londres

Paris

Nova York

Washington, D.C.

Miami

PARIS
14th January – 5th February 1964

Quando chegamos em Paris, em janeiro de 1964, o charme e a sensibilidade da cidade nos seduziu. Olhando estas fotografias, a primeira coisa que noto é isto – o espírito livre e a espontaneidade.

Em Paris éramos turistas, e isso se reflete em algumas de minhas fotos. Éramos levados de carro a sessões de fotos ou a salas de teatro e, no caminho, eu avistava na rua uma multidão que parecia *muito* francesa. Eu tinha breves segundos para decidir se aquilo poderia resultar numa foto interessante e, em geral, eu resolvia com base na luz ou na situação. Assim, em vez de só ficar diante do Arco do Triunfo e tirar uma foto, eu o registrei em meio à névoa pela janela do carro. É mais uma reação emocional e intuitiva à cena do que algo calculado ou planejado. As fotos tiradas em nossa suíte de hotel mais se parecem com instantâneos de família, porque me fazem lembrar como era se sentar com os caras e nossos violões. Era assim que John e eu compúnhamos, então é especial olhar para trás e ver que capturei a imagem dele exatamente como eu me lembro dela. Mais tarde, resolvemos usar fotos de minhas folhas de contato em Paris no pôster de Richard Hamilton para o "Álbum Branco" dos Beatles.

Na adolescência eu me interessava em olhar fotografias. Quem me despertou para isso, eu acho, foi o jornal *Observer*, que sempre publicava fotos de qualidade, em especial na página esportiva. Se relatassem uma partida de rúgbi, as imagens não eram só de um time posando com a bola de rúgbi. Em vez disso, mostravam lama e sujeira e escaramuças e suor em excelentes fotos de ação. Eu adorava aquilo. Mais artístico e mais real.

Às vezes, o pessoal se esquece de que as coisas que hoje tomamos como certas um dia tiveram que ser inventadas. O rock'n'roll não existia. Daí, nos anos 1950, em nossa adolescência, chegou de repente. Transformou nossas vidas. Com a fotografia é igual. Todos esses estilos que você enxerga hoje, desde aplicativos de fotos até revistas de moda, passando por anúncios em outdoors – todos esses arquétipos também tiveram que ser inventados. Por vários anos, as pessoas nos fotografaram como Beatles e, subitamente, podíamos fotografá-los de volta. Por isso, algumas destas fotos trazem um divertido elemento de vingança. Eu também curtia o estilo cinematográfico da Nouvelle Vague, como no filme *Jules et Jim*, de François Truffaut, que fez um grande sucesso entre nós. Assim, talvez eu estivesse tentando incorporar essa estética nas fotos que eu tirava.

Muitas fotos de nós como banda foram tiradas em Paris. Na época, cheguei a brincar que pareciam chegar a vinte mil. Fomos fotografados dançando cancã, interagindo com vendedoras de flores, pulando em frente à Champs-Élysées. Todas tiradas antes do pôr do sol, porque era janeiro e não éramos os primeiros a acordar. Tínhamos na agenda dois shows por dia, ao longo de várias semanas, no Olympia, teatro parisiense que John e eu já havíamos visitado antes. Mas, na primeira vez, tinha sido um tipo de experiência bem diferente. Em 1961, nós dois tentamos ir à Espanha pegando carona porque John, em seu aniversário de 21 anos, havia ganhado cem libras do seu tio rico, um dentista da Escócia. Para nós, esse valor era o resgate de um rei. Mas só chegamos até Paris, onde ficamos por uma semana. Adoramos a cidade. Assistimos ao show de Johnny Hallyday no Olympia, e ele fez a multidão ir à loucura. Durante a nossa viagem de 1964, fomos apresentados a ele, porque ele estava noivo de Sylvie Vartan, uma das cantoras que participavam do line-up. Assim, consegui fotografar Sylvie cantando e Johnny à espera dela.

Naquela primeira viagem, John e eu só estávamos acumulando experiências. Visitando Montmartre para conhecer onde todos os pintores tinham morado. Bebendo *vin ordinaire*, que odiamos – tinha gosto de vinagre. Por acaso, o nosso amigo de Hamburgo Jürgen Vollmer também estava na cidade. Acho que nesse período ele trabalhava como assistente do fotógrafo William Klein. John e eu viemos a Paris usando um corte de cabelo conhecido carinhosamente em Liverpool como "rabo de pato". Jürgen usava o cabelo penteado para a frente, e John e eu sempre curtimos o senso de estilo dele. Então o convencemos a cortar nosso cabelo igual ao dele, e foi assim que surgiu o penteado dos Beatles. É engraçado pensar que expressões como "mop top" e itens como as perucas dos Beatles tenham surgido naquelas férias. John e eu tivemos milhões de experiências pequenas, mas fabulosas, em Paris.

Em 1964, porém, quando "Les Beatles" chegaram a Paris, éramos profissionais – mais velhos e maduros, e a banda já tinha alcançado certo sucesso. O voo a Paris foi sem dúvida a maior viagem que fizemos como banda, e milhares de fãs compareceram ao London Airport para se despedir de nós. Ao aterrissarmos, porém, havia mais jornalistas do que fãs à nossa espera. Soubemos então que precisaríamos nos esforçar muito por lá, mas acabamos conquistando os franceses.

Após um dos shows em Paris, estávamos no Hotel George V quando chegou um telegrama da Capitol Records, direto dos EUA. "Aos cuidados dos Beatles: Parabéns meninos. Nº 1 nos EUA. 'I Want To Hold Your Hand'." Caímos na gandaia no quarto do hotel, gritando e dançando. Eu me lembro de pular em cima do Mal Evans, o nosso *roadie*, um sujeito encorpado. Saltei nas costas dele, e aquela noite nos divertimos à beça comemorando. Eu sempre falava ao Brian Epstein e aos caras: "Acho que não devemos ir aos EUA antes de conseguirmos um hit número um". Eu achava que seria uma ótima ideia embarcar numa onda de sucesso. Se você já está no topo das paradas, o sucesso é inegável. Assim, em Paris, descobrimos que o meu planinho havia funcionado. Agora podíamos ir aos EUA. Tudo certo com os vistos, pegamos nossas coisas e, dias depois, a câmera a tiracolo, pousei nos Estados Unidos pela primeira vez.

126

Autorretratos espelhados.

Paris vista do banco traseiro de nosso Austin Princess preto, conduzido por Bill, nosso chofer. Ele nos garantiu que sabia falar francês. Só que não. "Can I park *ici*?"

Foi uma grande emoção ver o nosso nome nos letreiros luminosos do teatro Olympia.

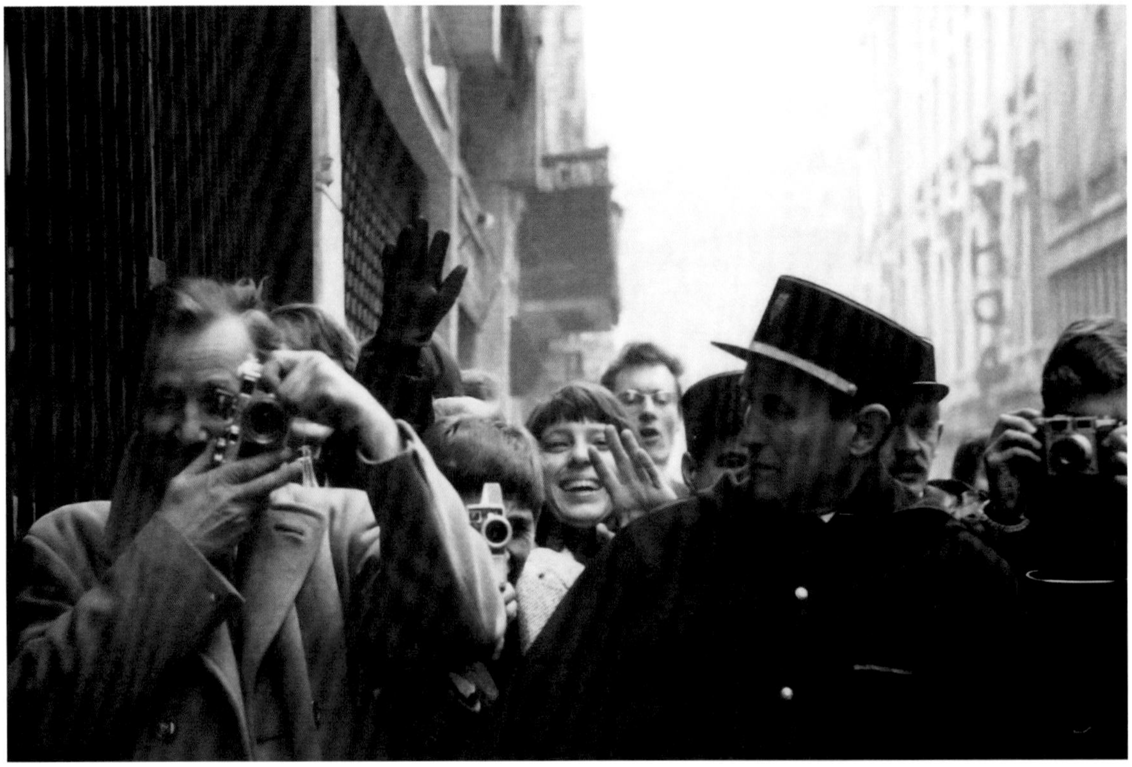

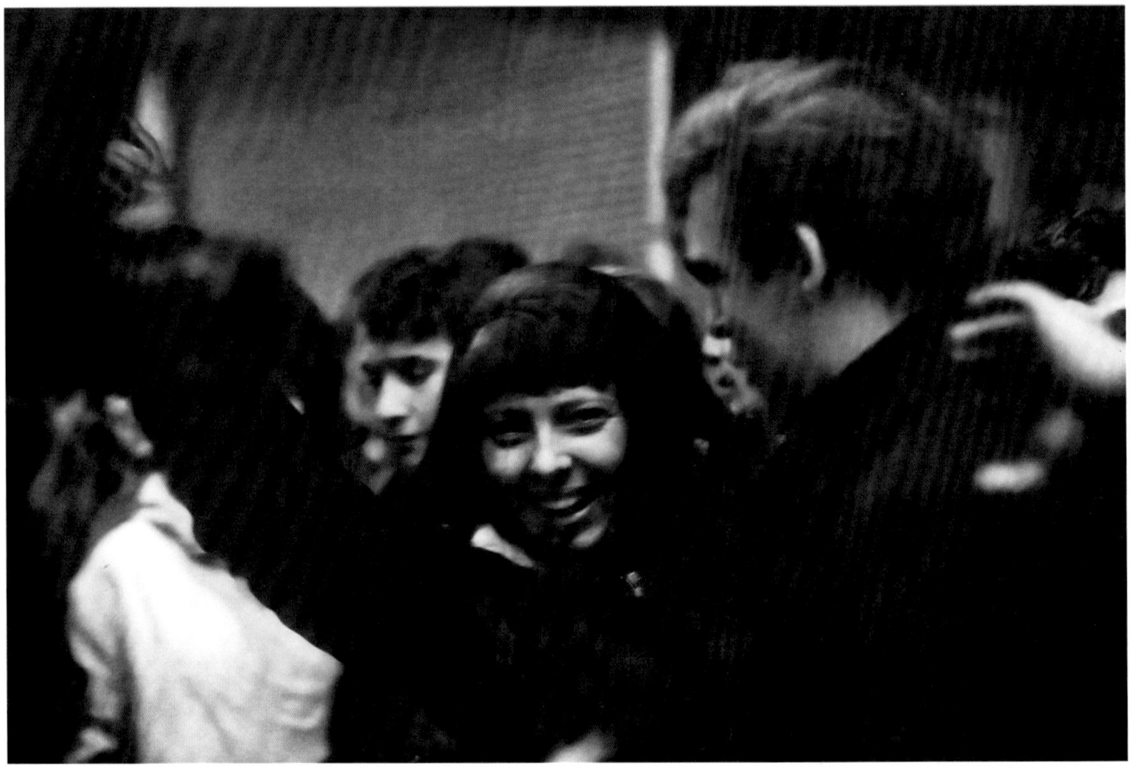

Embaixo: Fotógrafo Harry Benson, que de vez em quando viajava conosco.

Páginas seguintes: O homem de chapéu é Dezo Hoffmann, que fez amizade conosco.

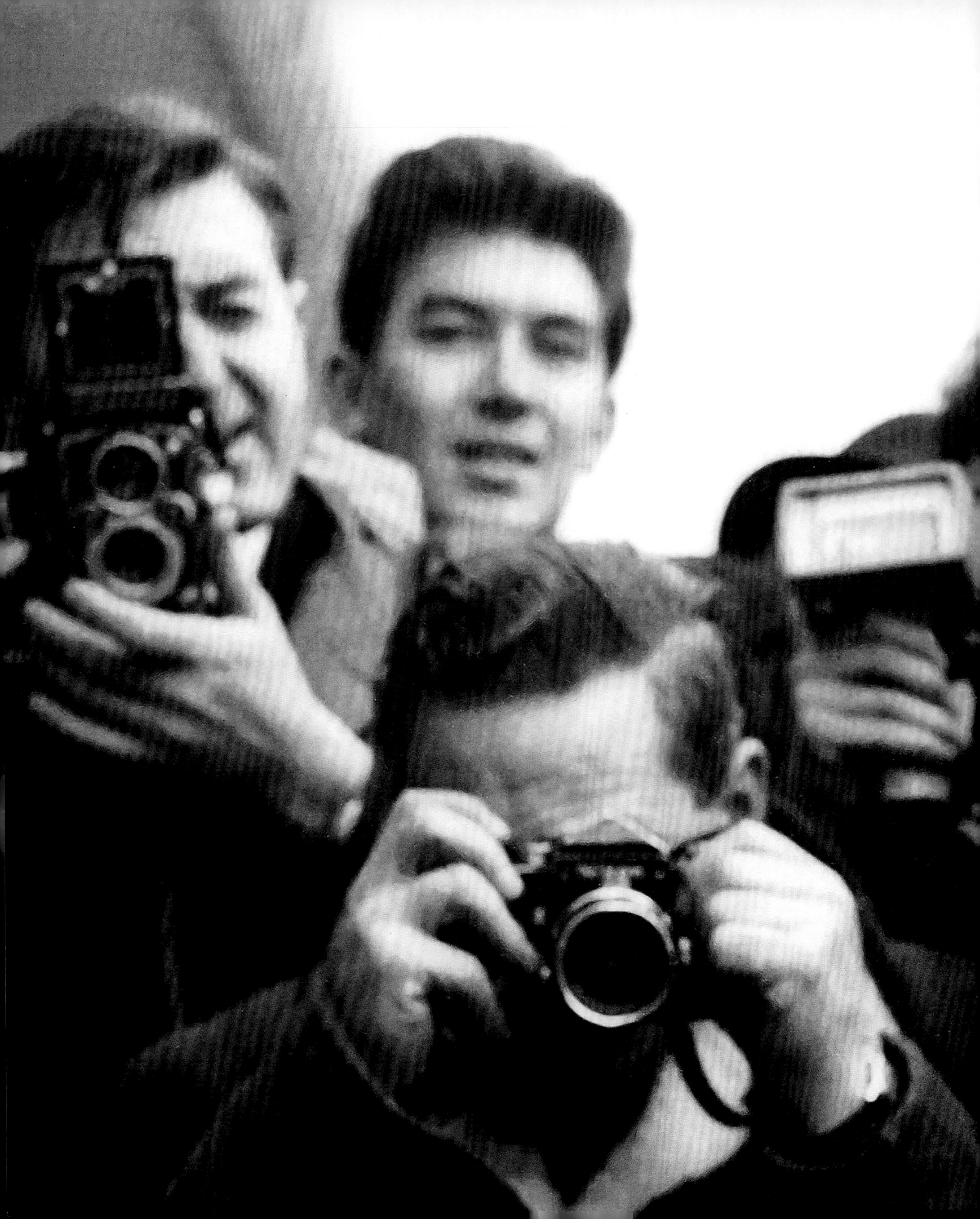

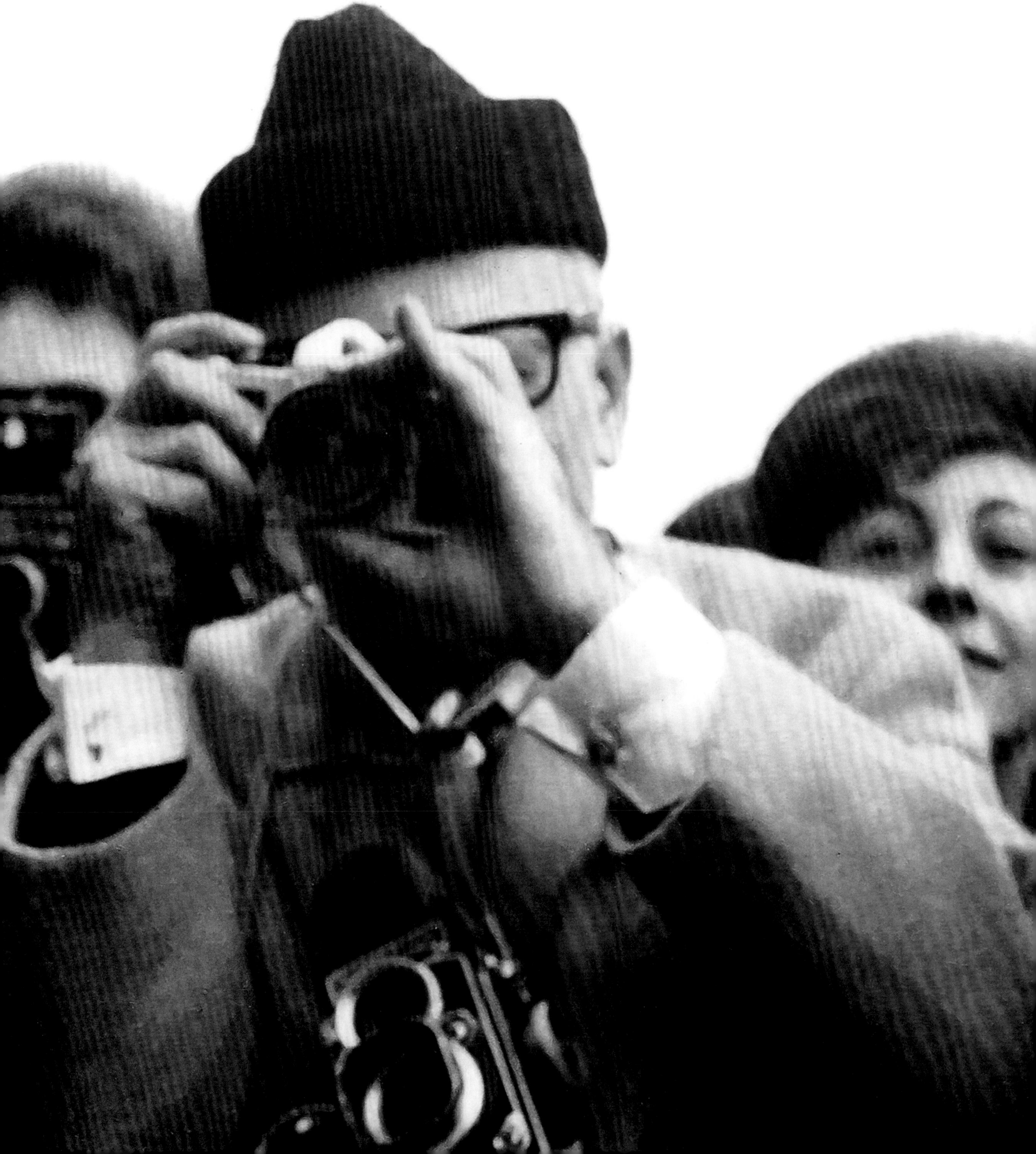

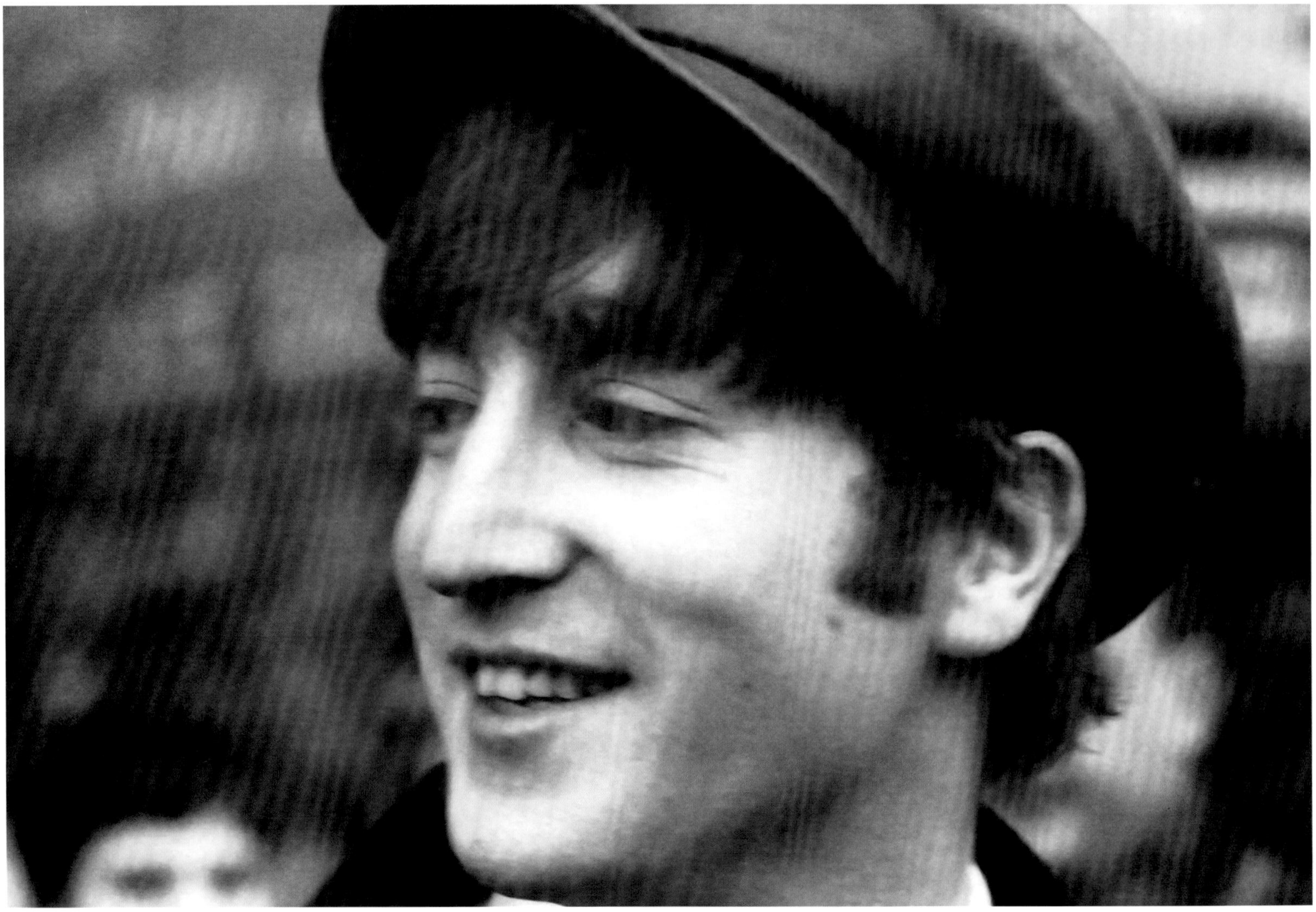

135

Fiquei fascinado com a vida urbana *parisienne*.

137

Ringo nos bastidores do Olympia.

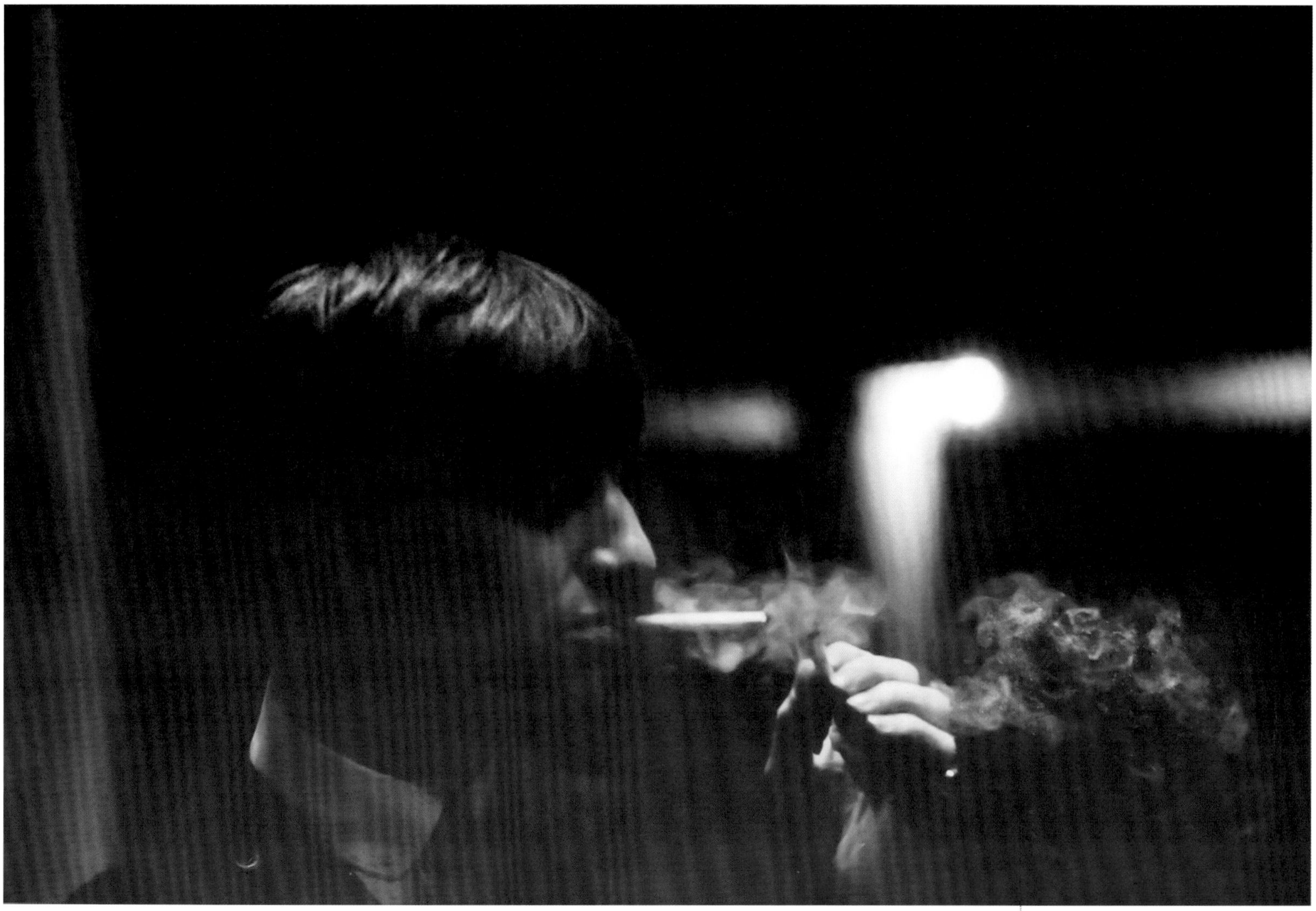

Ficamos conhecendo Brian muito melhor nas viagens a Paris e aos Estados Unidos.
Aprecio essas fotos dele descontraído no Hotel George V.

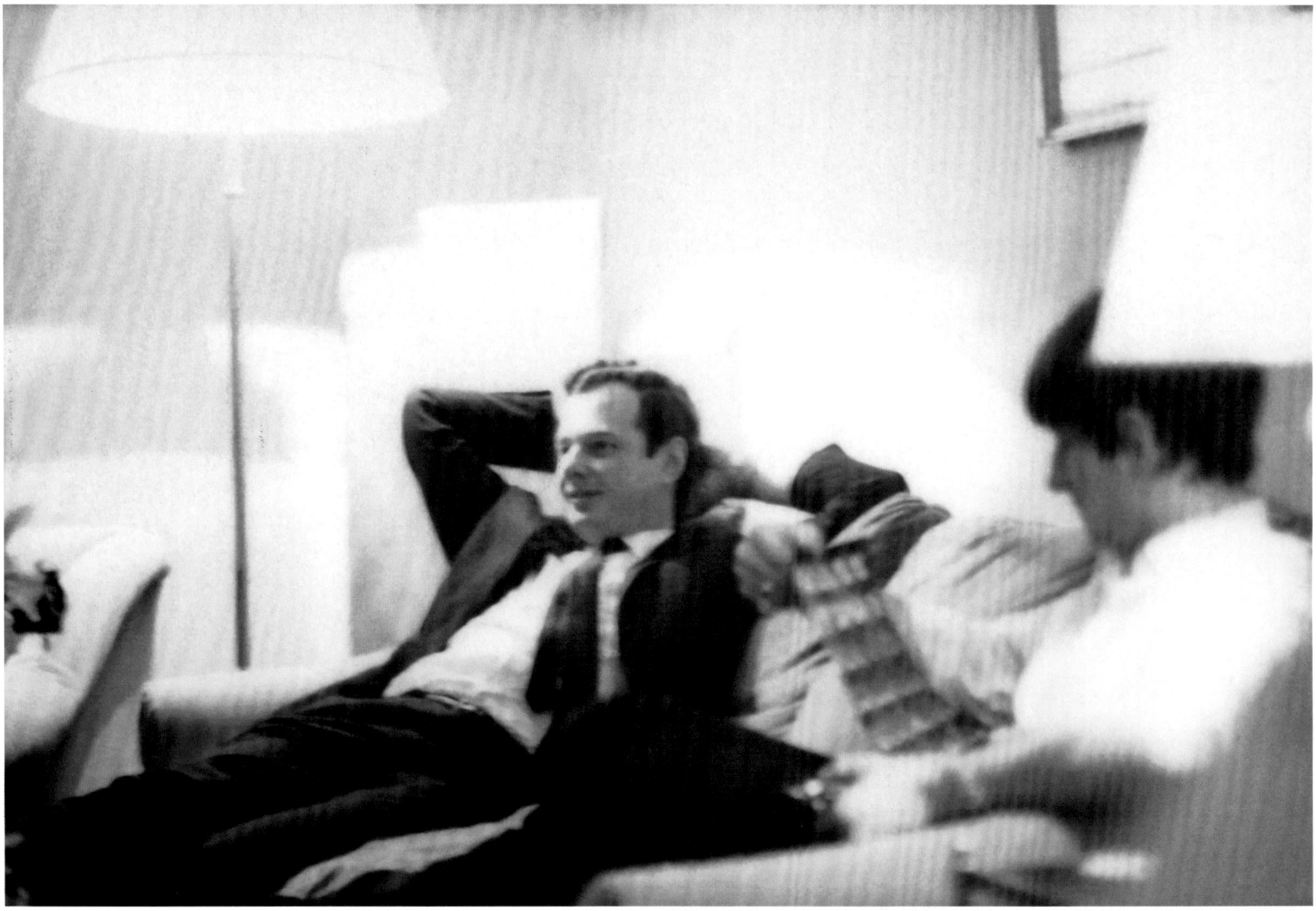

143

Não tínhamos fama de acordar cedo, mas, afinal, íamos dormir tarde.

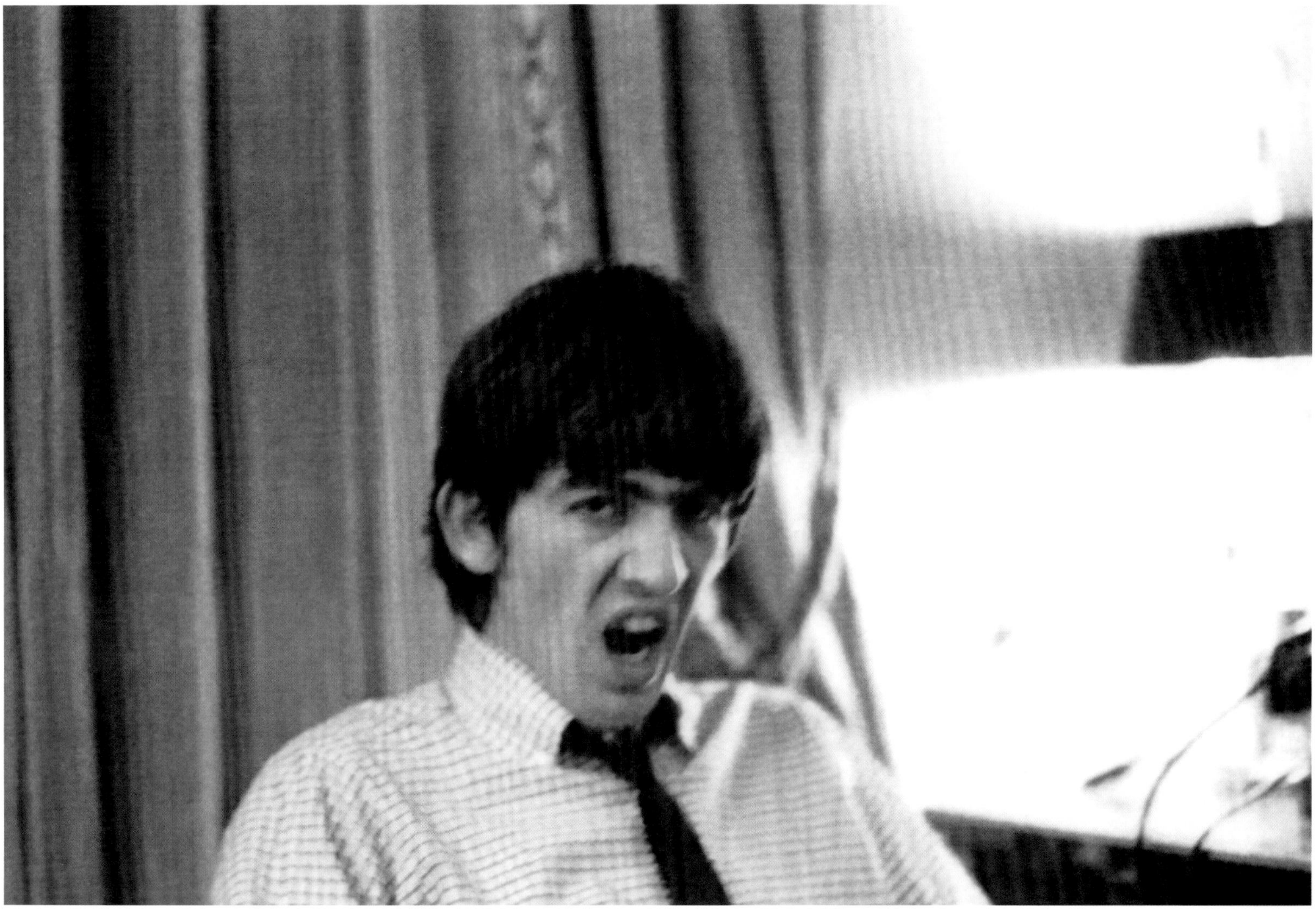

O nosso elegante motorista Bill com seu cigarrinho.
Nessa época, fumar era tão comum quanto tomar chá.

Neil, nosso *road manager*, e John em nossa suíte de hotel.

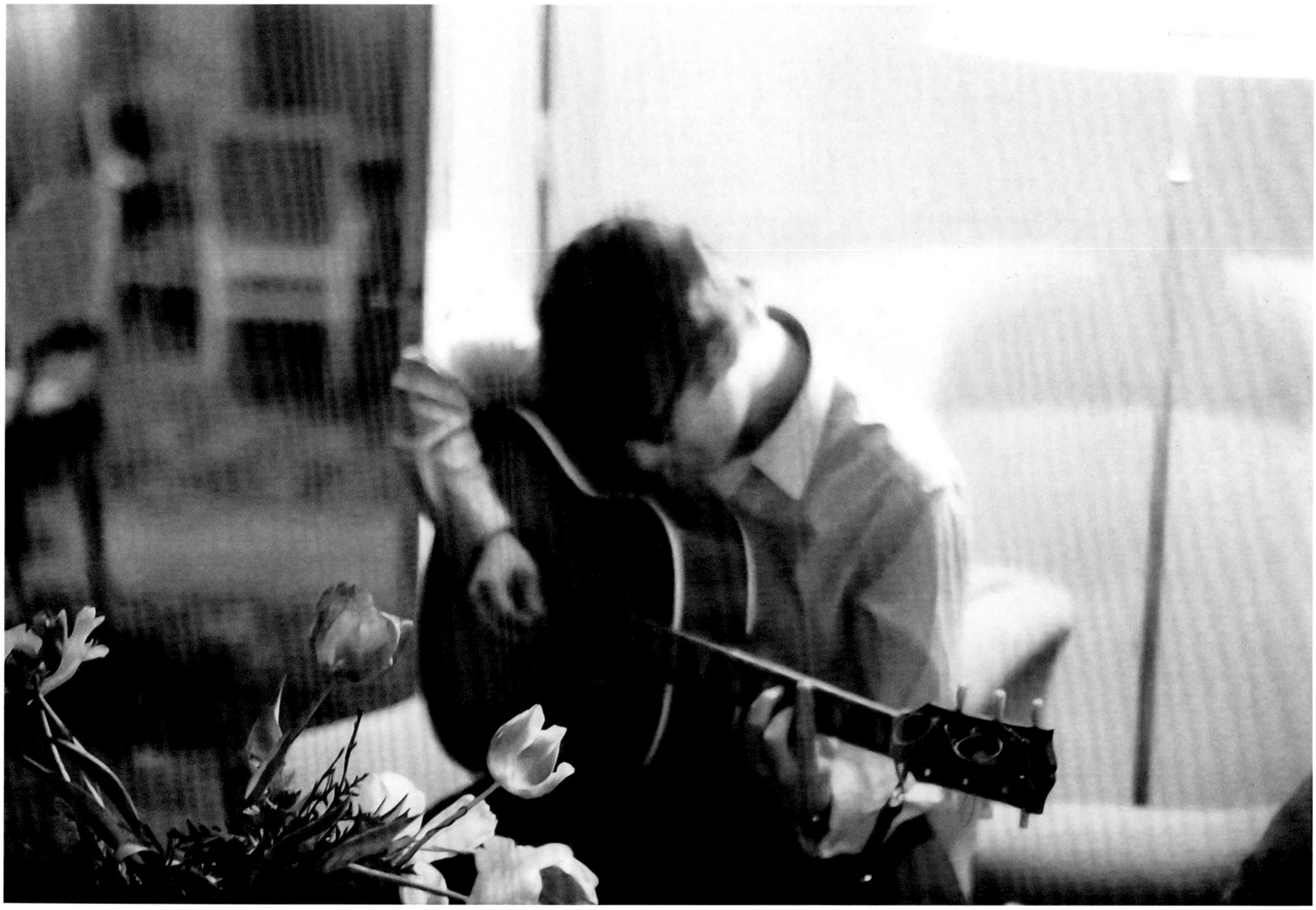

A atriz francesa Sophie Hardy.

151

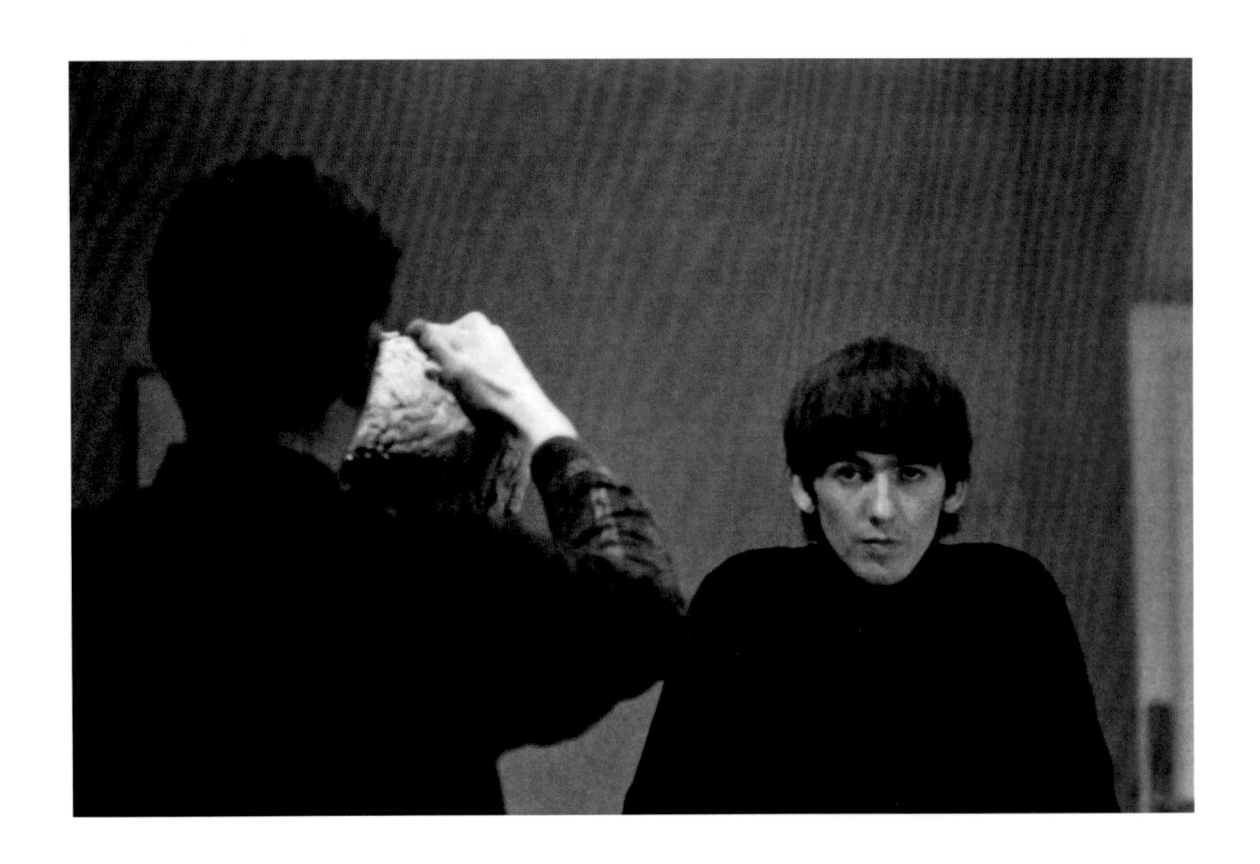

O escultor David Wynne criando nossas imagens em moldes de argila para uma coleção de bustos em bronze.

153

Sessão de fotos para uma revista francesa.

155

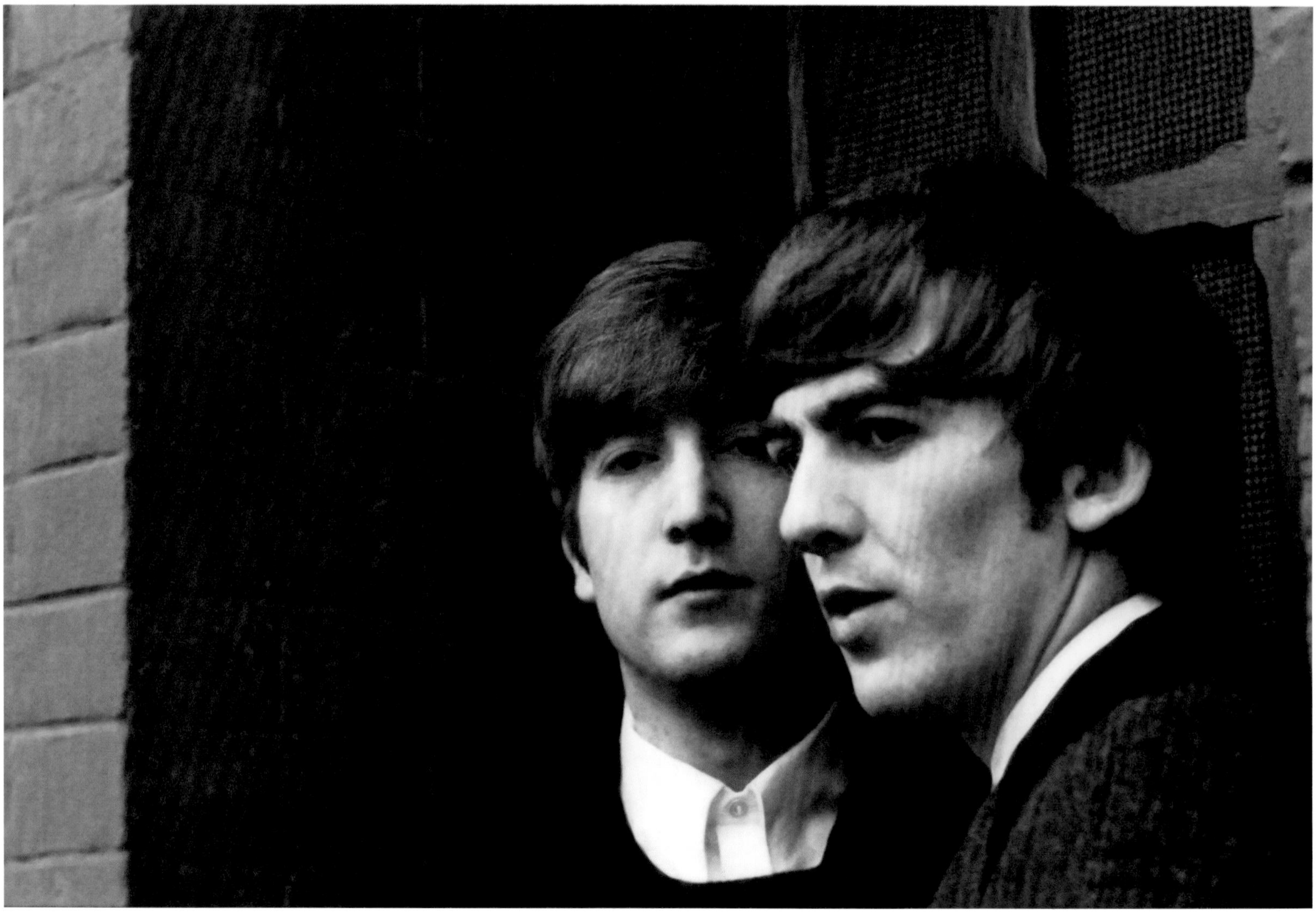

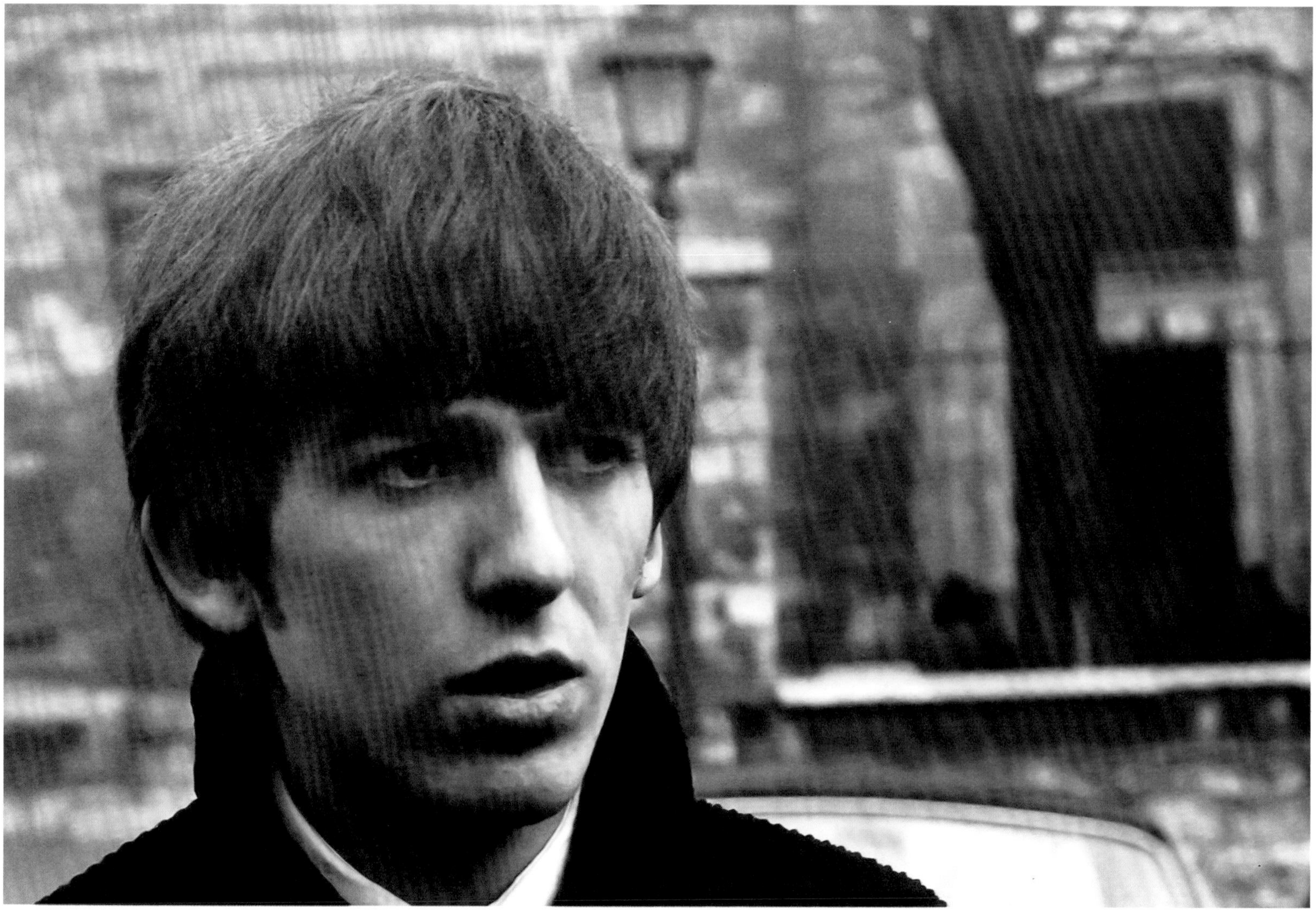

Outdoors parisienses com a fotografia tirada por nossa amiga Astrid Kirchherr.

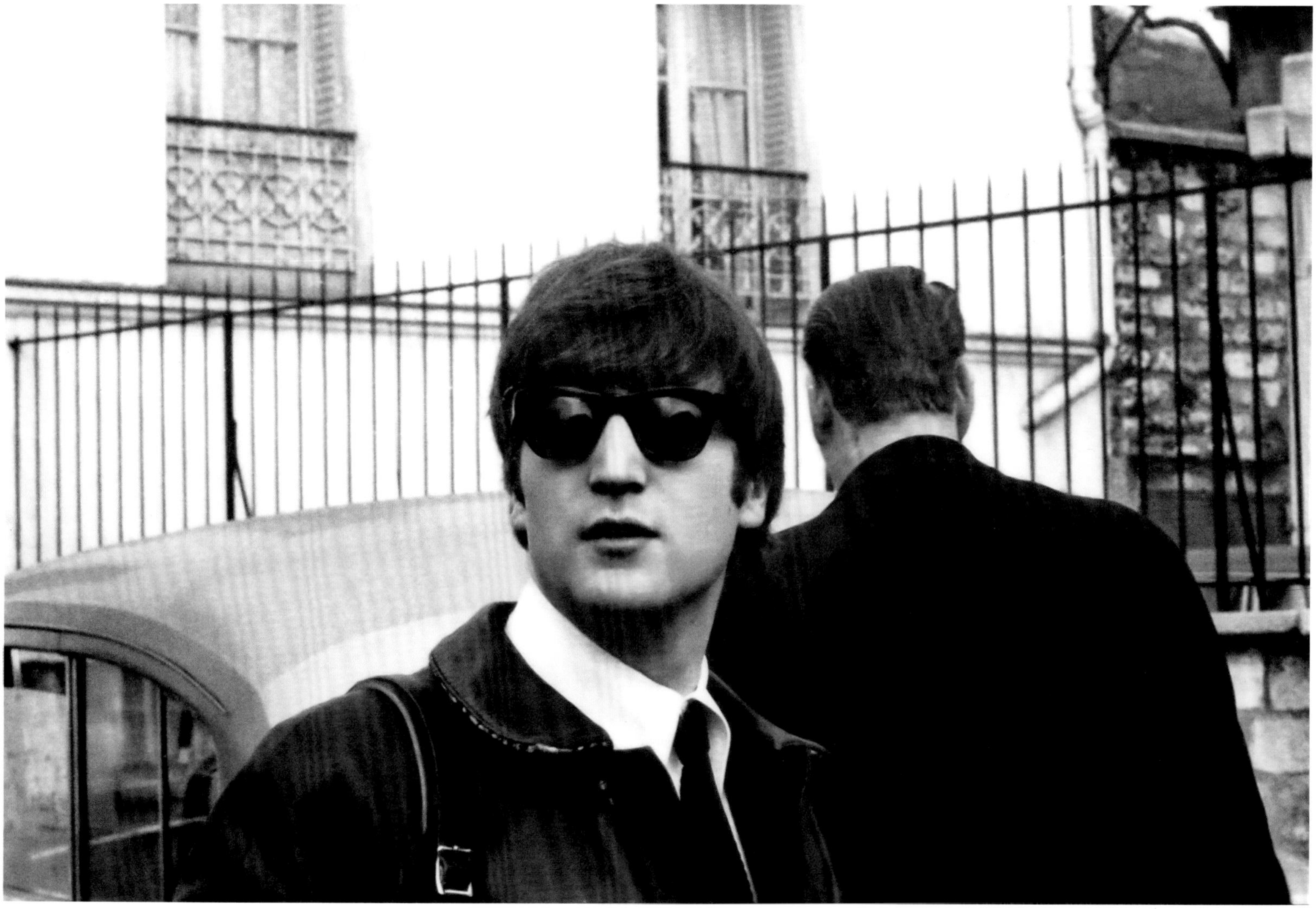

Johnny Hallyday e músicos de jazz no Pathé Marconi Studios.

161

George Martin veio ao Pathé Marconi Studios para gravar "Can't Buy Me Love" e nosso primeiro (e único) single em alemão, "Sie liebt dich" ("She Loves You") / "Komm, gib mir deine Hand" ("I Want To Hold Your Hand").

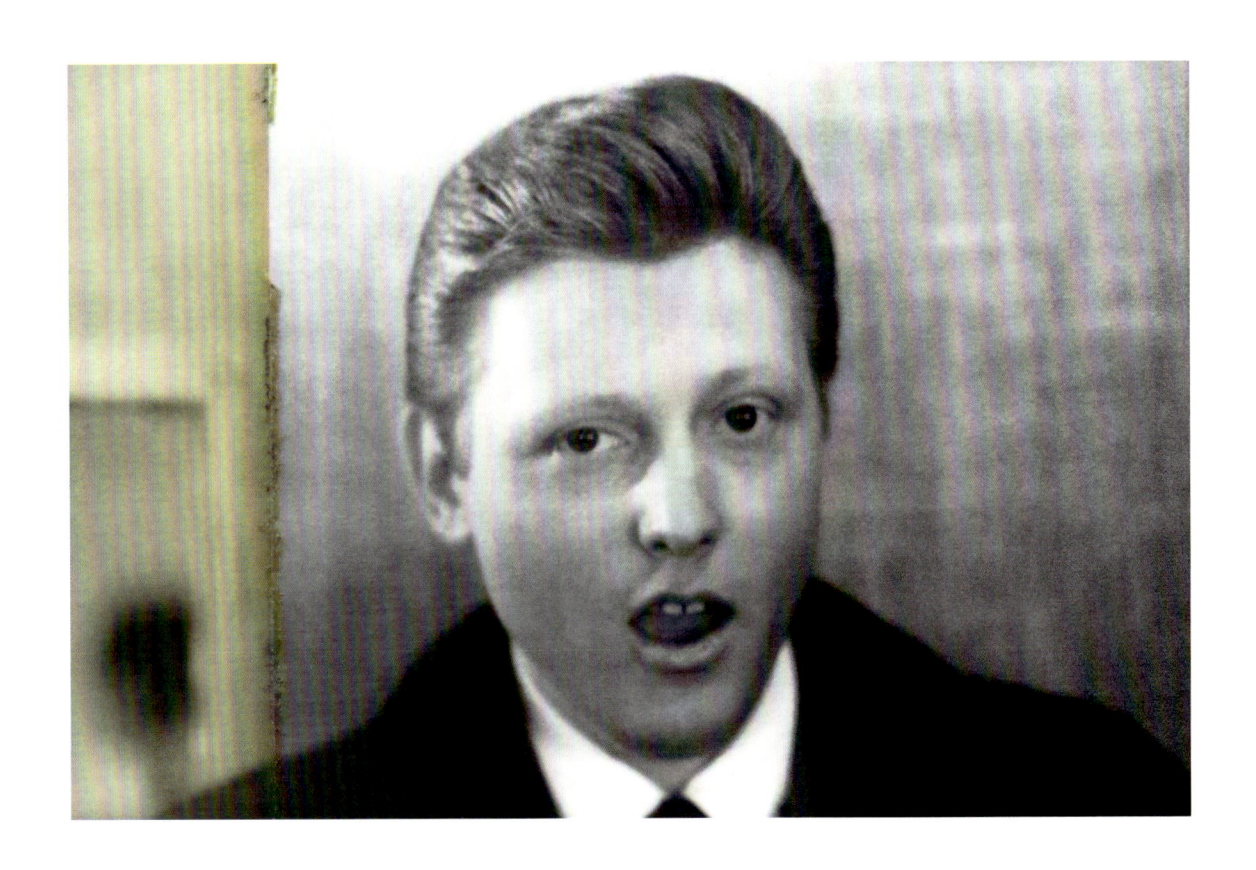

Acima: Mickey Jones, o baterista americano que tocava com Trini Lopez no Olympia.

Neil fazendo um intervalo no Hotel George V.

Elegância na poltrona de nossa suíte do Hotel George V.

Sylvie Vartan no palco do Olympia.

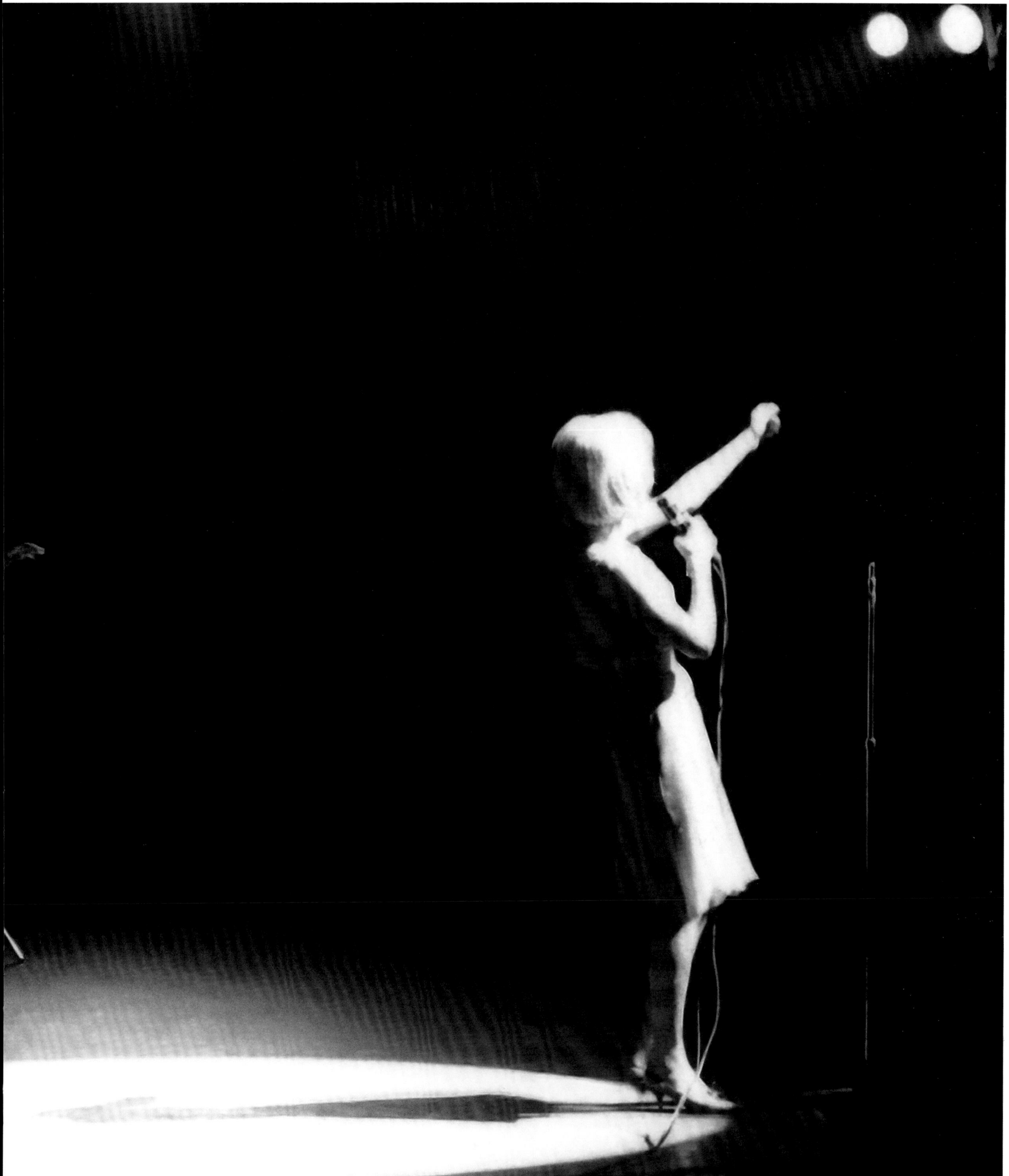

32A 33 33A 34 34A 35 35A 36 36A
H P S
HYPERSENSITIVE
PANCHROMATIC
27 27A 28A 29 29A 30A 31 31A
HYPERSENSITIVE
PANCHROMATIC
ILFORD
22 22A 23 23A 24 24A 25 25A 26 26A
PANCHROMATIC
ILFORD
H P S
17 17A 18 18A 19 19A 20 20A 21 21A
ILFORD
H P S
HYPERSENSITIVE
12 12A 13 13A 14 14A 15 15A 16 16A
ILFORD
H P S
HYPERSENSITIVE
PANCHROMATIC
7 7A 8 8A 9 9A 10 10A 11 11A
H P S
HYPERSENSITIVE
PANCHROMATIC
2A 3 3A 4 4A 5 5A 6 6A

Liverpool
Londres
Paris
Nova York
Washington, D.C.
Miami

NEW YORK.

7th – 11th February
12th – 13th February
1964

Sempre quisemos fazer sucesso nos EUA. Em nossa adolescência, vinham de lá todas as estrelas do cinema – gente como Marilyn Monroe, Marlon Brando e James Dean. Até mesmo para a geração do meu pai, era o lar de Bing Crosby, Fred Astaire e Ginger Rogers. E todo som que curtíamos era dos Estados Unidos. De fato, ninguém ouvia muitas bandas britânicas, mas as poucas que ouvíamos também eram influenciadas pelo som americano. Sem a música de Elvis, Buddy Holly, Little Richard, Everly Brothers e tantos outros, os Beatles não existiriam.

Até hoje me perguntam sobre a pressão naquela primeira viagem aos Estados Unidos. Tanta gente em casa torcendo por nós – era uma grande façanha para uma banda britânica ser o número 1 por lá. Parece um peso grande para colocar nos ombros de quatro jovens de vinte e poucos anos, mas, na verdade, éramos só caras que não perdem a piada e sempre se divertem uns com os outros, seja lá o que fizéssemos e seja lá onde fôssemos. Acho que isso vem à tona em minhas fotos.

Mas nada poderia ter me preparado para a alucinada tarde de sexta-feira que marcou os níveis ainda mais altos de histeria e loucura – a "Beatlemania", como já chamavam na Inglaterra – que acabaram caracterizando 1964 para nós. Hoje, quando admiro estas fotos, ainda me surpreendo com isso tudo. Aterrissar no aeroporto JFK e ter essa colossal recepção dos fãs e da imprensa foi só o começo. As coisas ficaram ainda mais caóticas durante o restante de nossa primeira excursão aos EUA.

Na coletiva de imprensa do aeroporto, ficamos sabendo que os repórteres americanos estavam obcecados com nossas cabeleiras. Perguntaram se íamos cortar o cabelo. George respondeu que tinha ido ao barbeiro no dia anterior. Essa resposta ainda hoje me faz sorrir. Foi simplesmente perfeita. Tão logo notaram que não sentiríamos medo deles, amaram nos interpelar e só rebatíamos de volta. Virou um joguinho divertido. Eu me lembro de que um dos jornalistas sempre repetia a mesma pergunta: "O que vão fazer quando a bolha estourar?". Chegou ao ponto em que aquilo se tornou uma piada batida, até que *nós* pedimos a ele para nos perguntar: "O que vão fazer quando a bolha estourar?". A nossa resposta: "Ora, vamos fazer *pop*!".

Nas fotos, você pode ver fãs nos perseguindo e acenando para nós pelas ruas de Nova York. Levávamos conosco uns radinhos portáteis, daí no carro sintonizamos na WABC, uma das estações de rádio nova-iorquinas com maior influência no Top 40. Anunciavam coisas como: "Os Beatles já estão na cidade agora!". O famoso Murray the K, então DJ da estação WINS, grudou em nós. Gostamos dele. Um nova-iorquino atrevido e engraçado. Ficamos hospedados no Plaza Hotel, onde o pessoal se horrorizou com aquele tumulto. Fotógrafos de revistas e jornais dos quais nunca tínhamos ouvido falar se enfileiravam nos corredores lotados, tentando obter algo exclusivo. Vários fãs aventureiros também faziam de tudo para entrar furtivamente em nossos quartos.

O ângulo turístico que explorei em minhas fotos de Paris retorna em Nova York, agora com foco nos outdoors americanos e na silhueta dos arranha-céus. As fotos também mostram a comoção provocada por nossa presença na cidade. Ali está a multidão frenética nos perseguindo pela West Fifty-Eighth Street, entre o Plaza e a Avenue of the Americas, capturada pelo para-brisa traseiro do carro. Ou as fotos que mostram um grupo da polícia montada tentando controlar a multidão de fãs à espera. No Central Park participamos de uma sessão de fotos. Levei a minha câmera e cliquei pessoas tirando fotos minhas bem de pertinho. Você pode ter uma ideia de como estávamos constantemente rodeados por câmeras. Essas fotos se contrapõem àquelas em nossa suíte do hotel, que mostram instantes tranquilos e desarmados.

Quando me detenho a olhar estas fotos, lembranças pequeninas e divertidas voltam flutuando. Em se tratando de lembranças, descubro que muitas vezes as coisas que permanecem são as mais triviais. No Reino Unido, a gente costumava aplicar uma maquiagem *pancake*, a Leichner 27 – mas para o *The Ed Sullivan Show*, os maquiadores de repente começaram a usar um troço alaranjado. Camadas e mais camadas. E indagamos: "Vocês têm *certeza disso*?". Disseram: "Temos, sim. A gente conhece o programa". O programa era transmitido em preto e branco. Só um ou dois anos depois vários programas americanos migraram para cores. Por isso, sabiam que a maquiagem tinha que ser espessa. E tinham toda razão! Ficamos com cor de suco de laranja, mas no programa você nem percebe que estamos usando maquiagem.

Hoje em dia, quando assisto à primeira apresentação do *Ed Sullivan Show*, fico impressionado com o quanto estamos nos divertindo. Após os comerciais da espuma de barbear Aero Shave e da graxa para sapatos Griffin Liquid Wax, tocamos três músicas: "All My Loving", "Till There Was You" e "She Loves You". Depois, em outro segmento, mais para o fim do programa, voltamos para tocar "I Saw Her Standing There" e arrematar com "I Want To Hold Your Hand". Ao que parece, quase todo mundo nos EUA assistia ao *The Ed Sullivan Show*, mas nessa noite o público superou o esperado. Setenta e três milhões de pessoas, bem mais que toda a população do Reino Unido na época. Foram momentos intensamente empolgantes, algo muito além das nossas expectativas – bem como o restante da visita aos EUA.

Voo 101 da Pan Am, de Londres a Nova York, sexta-feira, 7 de fevereiro.

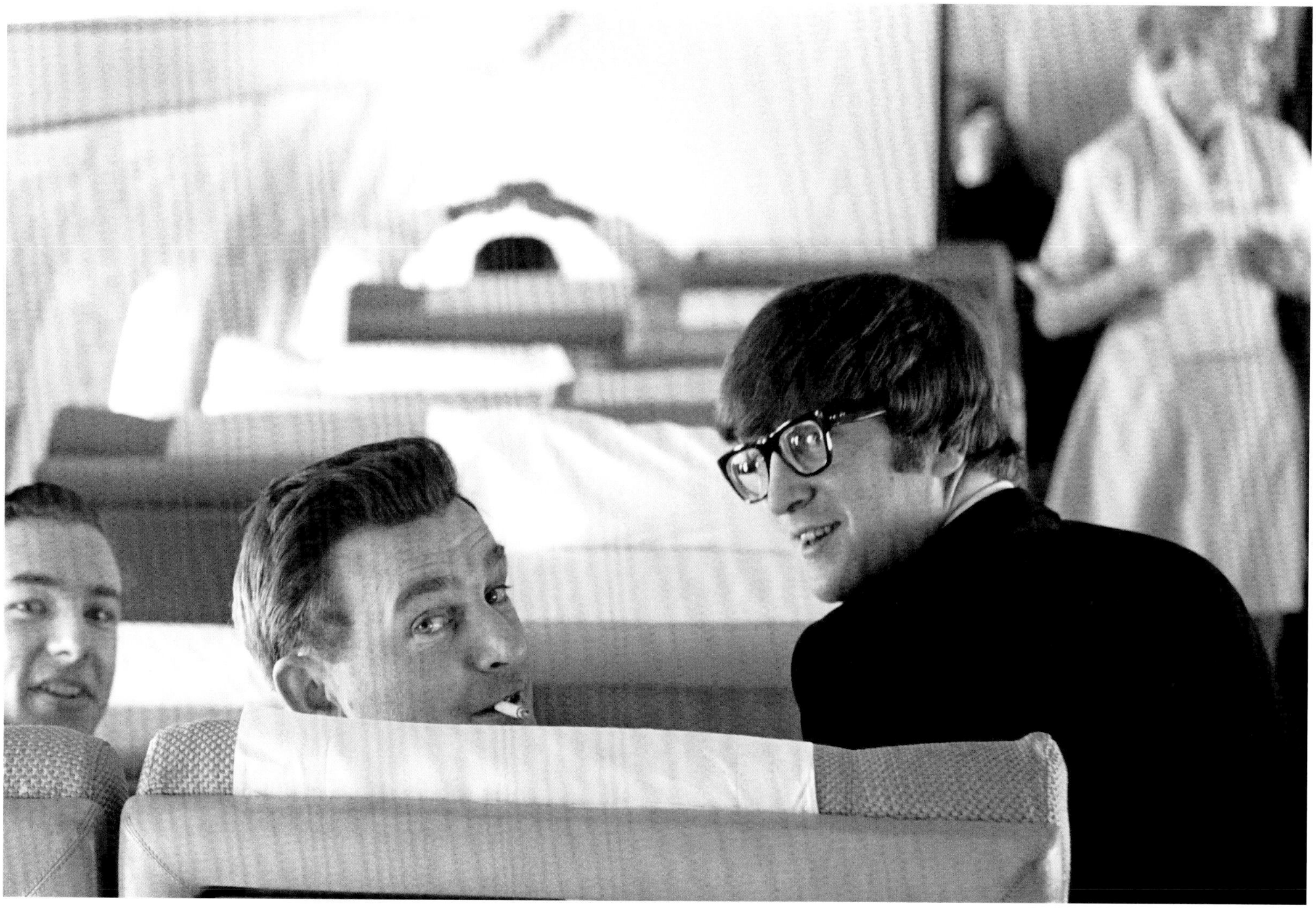

Cynthia Lennon e George no voo ao Aeroporto JFK, em Nova York.

175

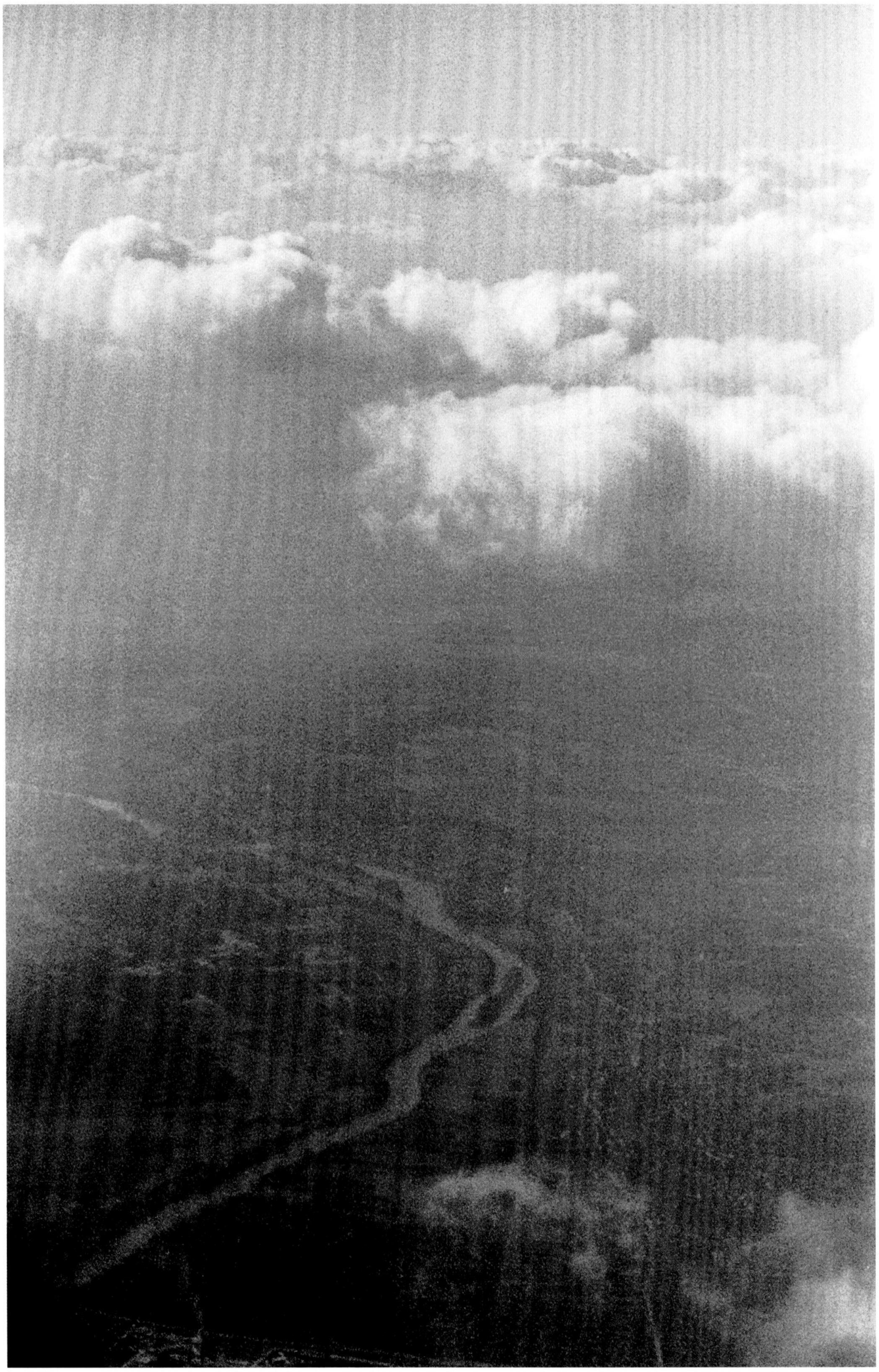

Michael Braun não tirava seus olhos atentos de cima de nós.

Páginas seguintes: Columbus Circle, típica cena nova-iorquina em meados do século.

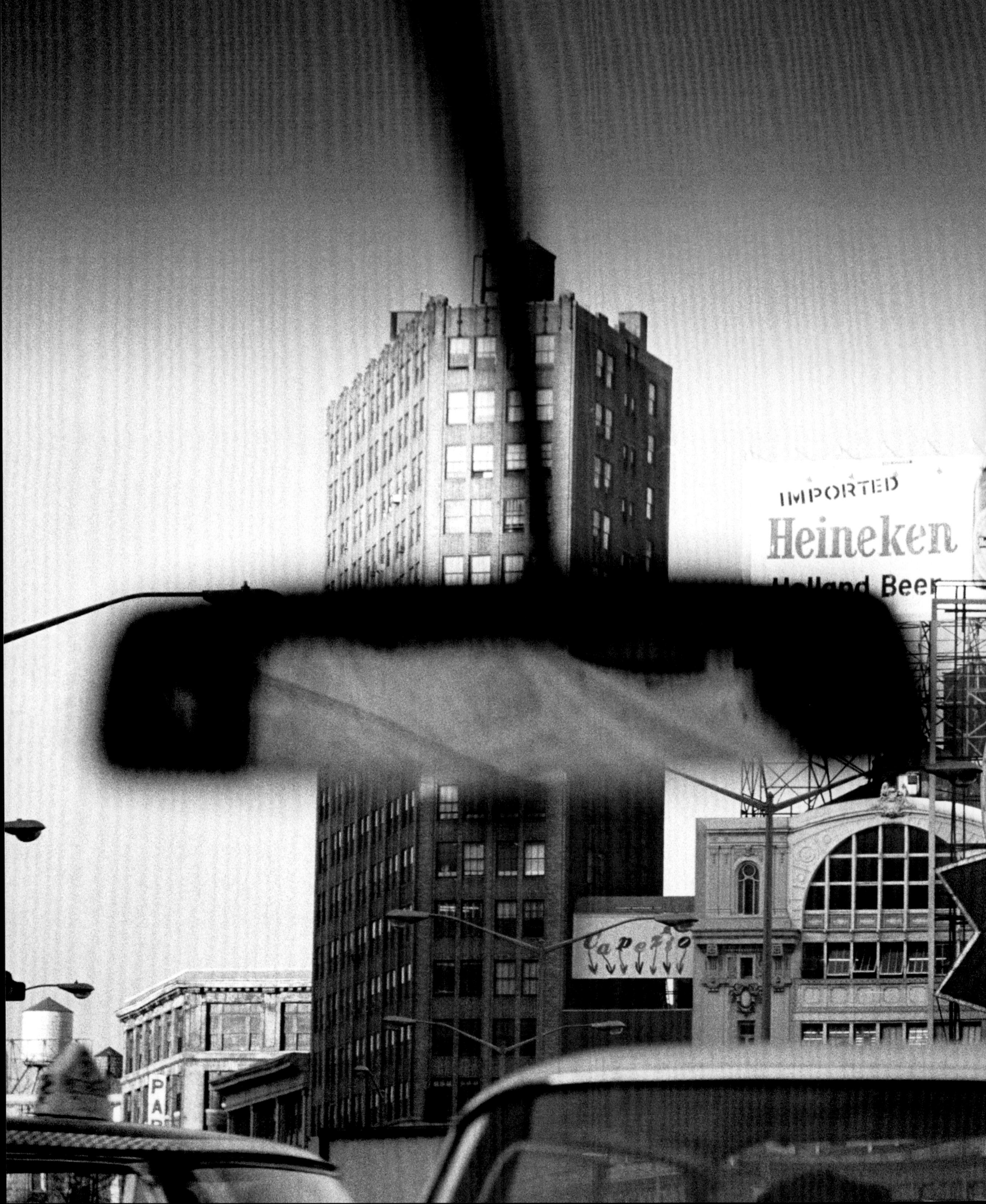
IMPORTED
Heineken

HOTEL
MAYFLOWER
RAIN
CLOUDY
OMORROW'S WEATHER
oca-Cola
RST KNOWS NO SEASON

POLICE LINE
DO NOT CROSS
POLICE DEPT
DO NOT CROSS
POLICE DEPT

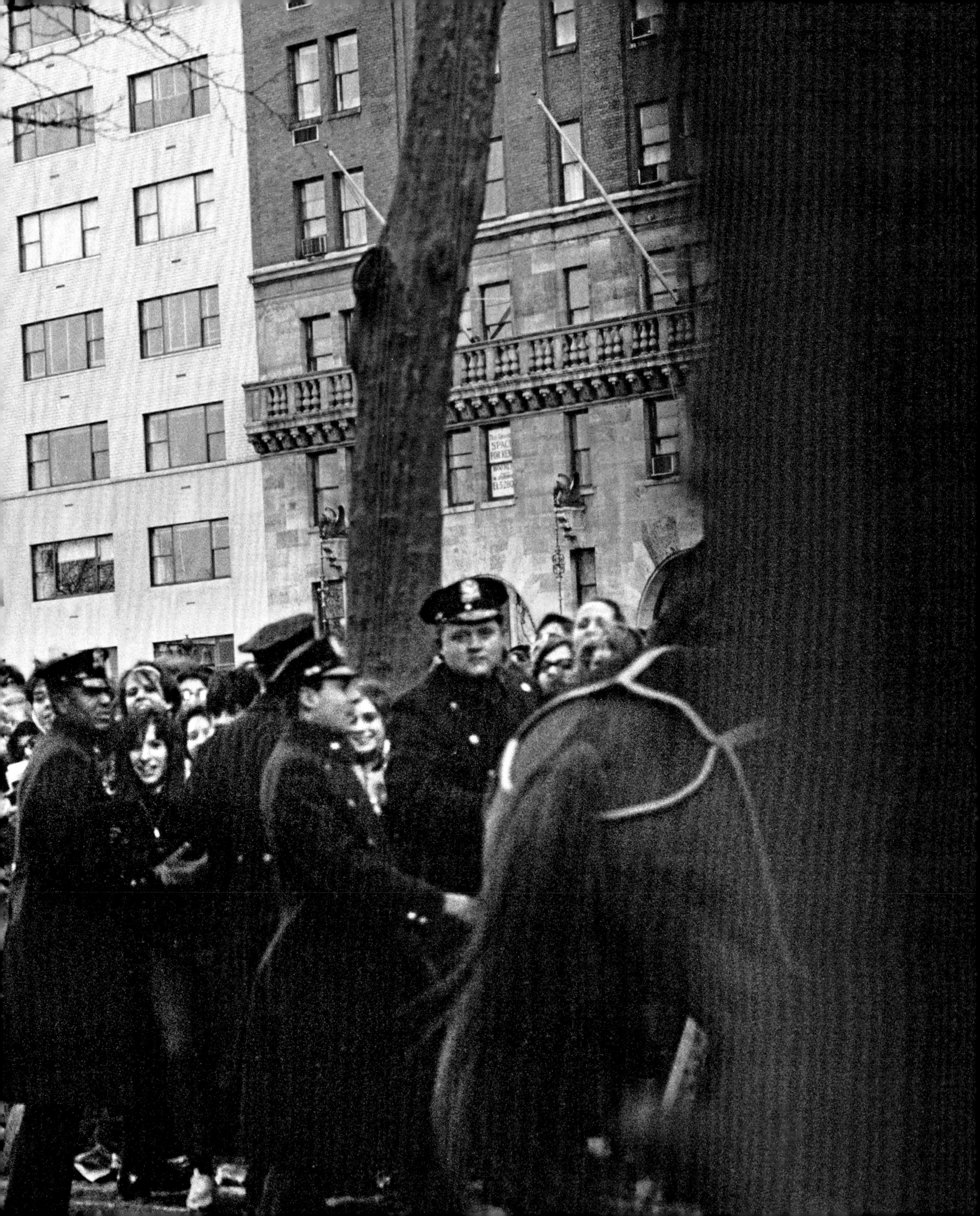

Página anterior: Nossos calorosos fãs americanos no Central Park. Tão ruidosos e insanos quanto nossos fãs britânicos, apenas com sotaque diferente.
Acima: Fãs à nossa espera sendo vigiados por policiais do NYPD.

Aonde quer que fôssemos, as pessoas nos cercavam.

Páginas seguintes: As multidões que nos perseguem no filme *A Hard Day's Night* se baseiam em momentos como este. Tirada do banco traseiro de nosso carro, no cruzamento da West Fifty-Eighth com a Avenue of the Americas.

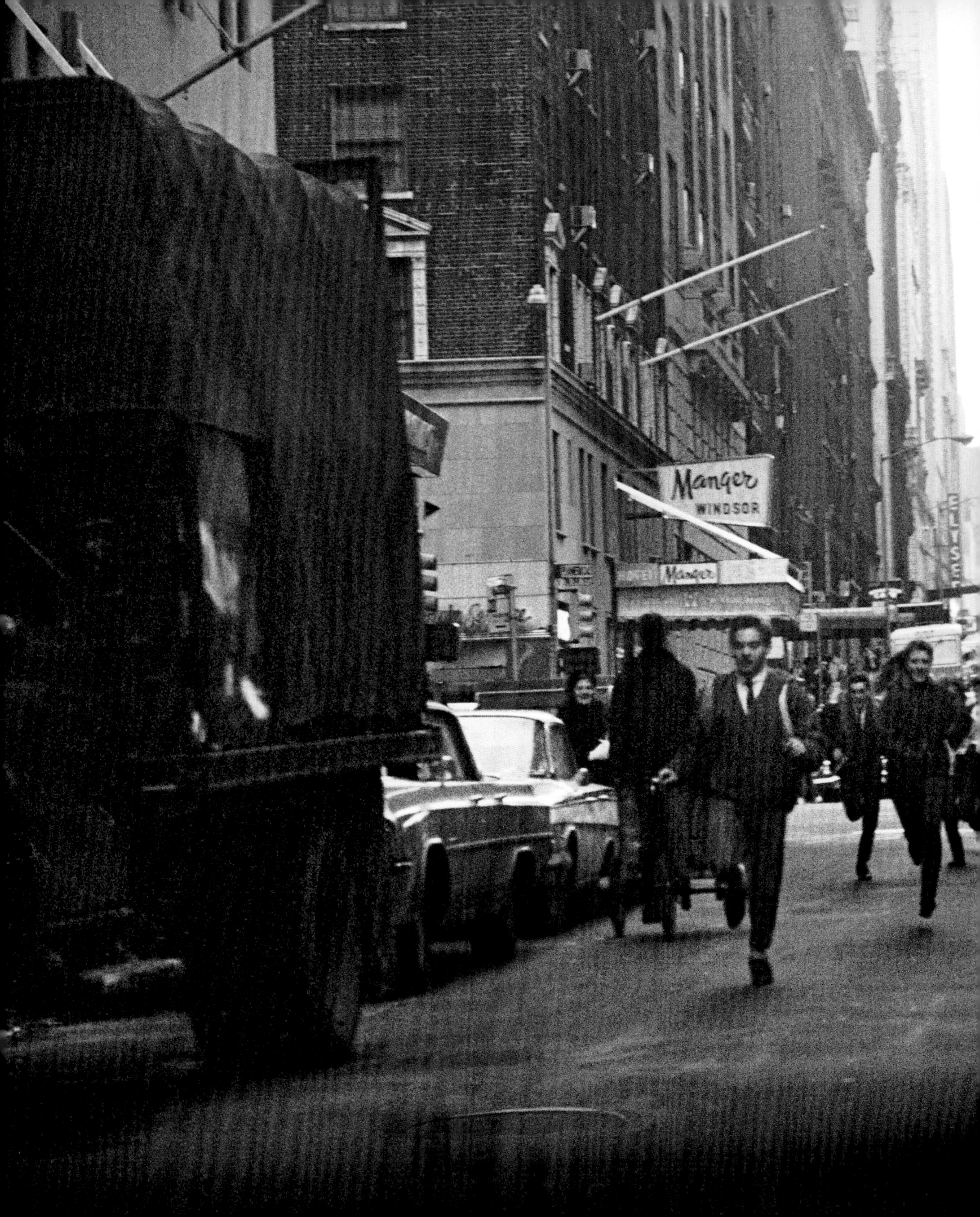
Manger
WINDSOR
Manger

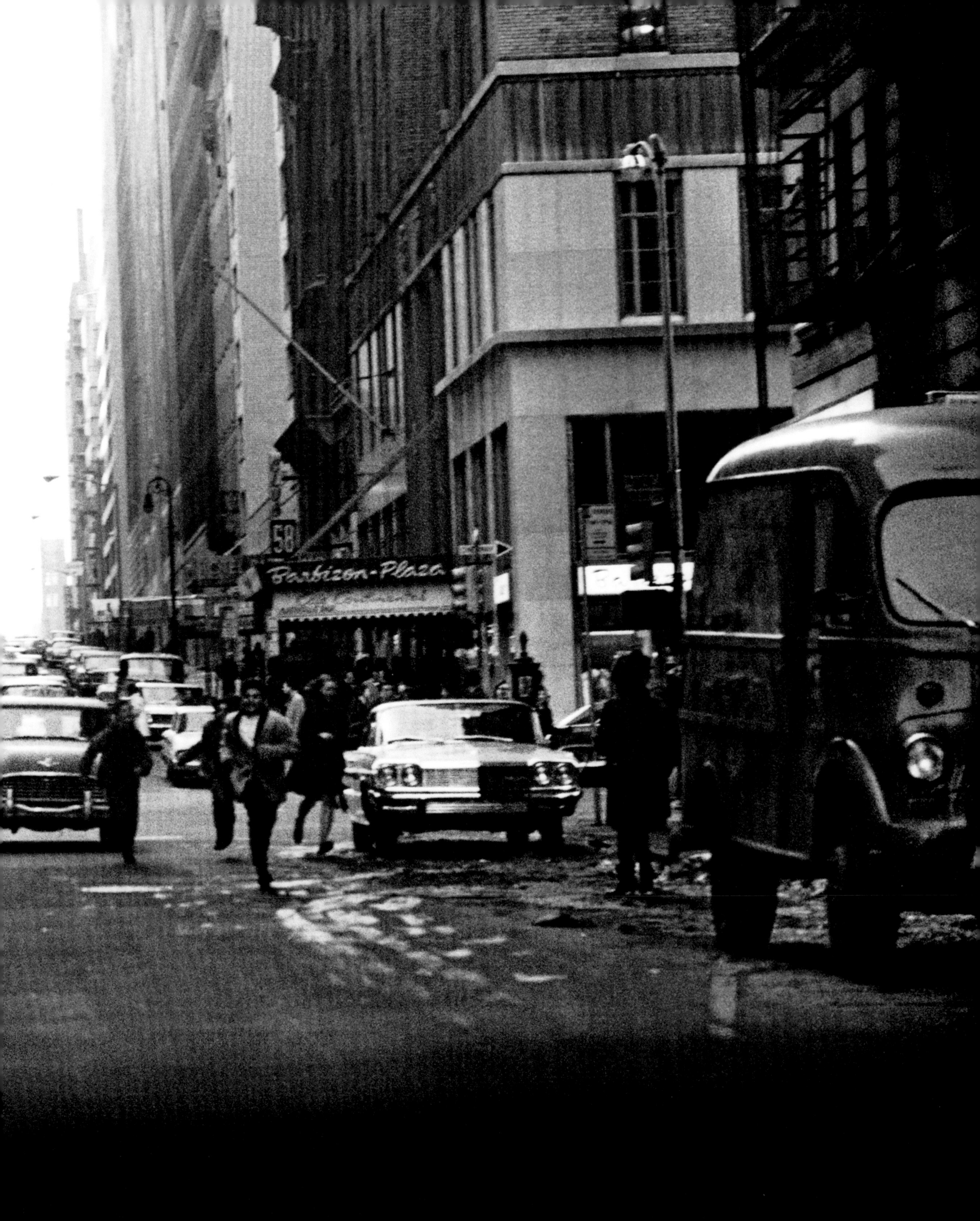
58
Barbizon-Plaza

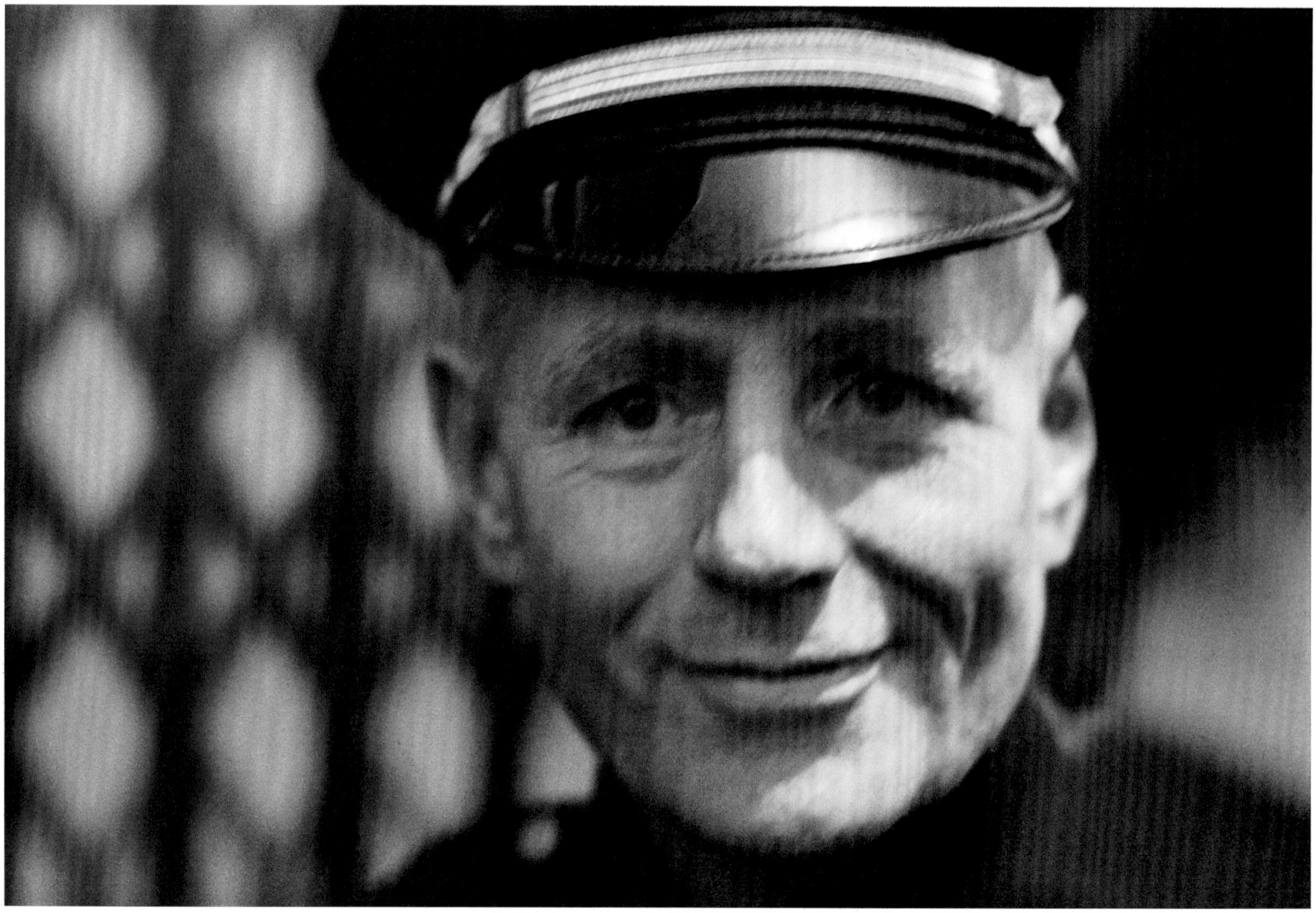

Eu aprecio esses retratos dos "melhores de Nova York". Captam os olhares amigáveis e curiosos que nos envolviam todos os dias.

188

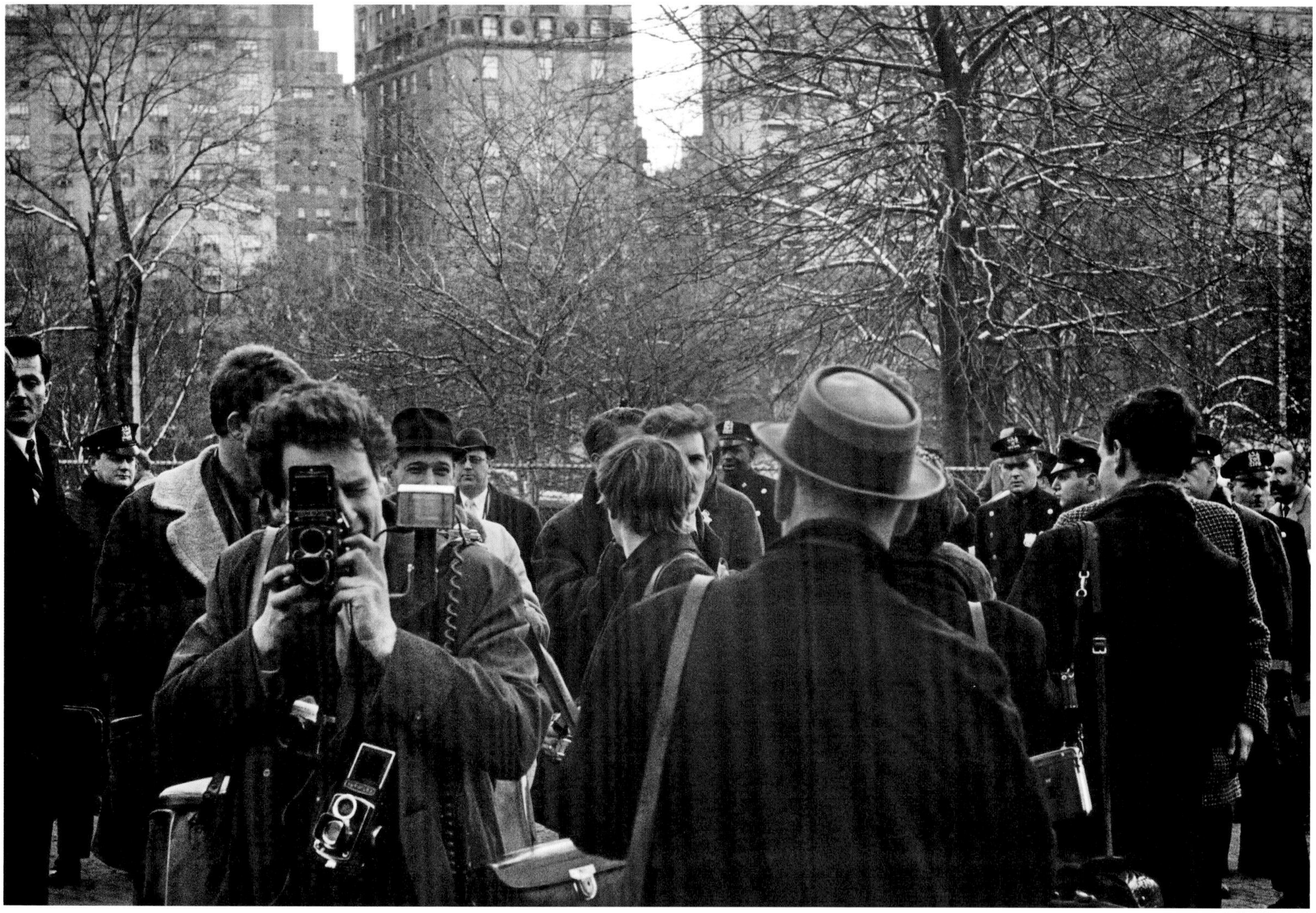

No Central Park, brincando em meio aos *olhos do furacão*.

191

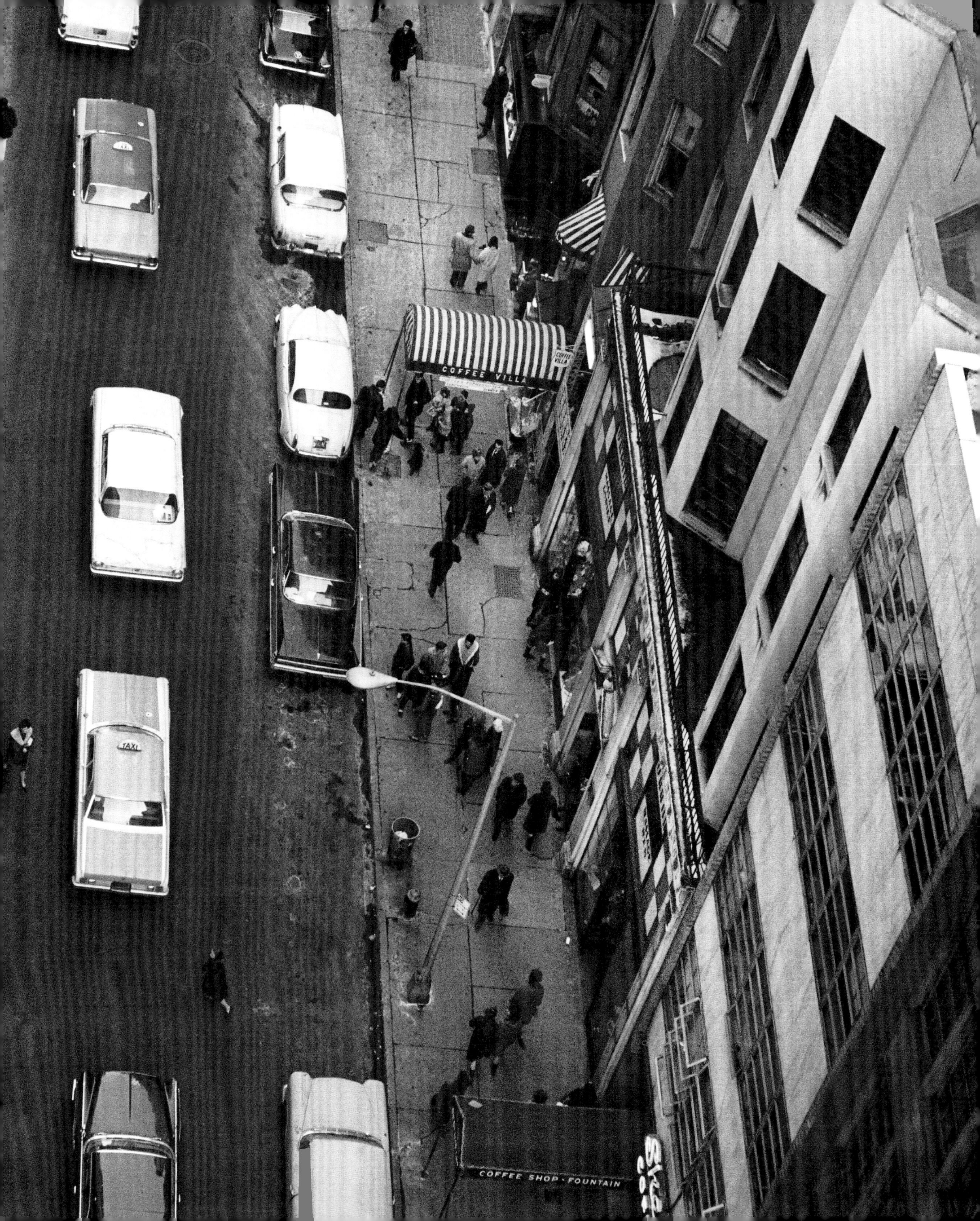

TAXI
COFFEE VILLA
COFFEE SHOP · FOUNTAIN

Eu adoro as caixas d'água de Nova York.

Ronnie Spector em nossa suíte do Plaza Hotel. Todos nós quatro amávamos The Ronettes.

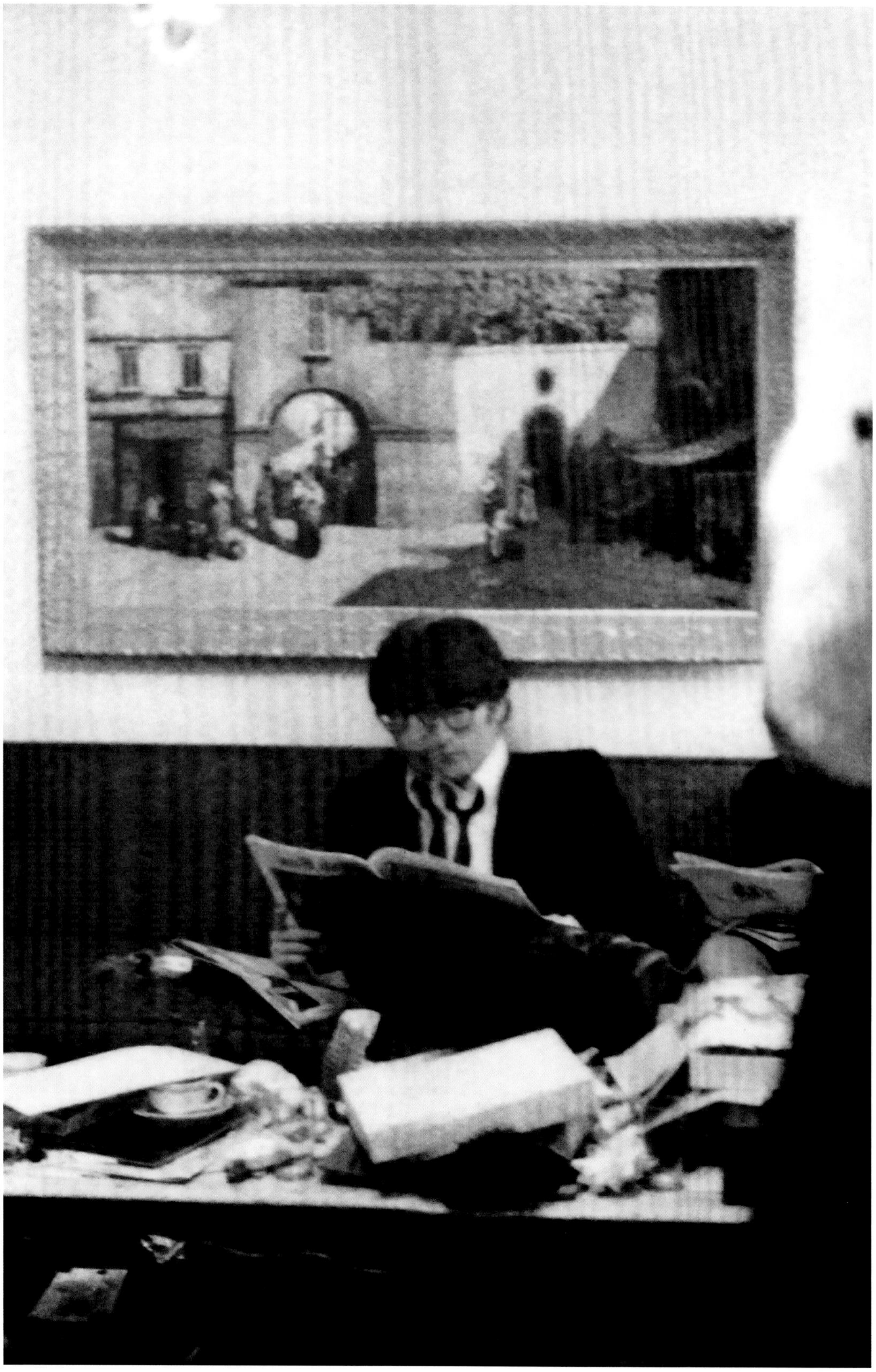

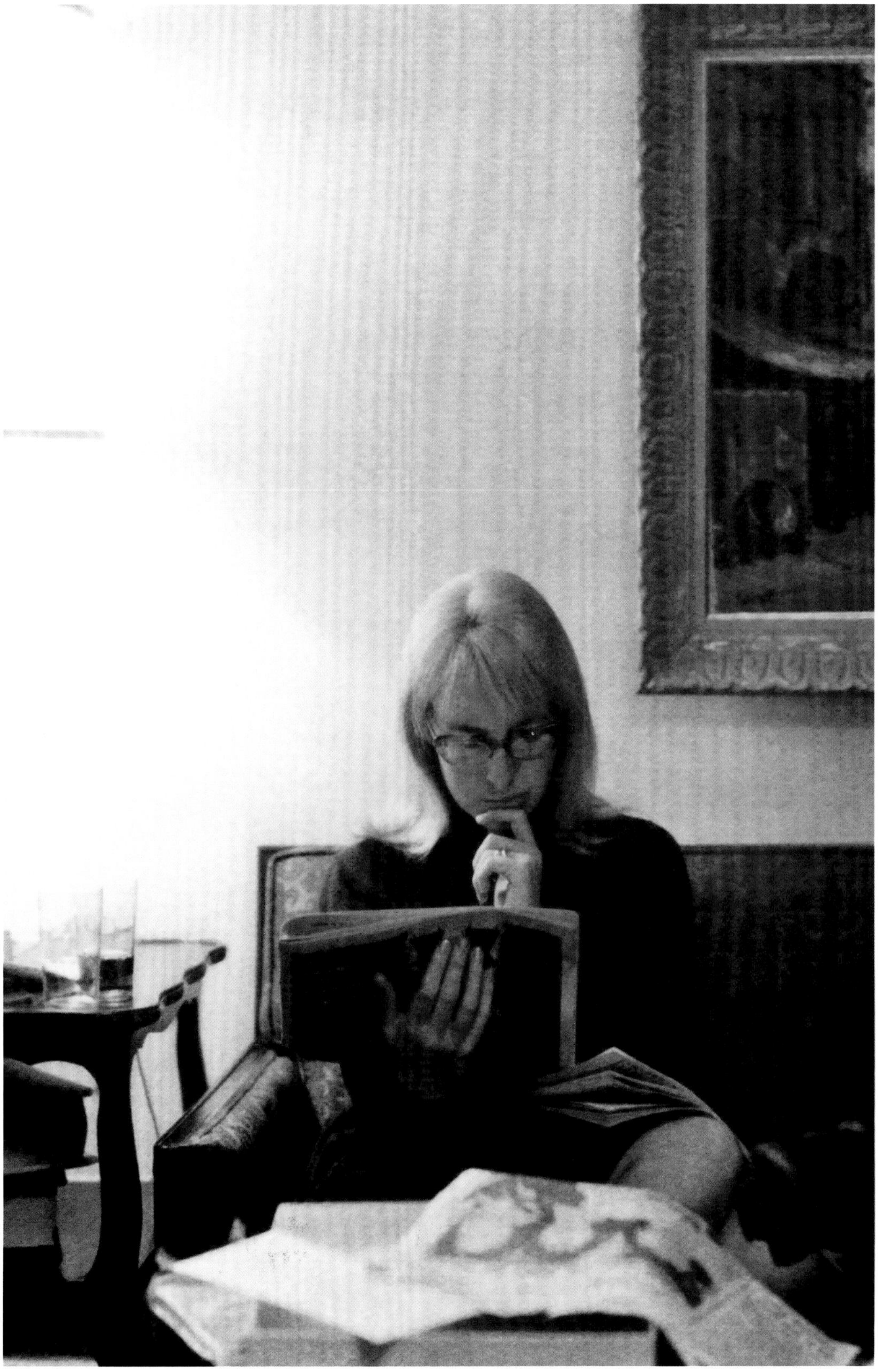

O DJ americano Murray the K, que tocava nossos discos, acabou se tornando nosso amigo.

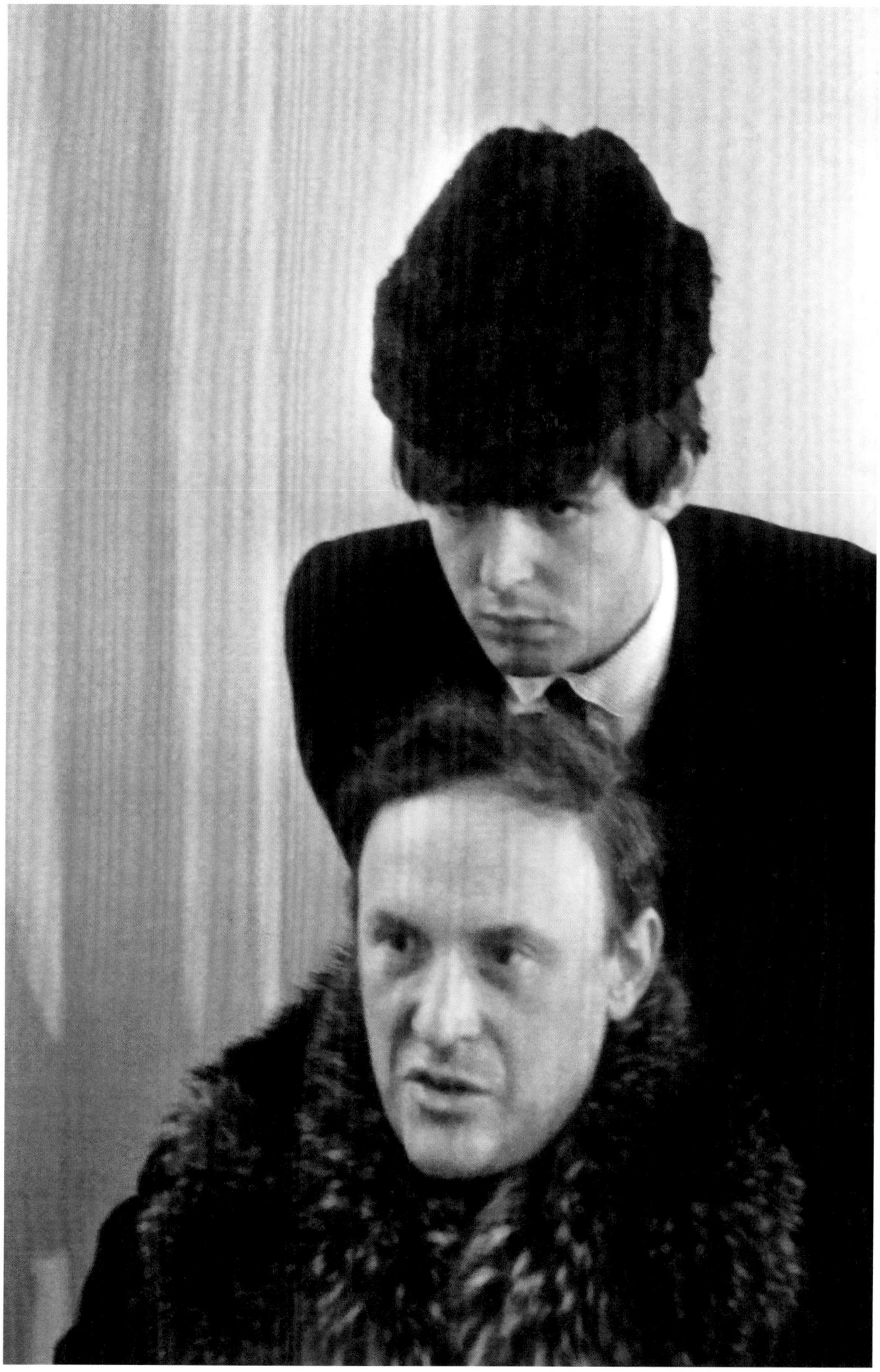

Ringo ajeitando sua bateria precariamente empoleirada nos ensaios para o *The Ed Sullivan Show*.

George teve uma crise de amigdalite; por isso, Vince Calandra, um funcionário da equipe, participou dos ensaios com uma peruca dos Beatles. Nunca mais parou de falar no assunto.

KODAK SAFETY FILM
KODAK TRI-X PAN FILM
COLISEUM
THE BEATLES
SOLD OUT
KODAK SAFETY FILM
KODAK TRI-X PAN FILM

Liverpool
Londres
Paris
Nova York
Washington, D.C.
Miami

WASHINGTON, D.C.
11th – 12th February 1964

O nosso plano original era ir de Nova York a Washington de avião, mas uma nevasca nos obrigou a pegar o trem. O cobertor de neve conferia à cidade – ruas, calçadas e até mesmo a Casa Branca – um toque extra de personalidade e beleza. A viagem de trem a Washington foi uma boa ocasião para tirar fotos ininterruptamente. No trajeto, fui apreciando a paisagem americana e o pessoal que trabalhava nos locais por onde passamos. Com raízes na classe operária, costumo dizer que é um grande erro subestimá-la, como muita gente faz.

O assassinato do presidente Kennedy tinha ocorrido poucos meses antes de nossa visita, e parecia que Washington, a sede da democracia americana, continuava de luto. Como quase todos em nossa geração, admirávamos Kennedy, e a morte dele realmente nos deixou transtornados. Até hoje, me alegra o fato de que a Grã-Bretanha não tenha essa cultura armamentista em voga nos EUA.

Chegando à Union Station, fomos recebidos por hordas de fãs que enfrentaram a neve só para nos ver. Nossa visita pareceu agitar a cidade. Como em Paris e Nova York, tirei várias fotos a partir do banco traseiro do carro. Fiquei surpreso ao ver um nome bem britânico, Christine Keeler, no letreiro luminoso de um cinema decadente. O caso Profumo tinha sido estampado nas manchetes da Inglaterra, mas eu não esperava ver o nome dela na marquise de um cinema americano. Numa das fotos – tirada novamente do interior do carro, porque era um dos poucos lugares onde eu conseguia espaço para fotografar – aparece uma menina de lenço na cabeça e olhar sereno. No entanto, o próximo instantâneo do filme traz uma mulher adulta acenando e correndo atrás do carro, empolgada. Cada foto revela uma nova janela temporal. Hoje em dia, o povo fica com olhar tão fixo nos celulares que se esquece de levantar os olhos, de observar e se envolver com o que se passa ao redor. Agrada-me pensar que ainda tento fazer isso, e parece que nestas fotos que tirei nos EUA era exatamente o que eu estava tentando fazer.

Ficamos só um dia em Washington, mas sempre vou me lembrar de nosso primeiro show no Coliseum, o primeiro em solo americano. O show em si foi uma doideira. Tocamos no meio da arena, coisa que nunca tínhamos feito antes. O Coliseum era uma arena esportiva; assim, todos os assentos apontavam para o meio do salão. A cada três ou quatro canções, Ringo precisava mudar o kit de bateria de posição. Tocávamos numa direção, digamos, para o leste. Em seguida, tínhamos que girar para outro ponto da bússola e de repente Ringo precisava se levantar e acompanhar o giro. Observando as filmagens do nosso esforço para ajudá-lo, ninguém imaginaria que éramos os responsáveis por "arrastar um país ao olho do furacão".

Outro detalhe era que os fãs, principalmente garotas, pareciam ter lido *tudo* sobre nós. Em algum lugar, talvez numa publicação britânica, viram a pergunta: "Qual é o seu doce favorito?". Respondemos "Jelly Babies", que a gente curtia. Nos EUA, não havia Jelly Babies, mas jujubas, que são muito, muito mais duras. Acho que até estavam vendendo no local. De repente, durante o show, os fãs começaram a jogar jujubas em nós no palco. Como projéteis ou minimísseis. Tínhamos que tocar e ao mesmo tempo nos esquivar delas. Poderiam ter arrancado nossos olhos. O pior é que pisamos em cima delas, e o palco foi se tornando infernalmente pegajoso.

A emoção não acabou com o fim do show. Fomos convidados a um baile na embaixada britânica e nos fizeram um monte de perguntas bastante atrevidas, do tipo: "Qual deles você é?". Resolvemos nos divertir um pouco com isso. "Eu? Sou o Roger." E John dizia: "Não, eu não sou o John. Sou o Charlie. O John é aquele ali", e apontava para George. Alguém até se aproximou sorrateiramente de Ringo com uma tesoura e cortou uma mecha de seu cabelo! O nosso cabelo sempre gerou obsessão.
A gravadora deu uma mãozinha. Antes mesmo de chegarmos, distribuiu país afora milhões de adesivos e pôsteres em que se lia: "Os Beatles estão chegando!", com a silhueta de quatro penteados. Sem rostos: só os cabelos. A Capitol Records distribuiu até perucas dos Beatles.

Após nossa turbulenta visita a Washington, no dia seguinte voltamos a Nova York e fizemos dois shows no Carnegie Hall. A procura de ingressos foi tanta que até no palco colocaram cadeiras. Isso me faz lembrar daquela piada antiga: "Como a gente faz para chegar ao Carnegie Hall?" "Pratique! Pratique! Pratique!". Naquela noite específica, como chegamos ao Carnegie Hall? Escapulimos furtivamente pela cozinha do Plaza Hotel e pegamos um táxi!

Brian Sommerville, nosso publicitário, no trem para Washington (expresso da Pennsylvania Railroad).

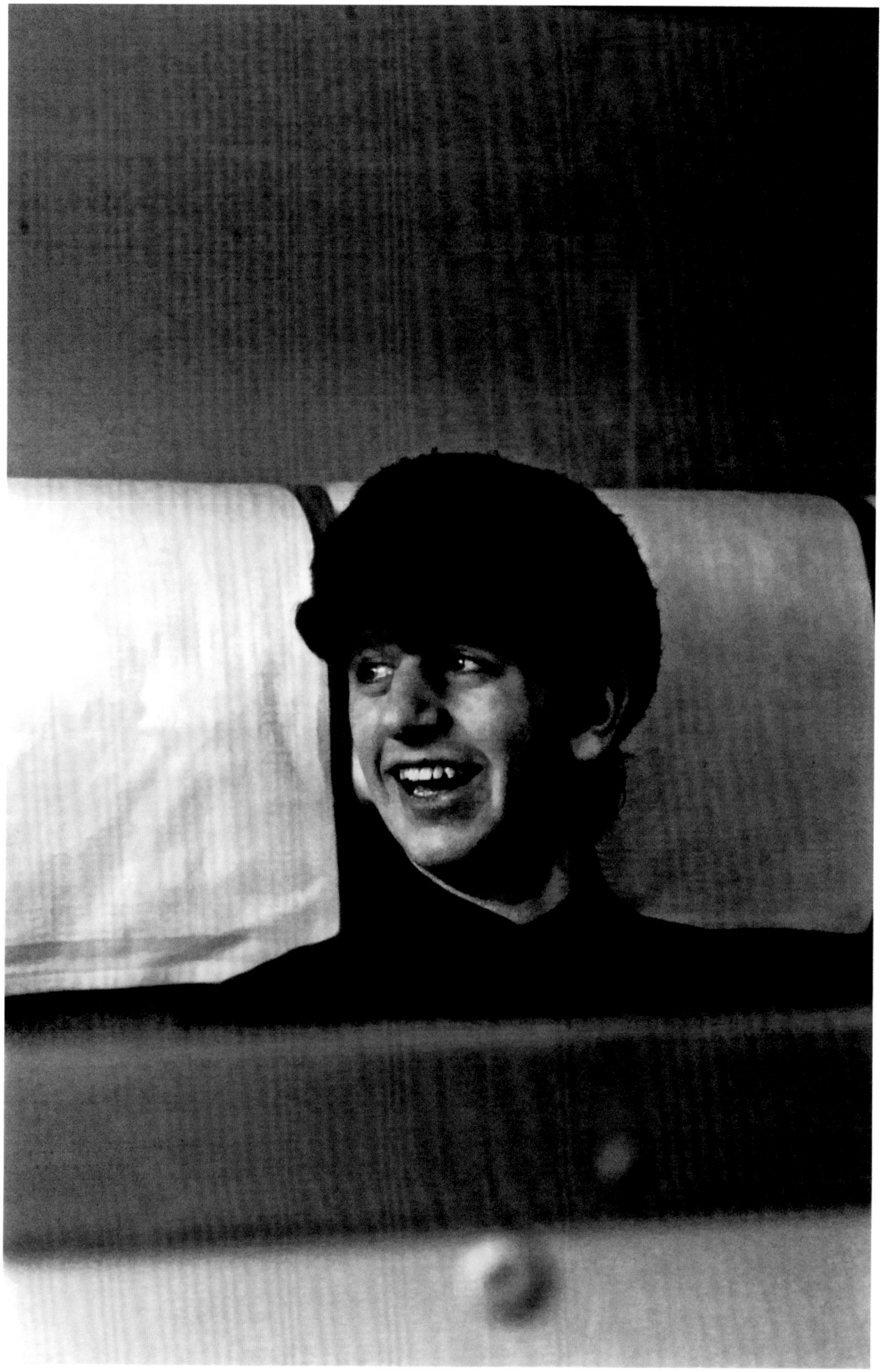

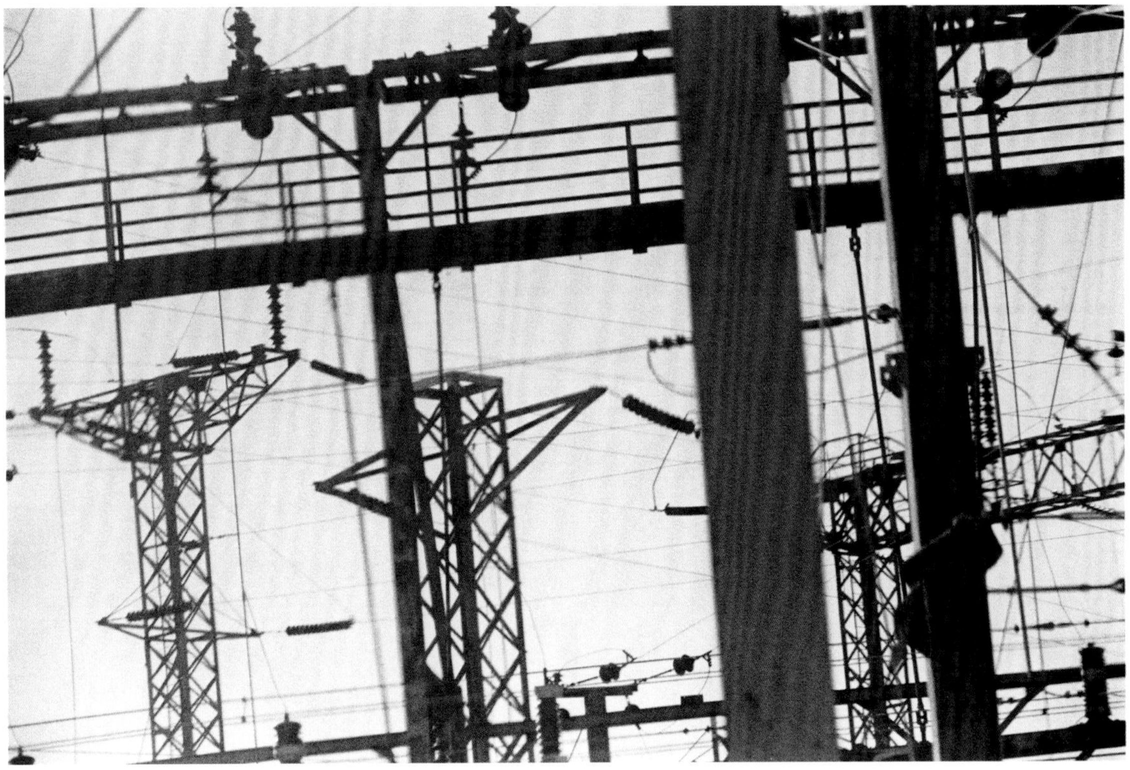

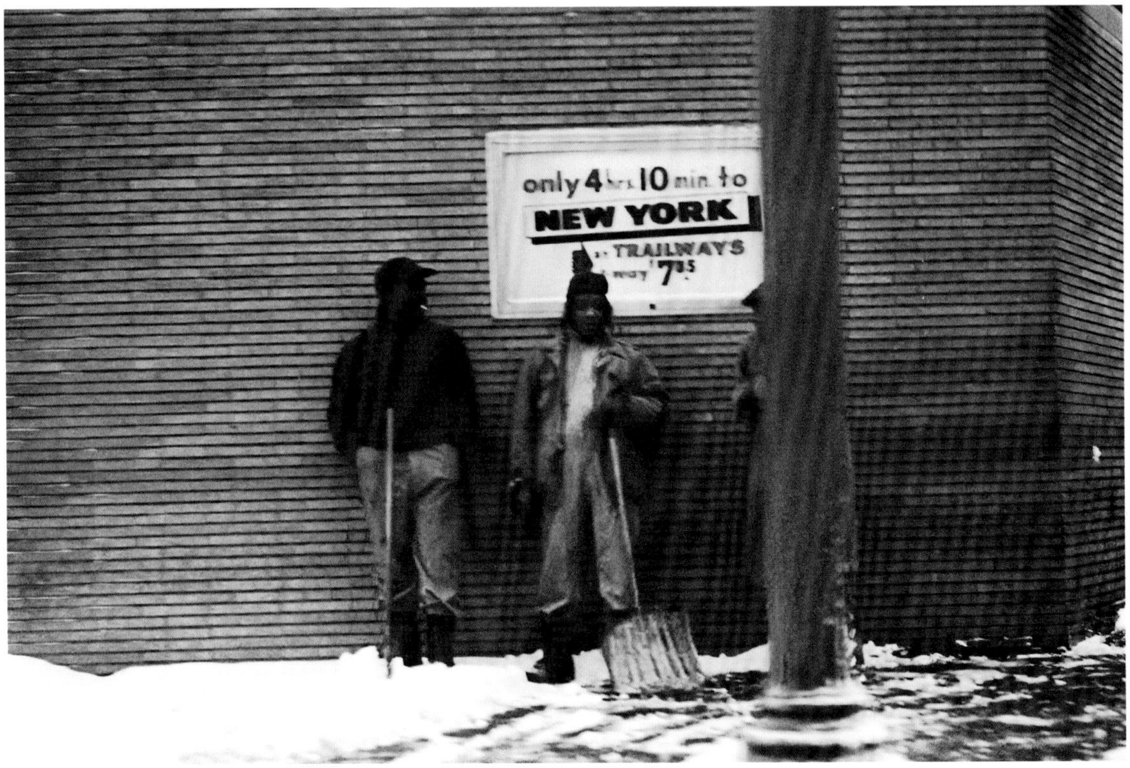
only 4 hrs. 10 min. to
NEW YORK
TRAILWAYS
7.35

B&O

CRONI
GUARANTEED
RETREADING
TIRES
TIRE HEADQUARTERS
BUDGET
CHARG-IT
DELCO
DRY CHARGE
BATTERY
I'M ITCHING
TO START
SOMETHING
SIMPLY SAY DELCO
CROWN
GASOLINES · MOTOR OILS
QUALITY YOU CAN TRUST
Donnelly Adv.
America's
ESSO

O cavalheiro George Martin, em seu traje impecável, sentado ao lado de Louise, a irmã de George Harrison, que recentemente tinha migrado a Illinois.

211

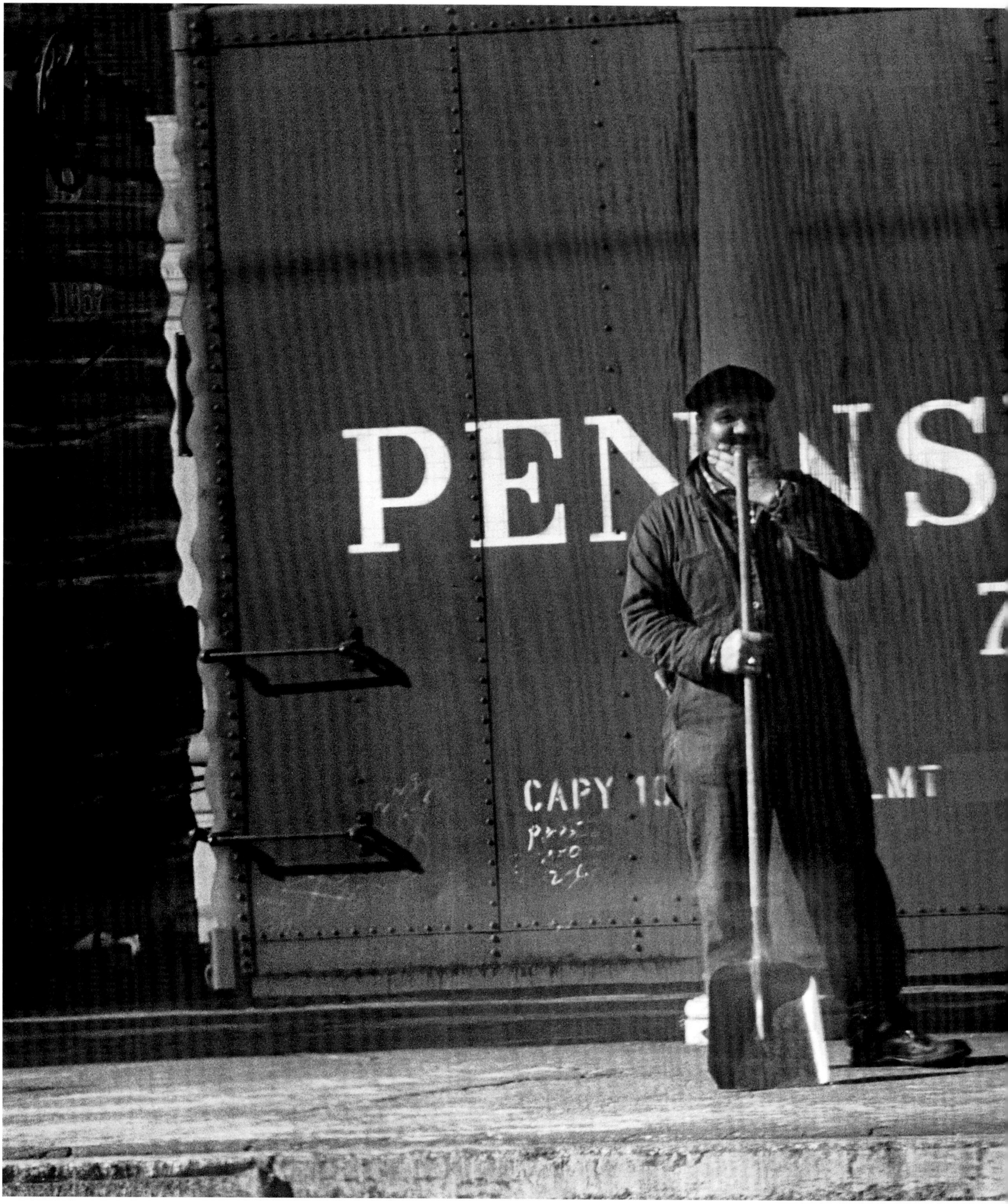
PENNS
CAPY 10
LMT

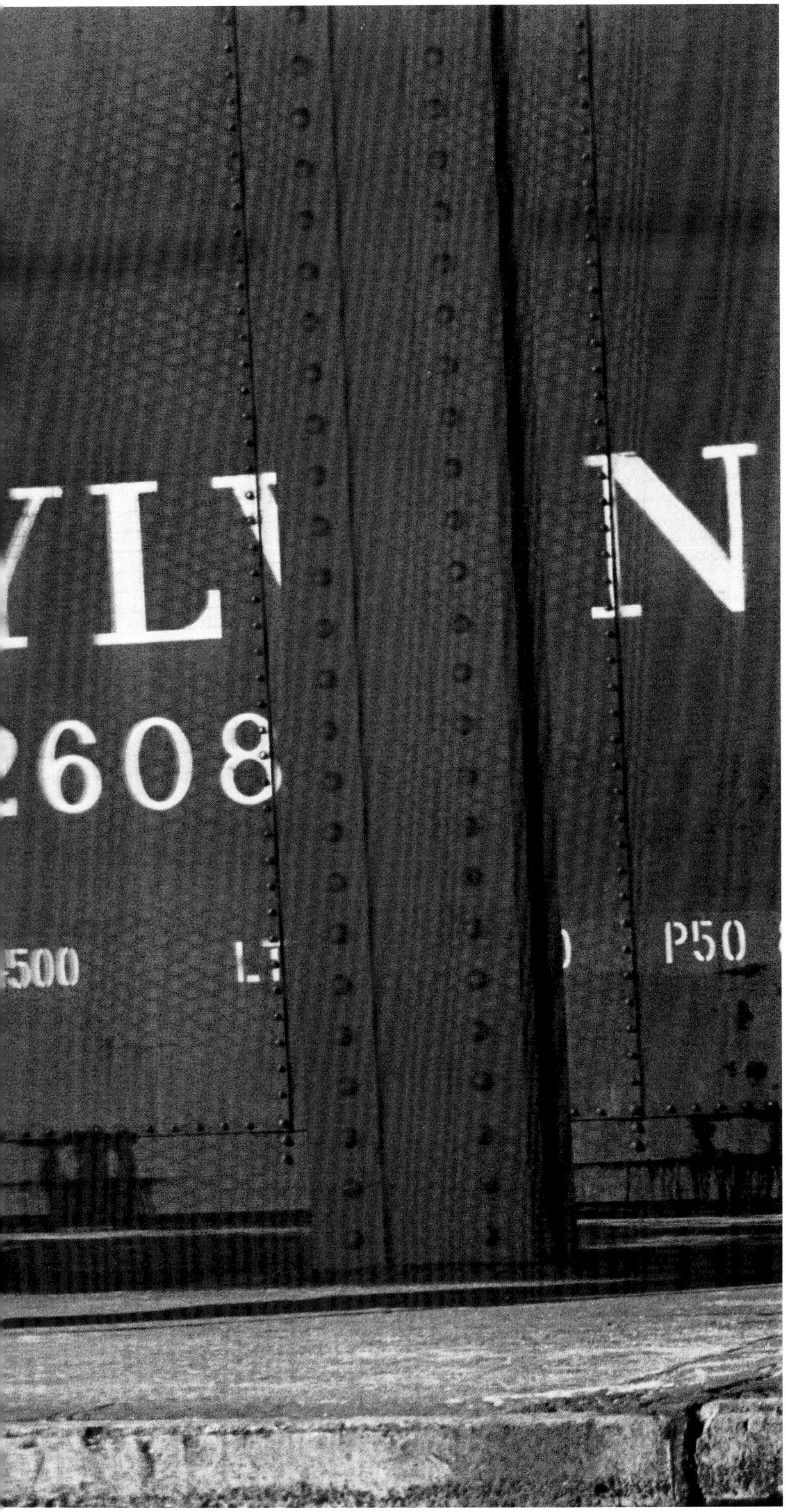
YLV
N
2608
500
LT
P50

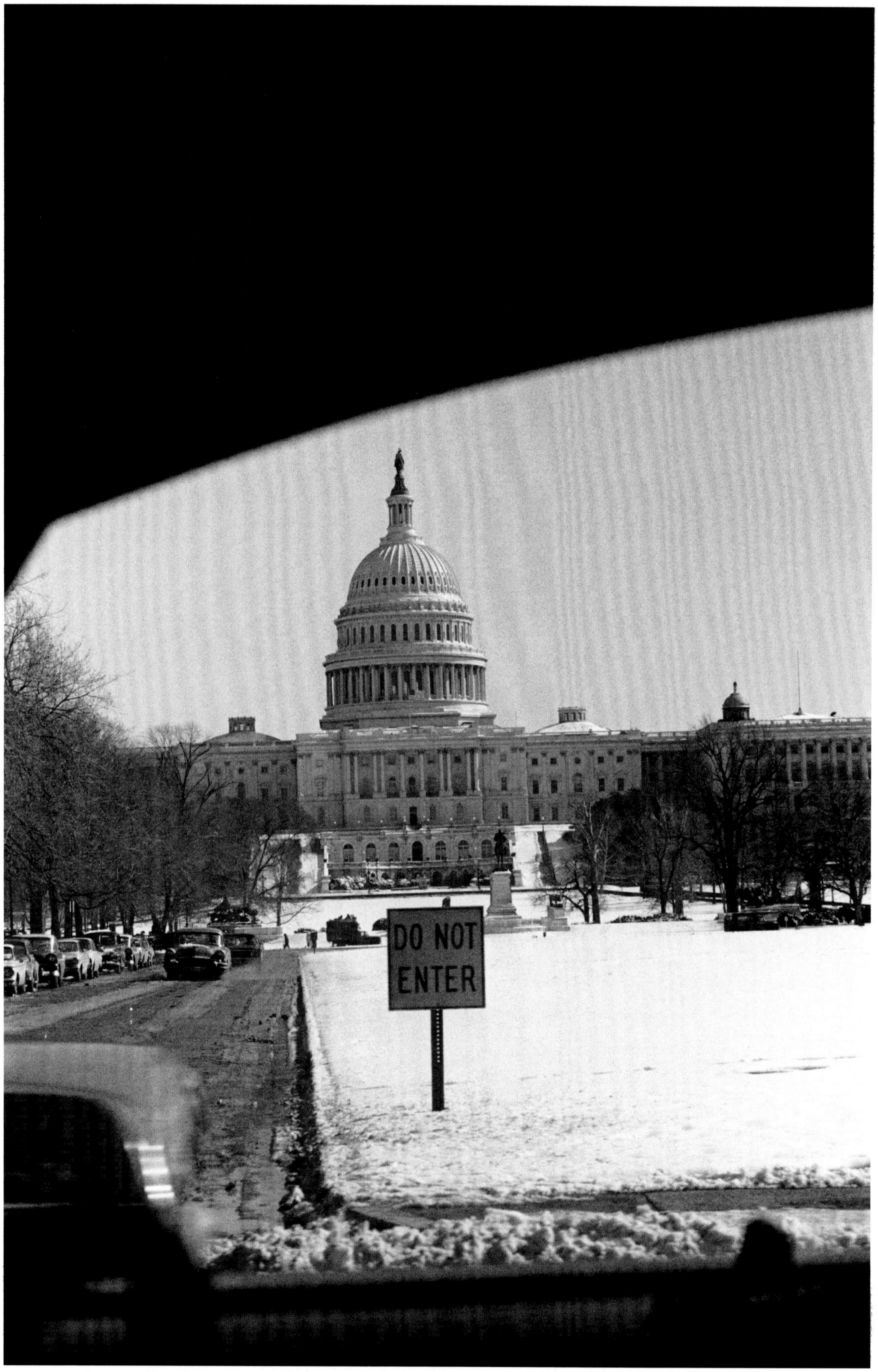
DO NOT
ENTER

A primeira vez que me deparei com estes famosos pontos turísticos de Washington, o Capitólio e a Casa Branca.

Foi uma surpresa ver este nome britânico na marquise de uma casa artística em Washington!

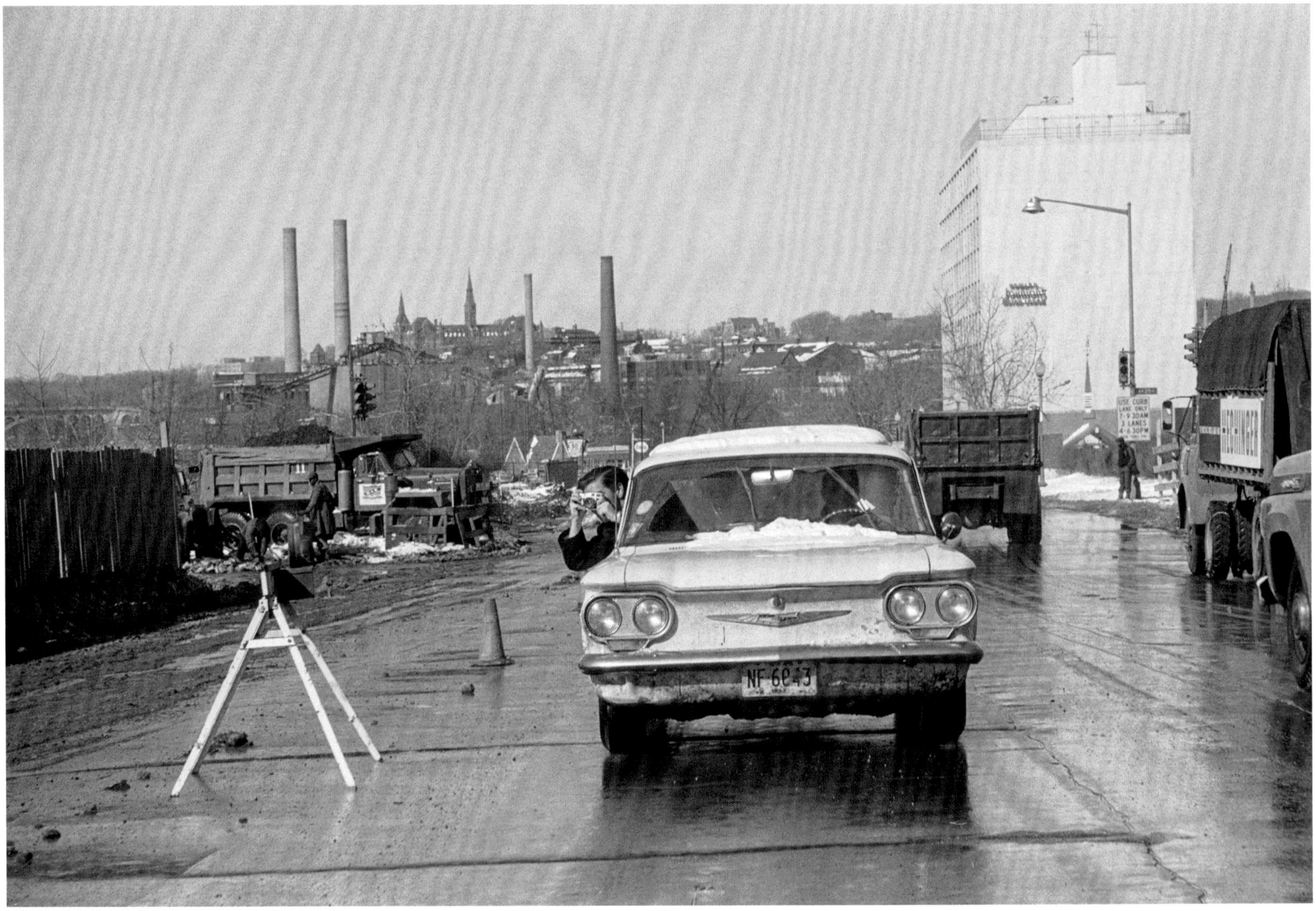
USE CURB
LANE ONLY
7-9:30AM
3 LANES
4-6:30PM
HECHINGER
NF 6C43

219

Brrr . . .

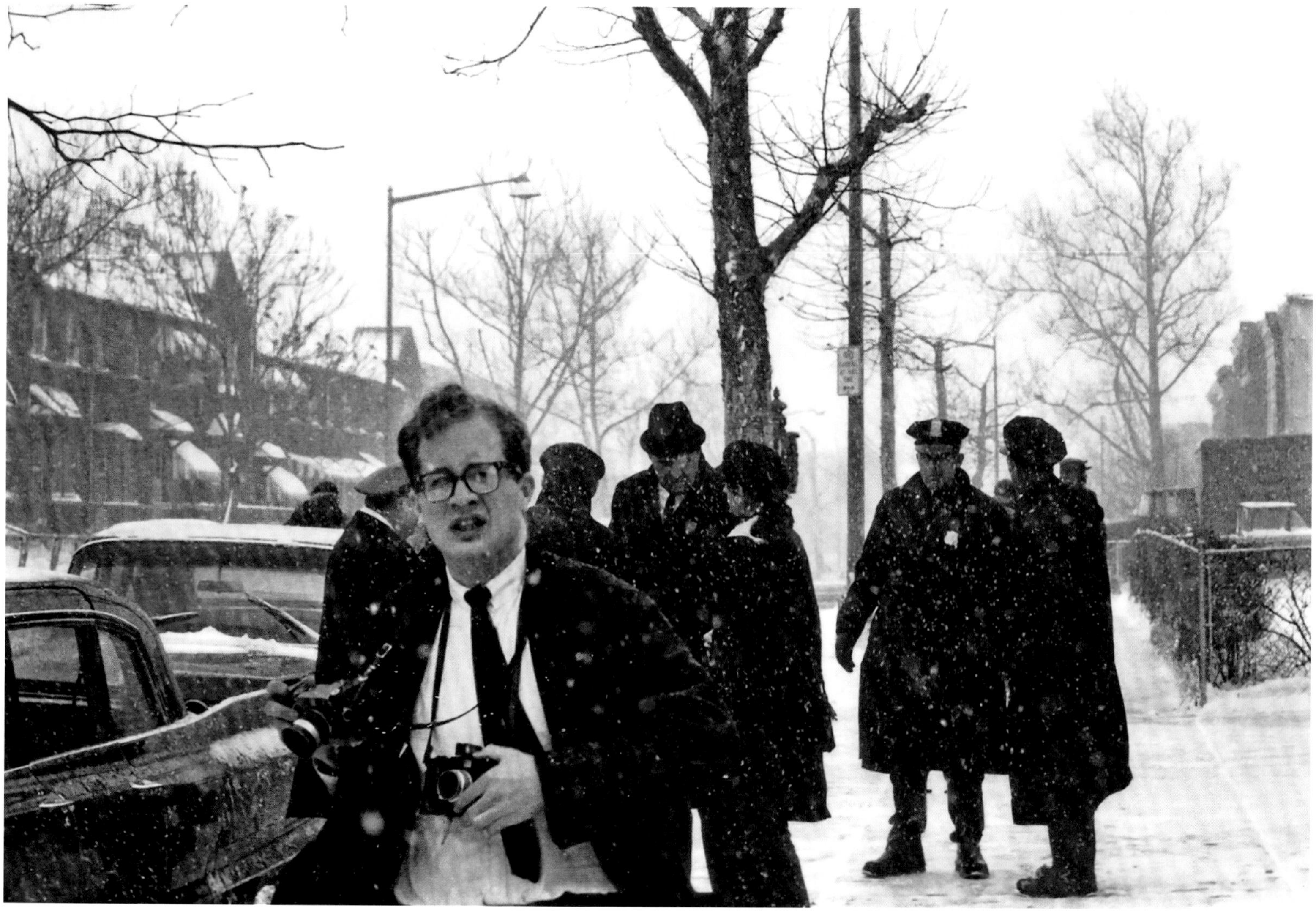

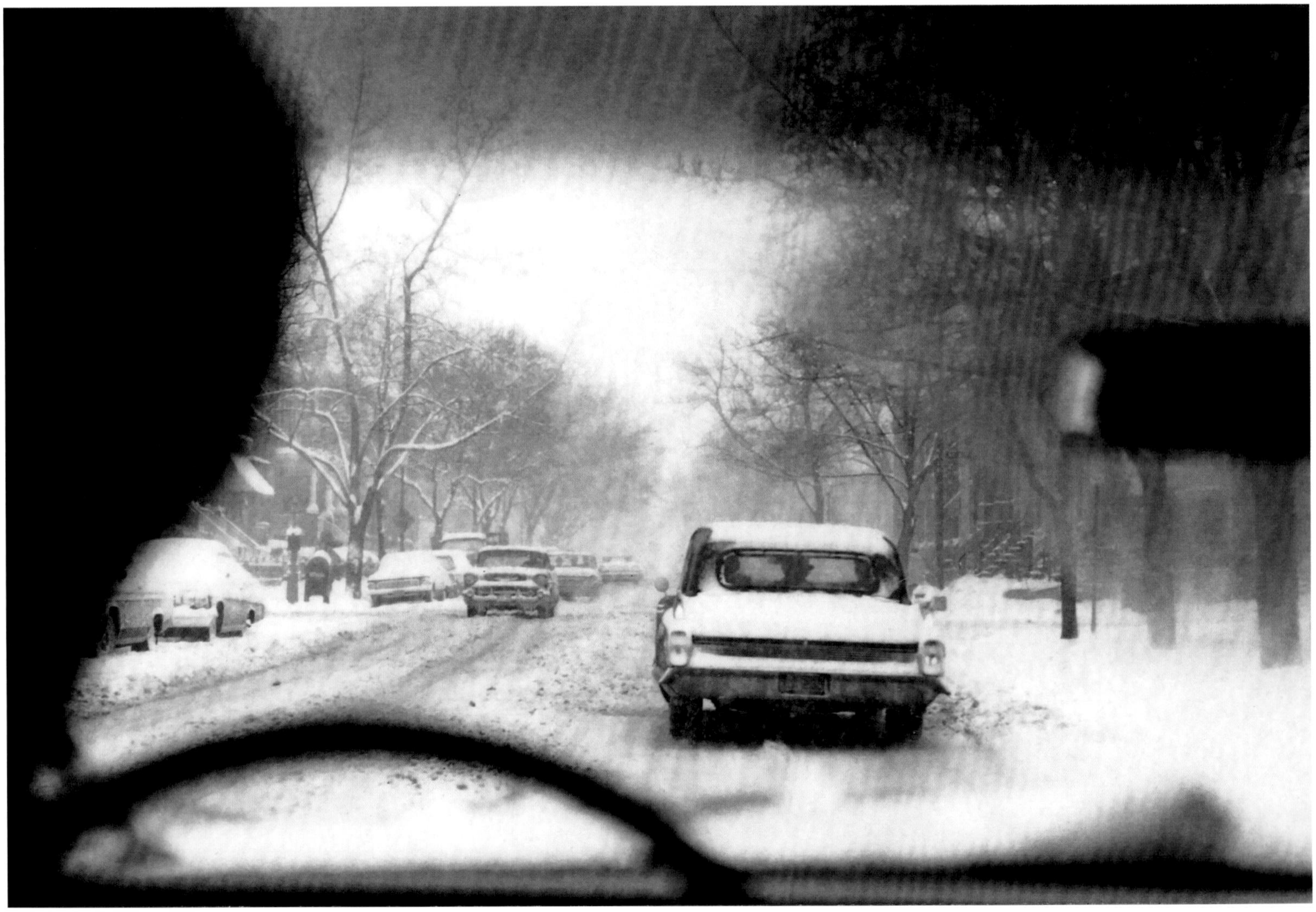

O show no Washington Coliseum foi o nosso primeiro nos EUA.

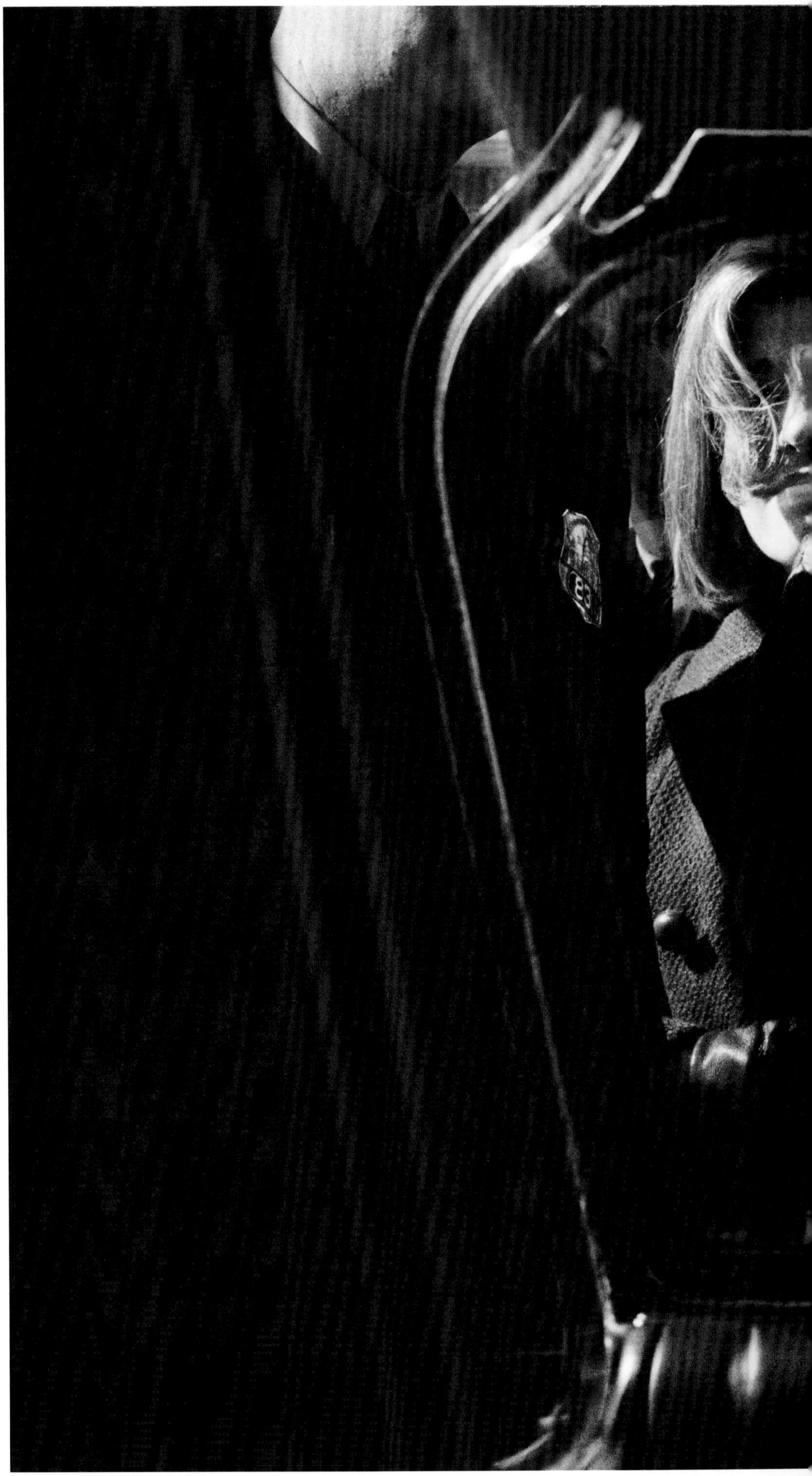

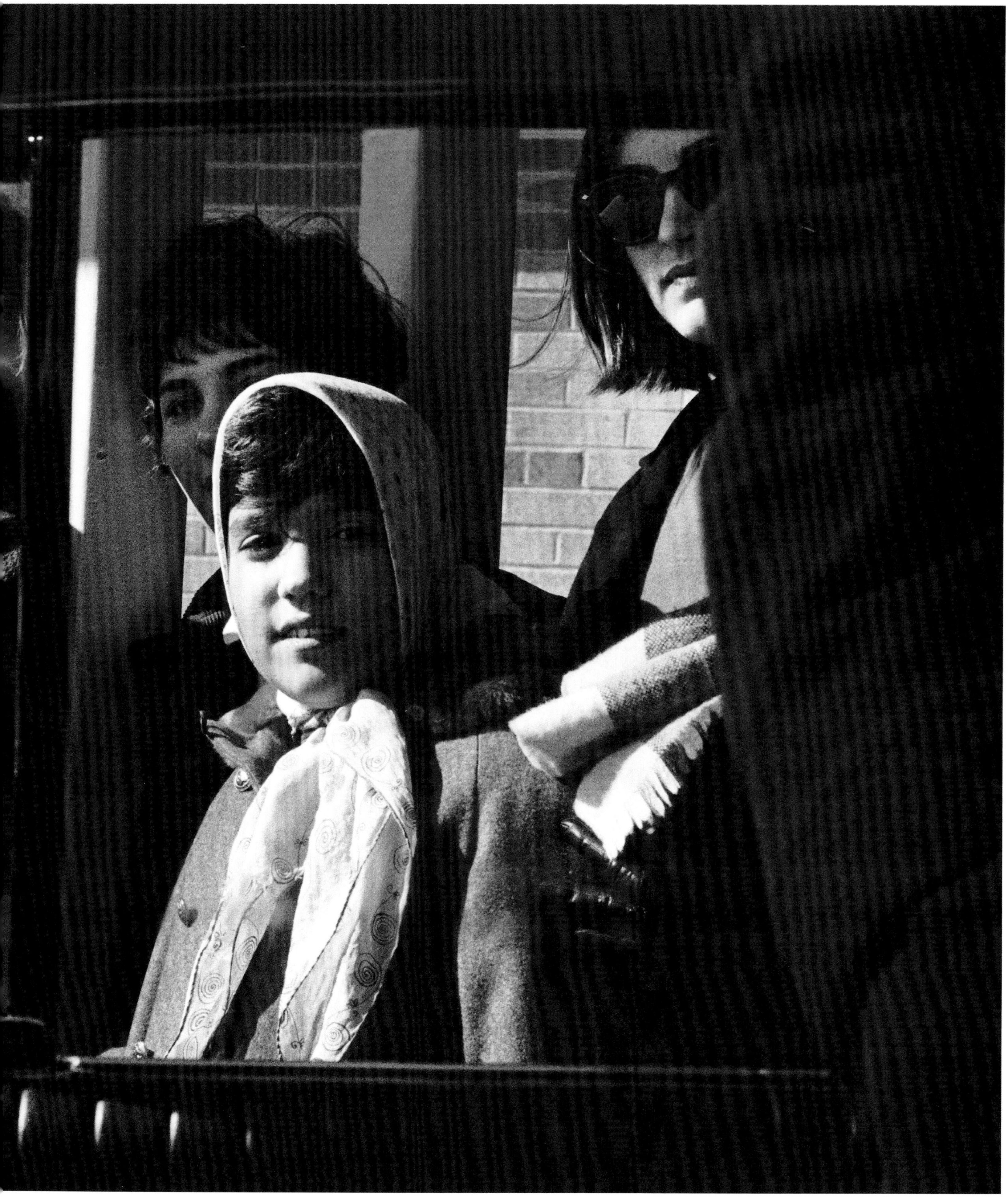

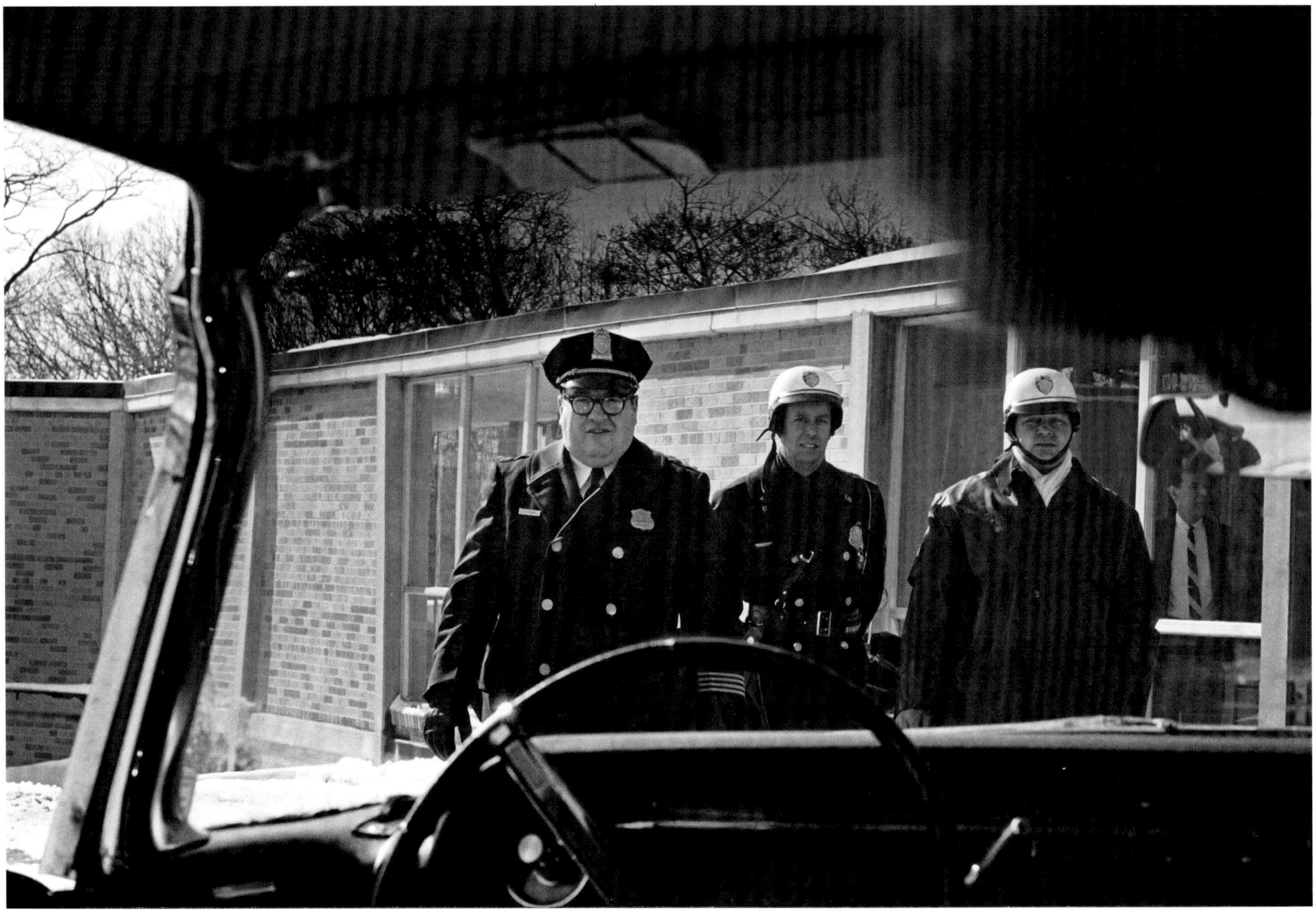

Os nossos fãs pertenciam a todas as esferas da vida.

KODAK SAFETY FILM
KODAK TRI-X PAN FILM
Enjoy Life with
Miller High
MIAMI
JAI-A
South River Drive
Miami Beach

Liverpool
Londres
Paris
Nova York
Washington, D.C.
Miami

miami
13th – 21st February 1964

Mesmo sendo um território desconhecido para mim, Miami acabou se revelando um lugar emocionante. Ensolarado eu já sabia que ia ser. Na minha infância em Liverpool, ir à praia era um acontecimento. Em geral, significava férias, mas o sol em Miami Beach e o sol em Liverpool eram muito diferentes.

Em Miami, as cores eram tão vibrantes. Compare com as fotos que tirei em Liverpool, Londres, Paris, Nova York e Washington – uma variação de tons em preto e cinza. Em Miami, mesmo em pleno começo de fevereiro, o céu era azul e o mar, cor de safira. Para fazer jus ao ambiente, mudei para o filme Kodachrome. No mundo artístico do início dos anos 1960, a fotografia colorida ainda não era levada a sério, reservada apenas para instantâneos de família ou publicidade. Muitos filmes e quase todos os programas de tevê britânicos ainda eram realizados em preto e branco. Em essência, porém, essas fotos de Miami são, em sua maioria, fotos de *férias*. Revelam o lado pessoal dos Beatles, como nós relaxando à beira da piscina. Fornecem uma perspectiva sobre partes da viagem às quais os fãs e os fotógrafos da imprensa não tiveram acesso.

No aeroporto de Miami nos aguardava um mar de pessoas, desde beldades a funcionários tapando os ouvidos para não escutarem os gritos da multidão que esperava. Entre as fotos que fiz no percurso do aeroporto ao hotel, para mim, uma das mais impressionantes é a do policial armado em sua motocicleta. A arma dele ficou perfeitamente enquadrada na janela do carro. Foquei o revólver e a munição. Para nós, ainda era um pouco chocante ver uma arma na vida real, já que não tínhamos policiais armados em nosso país natal. Eu não gosto de armas. A violência pela qual elas são responsáveis é a antítese de tudo o que os Beatles defendiam.

A nossa segunda apresentação no *The Ed Sullivan Show* foi no começo de nossa estadia em Miami. Ensaiamos, tocamos no programa e depois curtimos uns dias de férias. A plateia em Miami Beach era um pouco mais velha que a de Nova York. Não faltaram, porém, as garotas histéricas na plateia e, como você pode ver numa das fotos, elas escreveram mensagens na areia para nós em letras facílimas de ler até mesmo de nossos quartos de hotel.

Foi empolgante aparecer no *The Ed Sullivan Show* de novo, mas as coisas realmente fabulosas aconteceram fora do palco. Frequentamos casas com piscinas, praticamos esqui aquático e aproveitamos ao máximo nossos primeiros dias de folga após meses a fio. Cada um de nós recebeu um esportivo conversível emprestado, cortesia da fabricante de carros britânica MG. Sabíamos que seria uma ótima propaganda para eles, mas na época nem nos importamos. Baixar a capota e pilotar nesse clima parecia muito glamoroso. Avidamente sorvemos todas as novas paisagens e experiências. Você convidava uma menina para sair em seu conversível e a levava ao cinema drive-in (coisa que eu nunca tinha visto antes). Sim, eu era jovem o suficiente para ficar impressionado com tudo. Algo como: "Olha só pra mim. Tenho meus cigarros Peter Stuyvesant, um carro sofisticado e a liberdade para ir aonde quiser!". Uma sensação maravilhosa.

Desfrutamos cada minuto do nosso tempo em Miami. Um lugar simplesmente empolgante. Hotéis chiques geralmente disponibilizam robes, feitos de toalha, mas em Miami nos deram umas jaquetinhas de manga curta, em tecido atoalhado. Nas fotos, você perceberá que as usávamos em tudo que é lugar. Não queríamos tirá-las! Um sujeito que você enxerga nas fotos é o nosso guarda-costas em Miami, o sargento Buddy Dresner. Um cara legal e uma companhia agradável. O mundo dos Beatles tinha uma característica que me encantava: quando passávamos um tempo com alguém, invariavelmente nos tornávamos amigos.

Voamos a Nova York e, em seguida, voltamos a nossos lares no Reino Unido. Fazer aquele interlúdio em Miami, longe dos olhares do mundo, pareceu uma pausa breve e muito necessária. Todos nós tínhamos vinte e poucos anos e éramos muito autoconscientes para pensar em nós mesmos como artistas. Éramos só quatro caras se divertindo e fazendo o que amávamos, que era tocar música. Mas, olhando para trás, posso ver que éramos artistas por natureza. Reagíamos aos fatos e ao mundo ao nosso redor e compúnhamos canções sobre eles. Expressávamos o que nós, quatro jovens, sentíamos sobre a vida em geral e as nossas vidas. Contamos as nossas histórias com nossos instrumentos. Acho que usei minha câmera com essa mesma e total liberdade. No voo para casa, eu estava empolgado para revelar as fotos. Mas, claro, foi só pousarmos que o mundo inteiro nos arrebatou e quis algo de nós. Ficamos felizes em atender. Pacientemente, as fotos ficaram lá esperando, quase esquecidas, e demorou um pouco para enfim conseguir mostrá-las. Valeu a pena esperar, eu acho.

Antes de irmos aos EUA, a ideia era ficar rico e se aposentar. Mas depois que alcançamos sucesso, fomos capazes de entrar no estúdio e experimentar à vontade, sem que ninguém em nossa gravadora reclamasse. O sucesso nos deu plena liberdade.

232

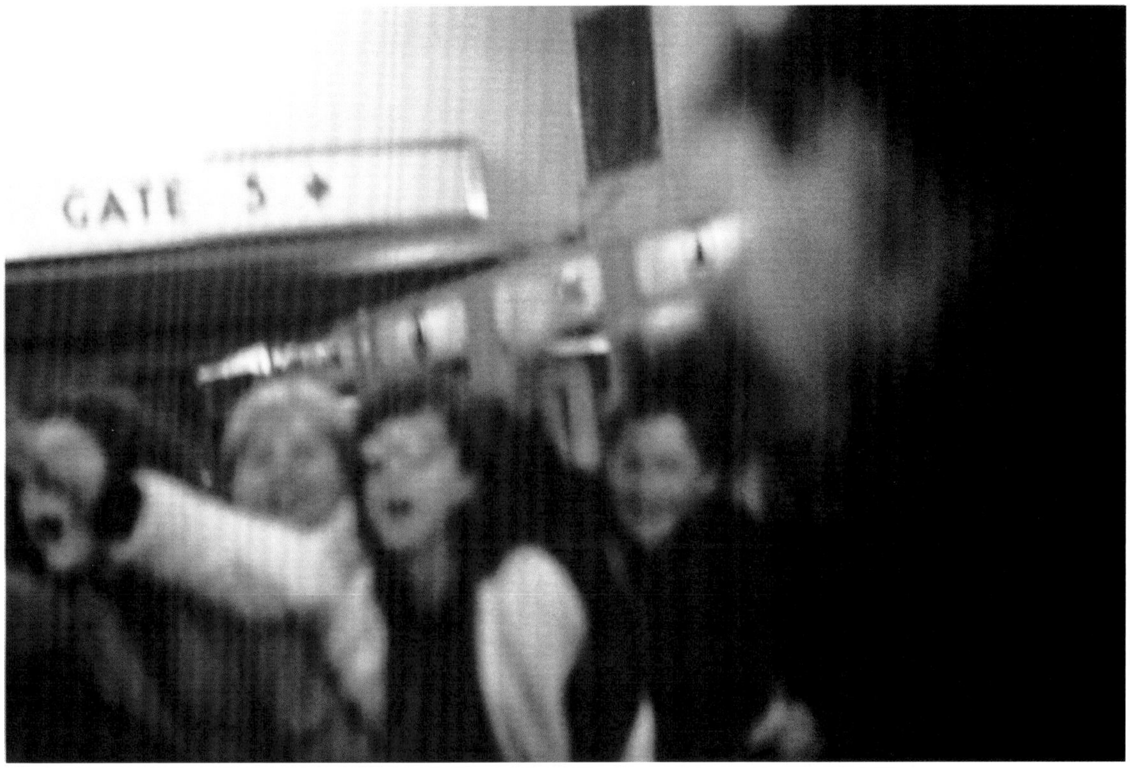
GATE 5

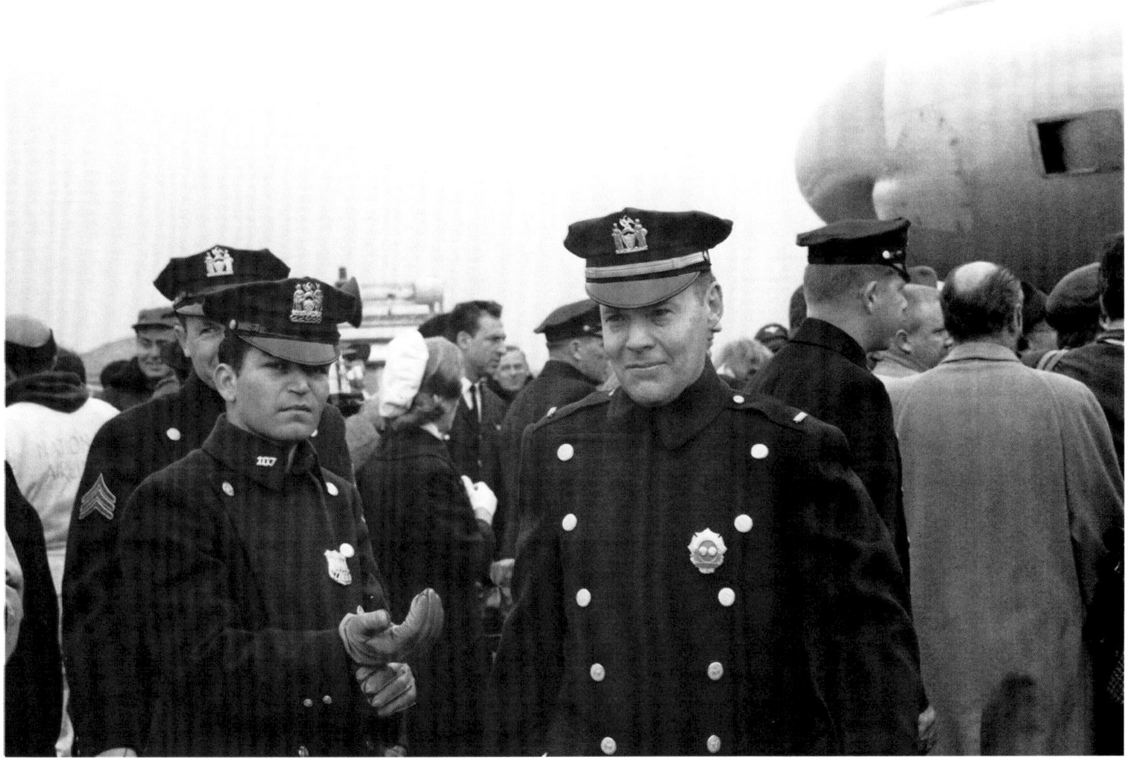

234 Este fotógrafo da imprensa parece ter se deliciado ao ver que o feitiço virou contra o feiticeiro.

Deixando Nova York rumo ao sol.

Sempre curti o instante em que o avião sobe por cima das nuvens e a vastidão celeste se descortina.

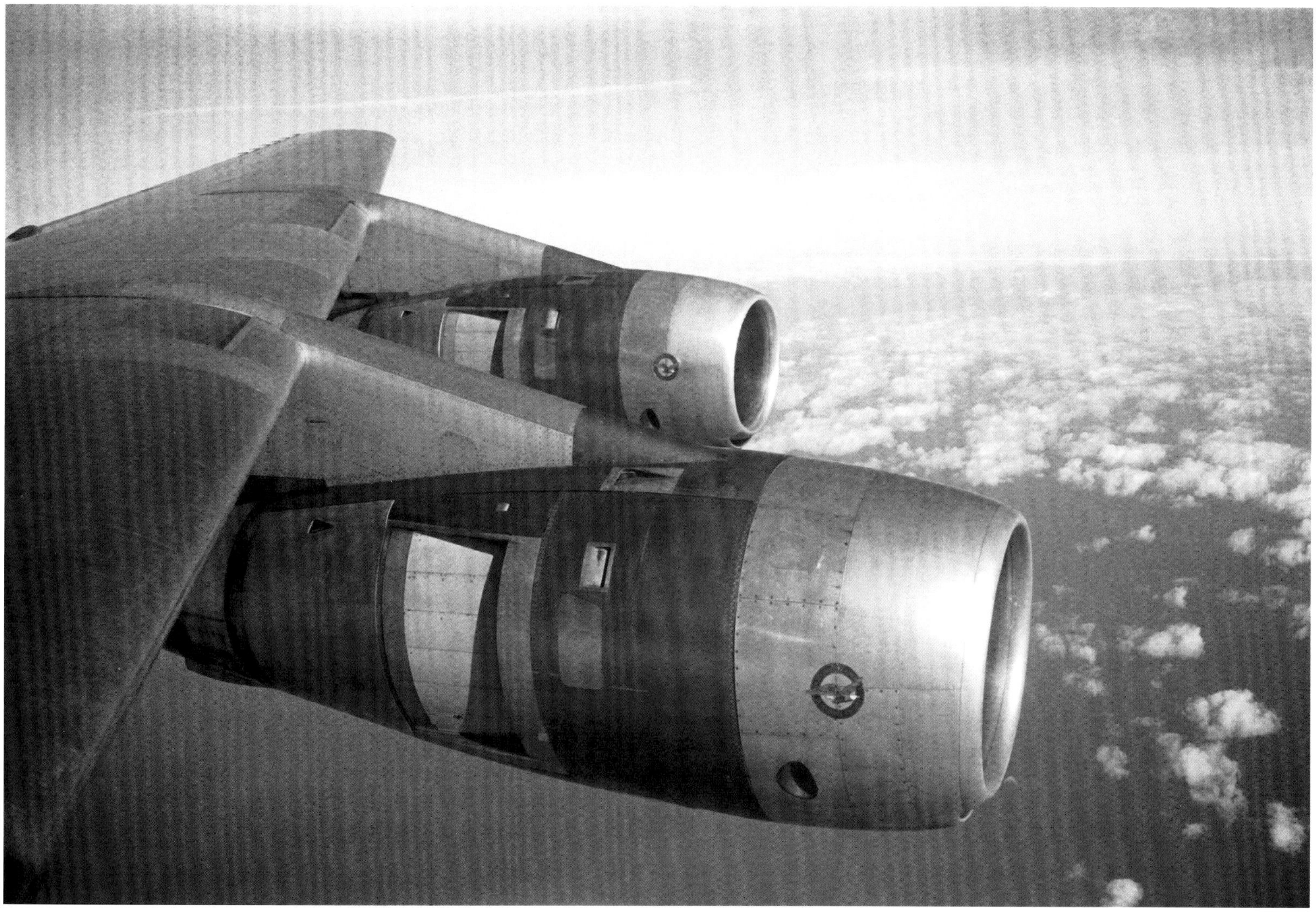

Após a nossa viagem aos EUA, Ringo cunhou a frase "Tomorrow never knows".
Tão real hoje quanto naquela época.

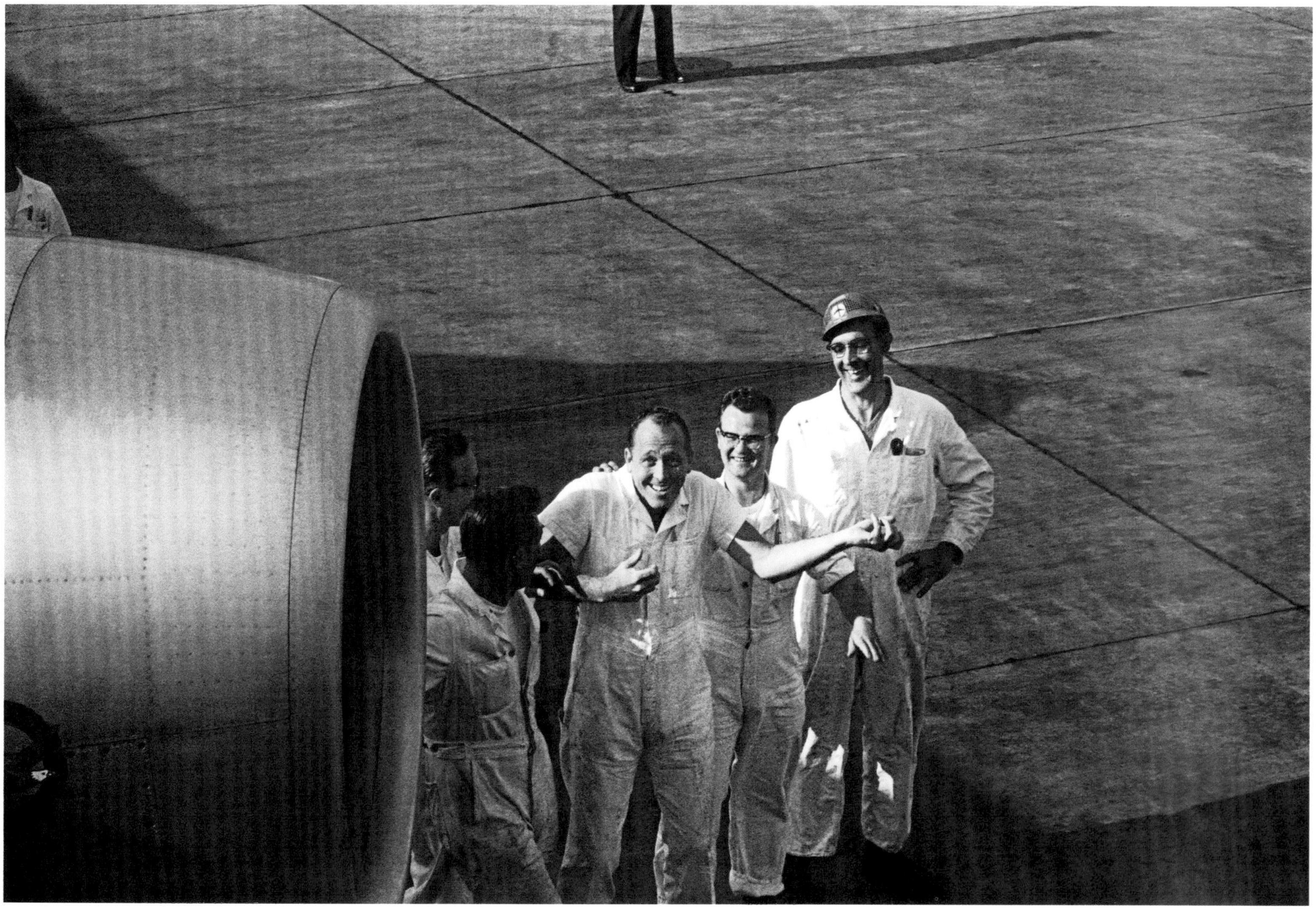

240 Fabuloso comitê de boas-vindas.

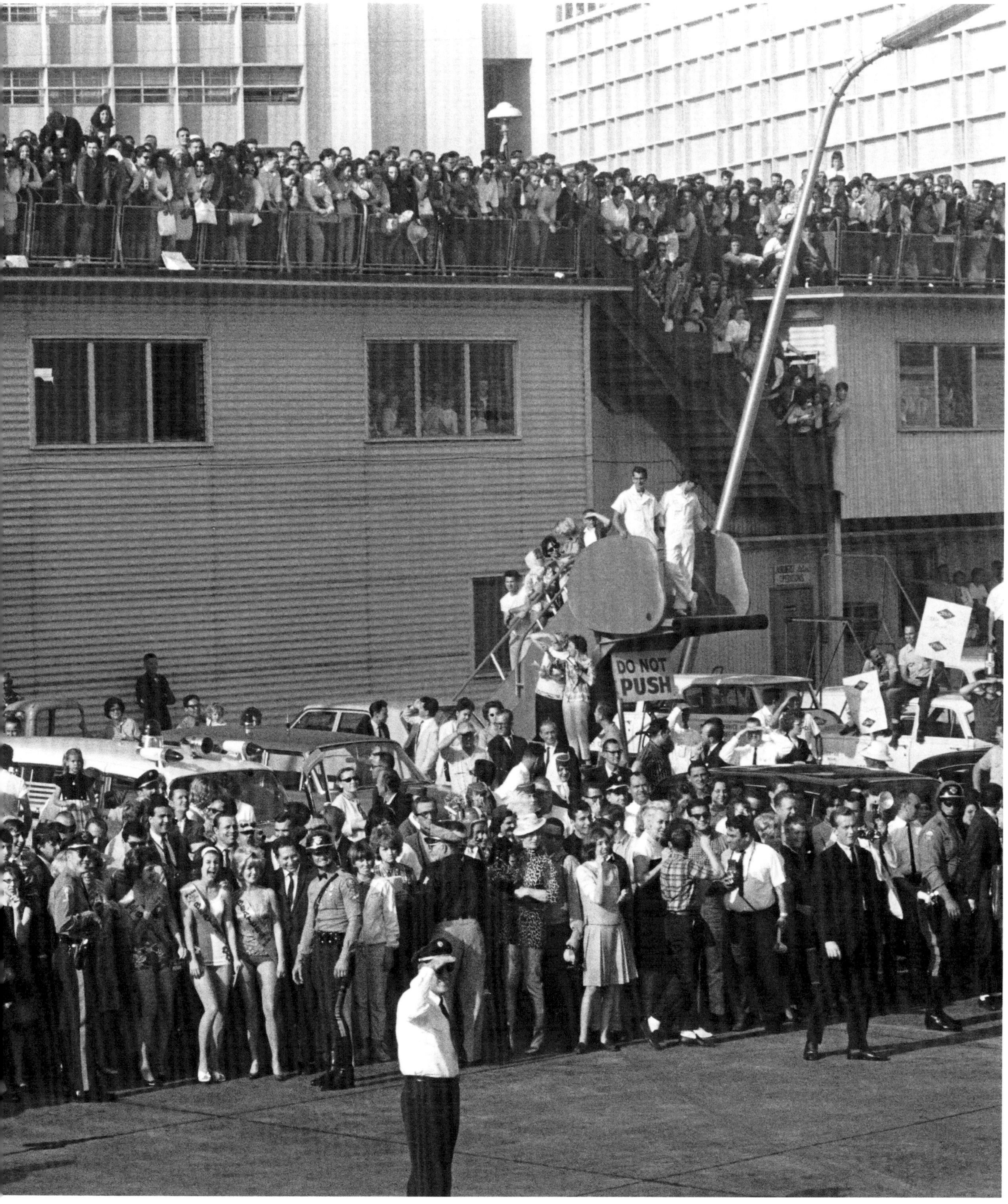
DO NOT
PUSH

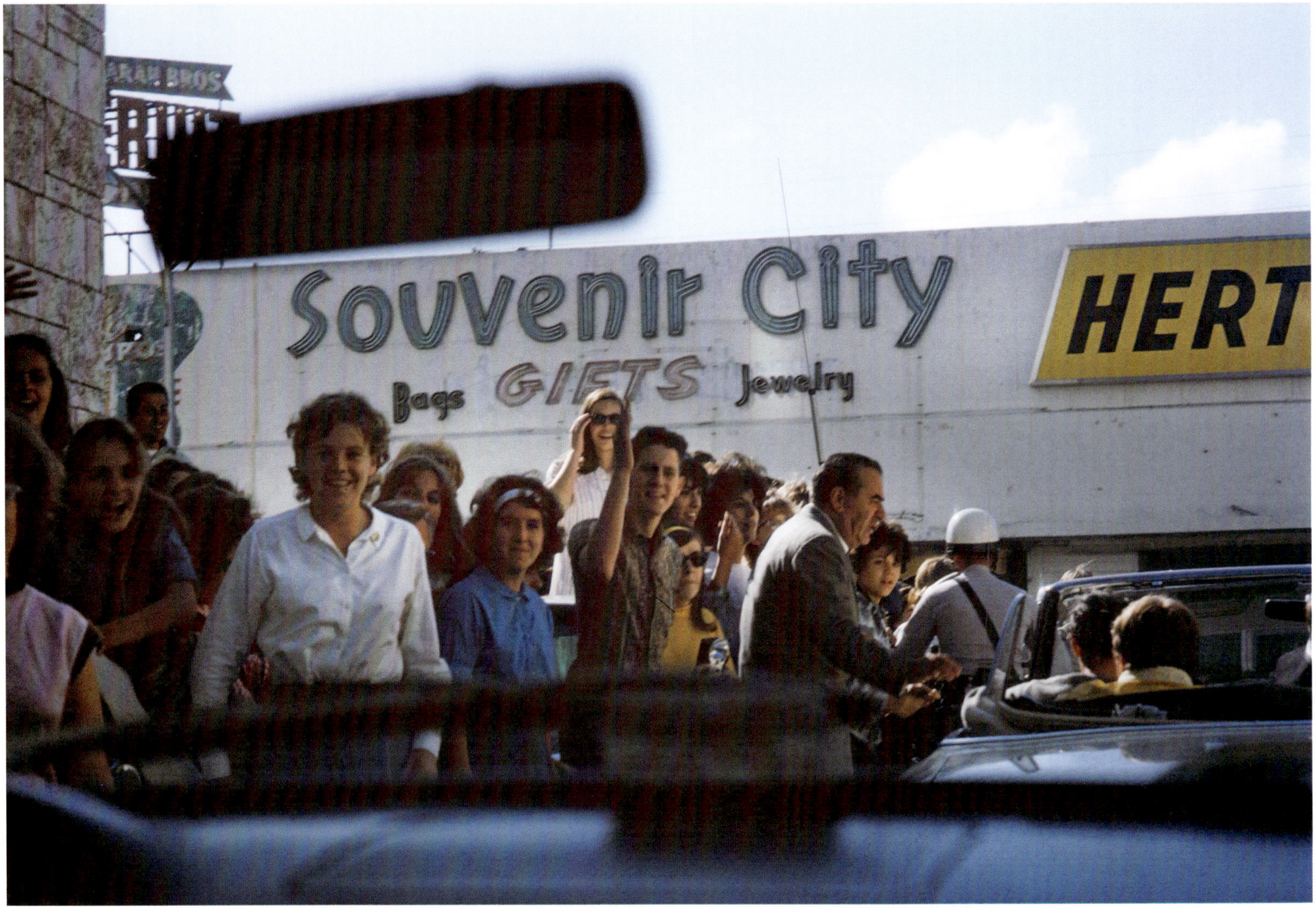
Souvenir City
Bags GIFTS Jewelry
HERT

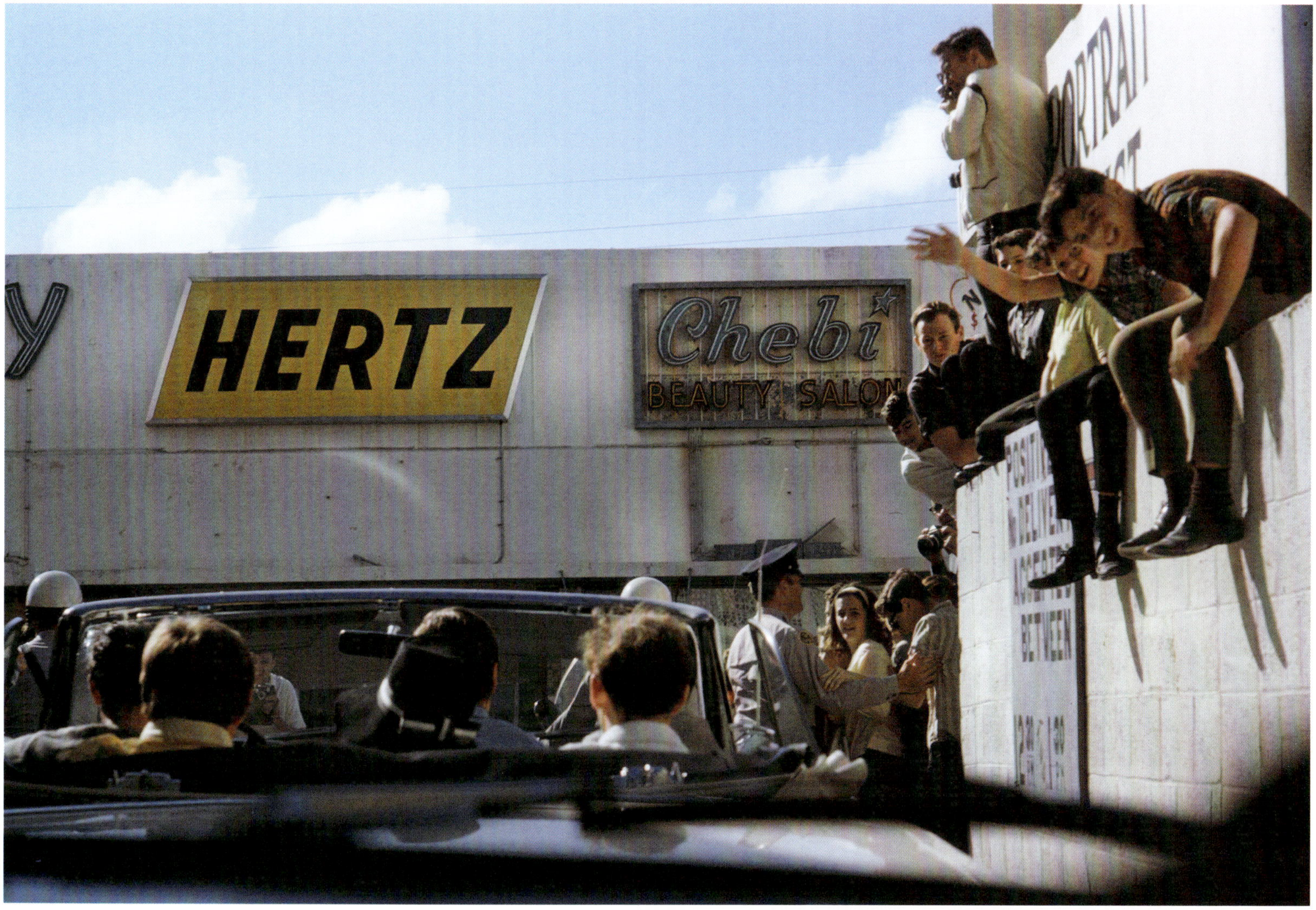
HERTZ
Chebi
BEAUTY SALON
BETWEEN

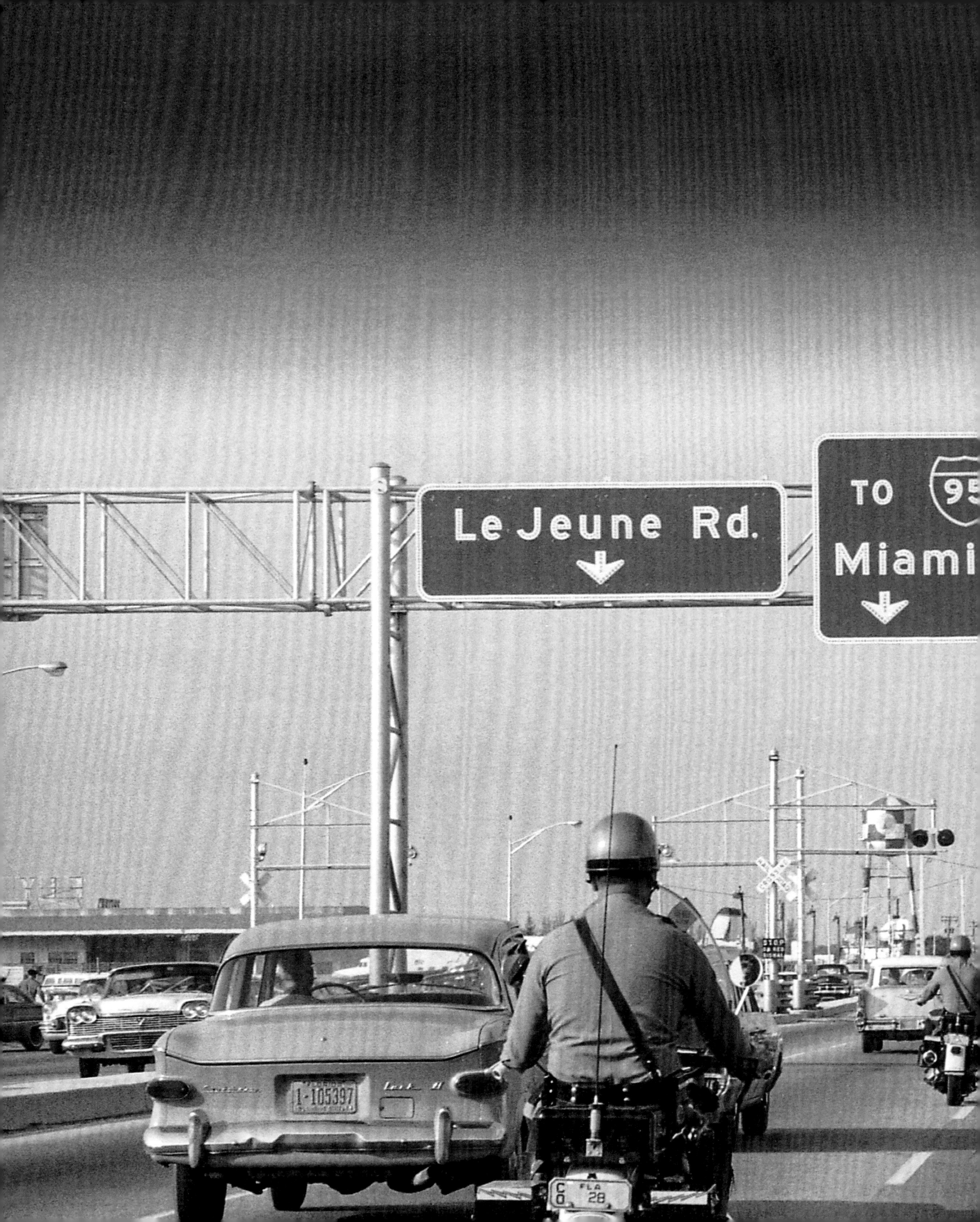

Le Jeune Rd.
TO
Miami

195
South River
Drive
NEW CAR
SALES
annual
LEASES
INDUSTRIES
INDIANAPOLIS
SPEED
45
LIMIT
NO
PARKING
THIS
BLOCK
SIGNAL

Este policial armado encostou ao nosso lado, a primeira vez que eu tinha visto algo assim.

Na ponte da Julia Tuttle Causeway.

TAXI
Miller
HIGH LIFE
Enjoy Life with
Miller Hig
1,000
NEW
Post Free
SEATS
MIAMI
JAI-A
PHONE
1/3 MILE
FLORIDA

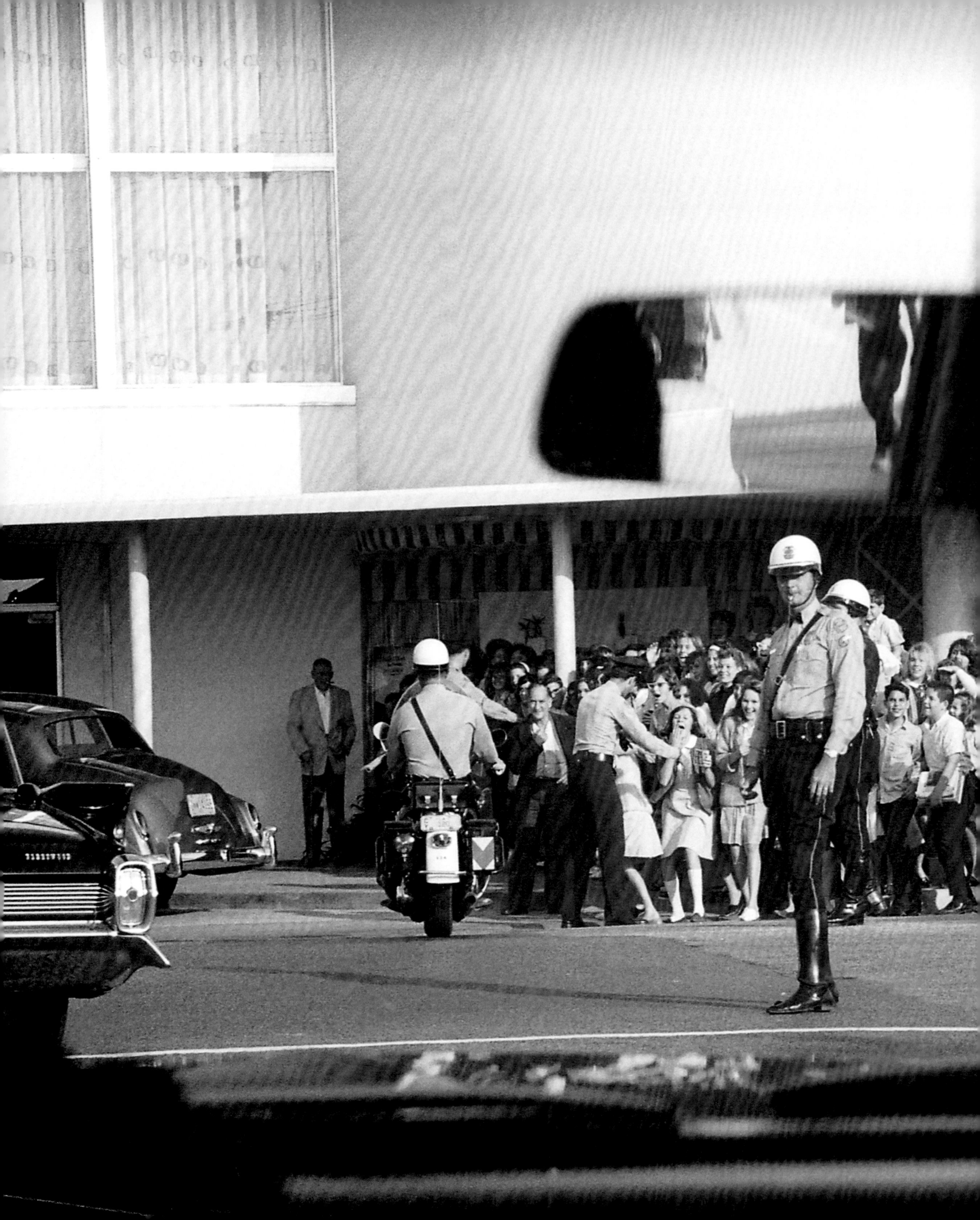

BARBER SHOP
in lower lobby

Página anterior: Chegando ao Hotel Deauville.

Página oposta: Praticamente ouço o grito desta menina.

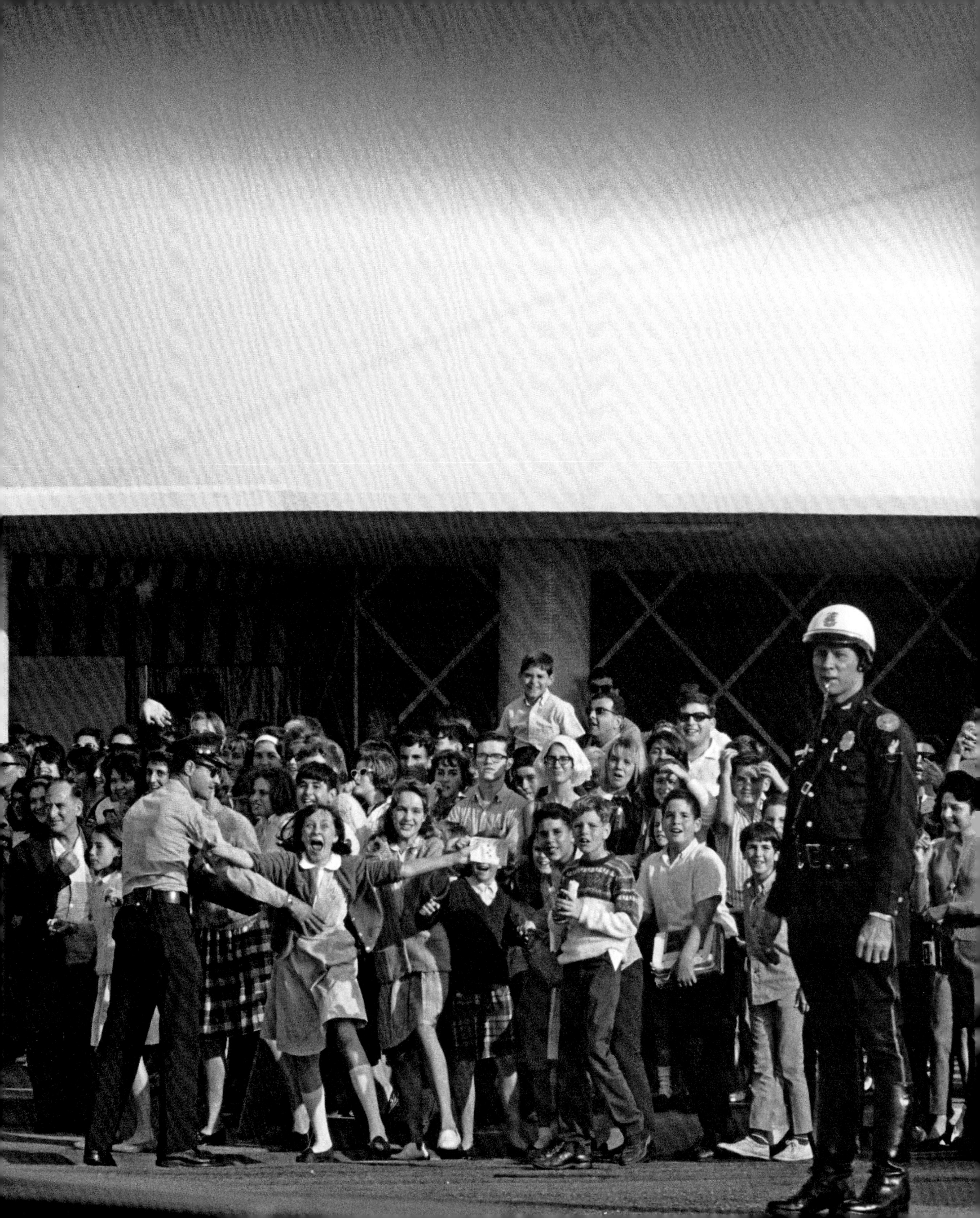

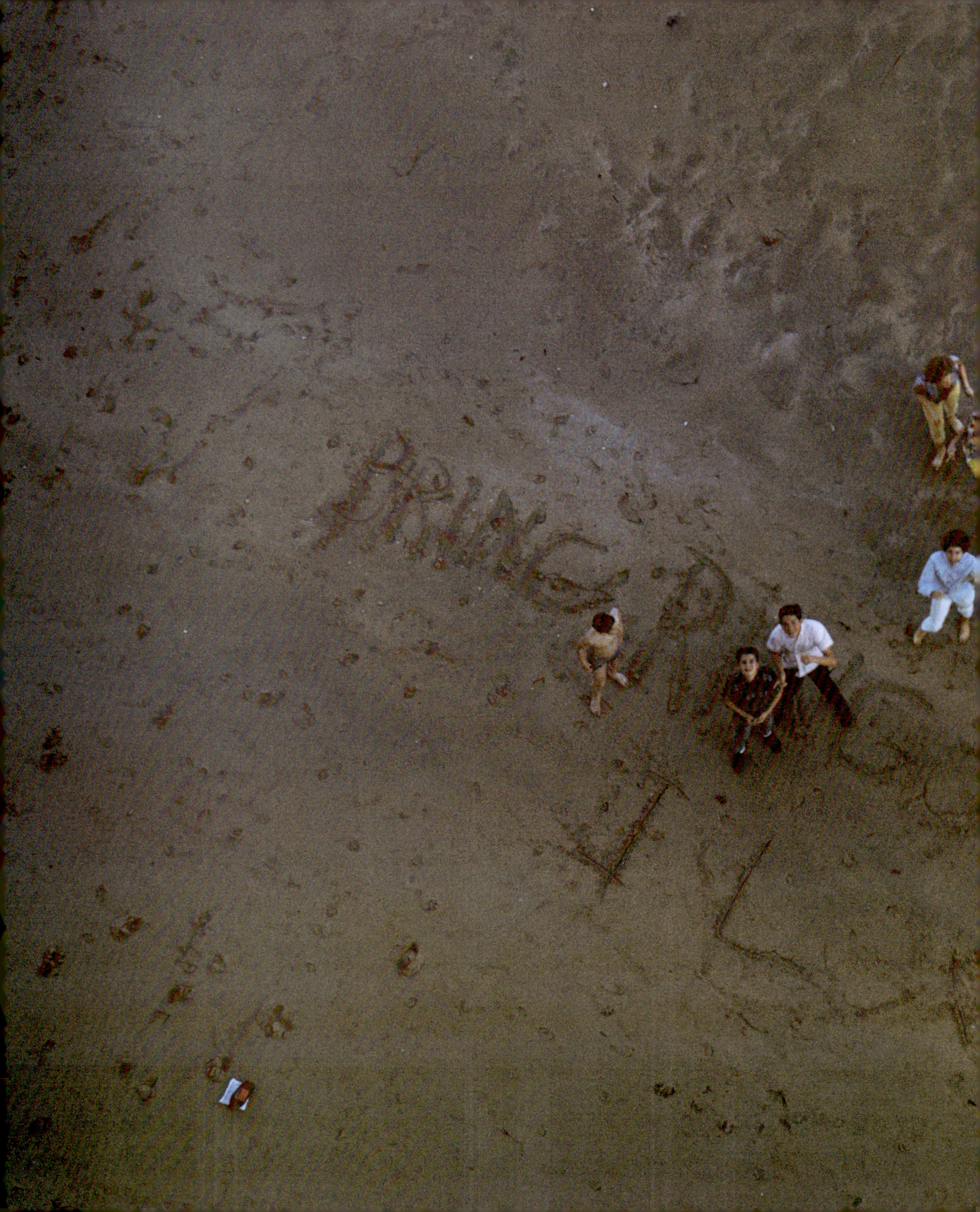
BRING

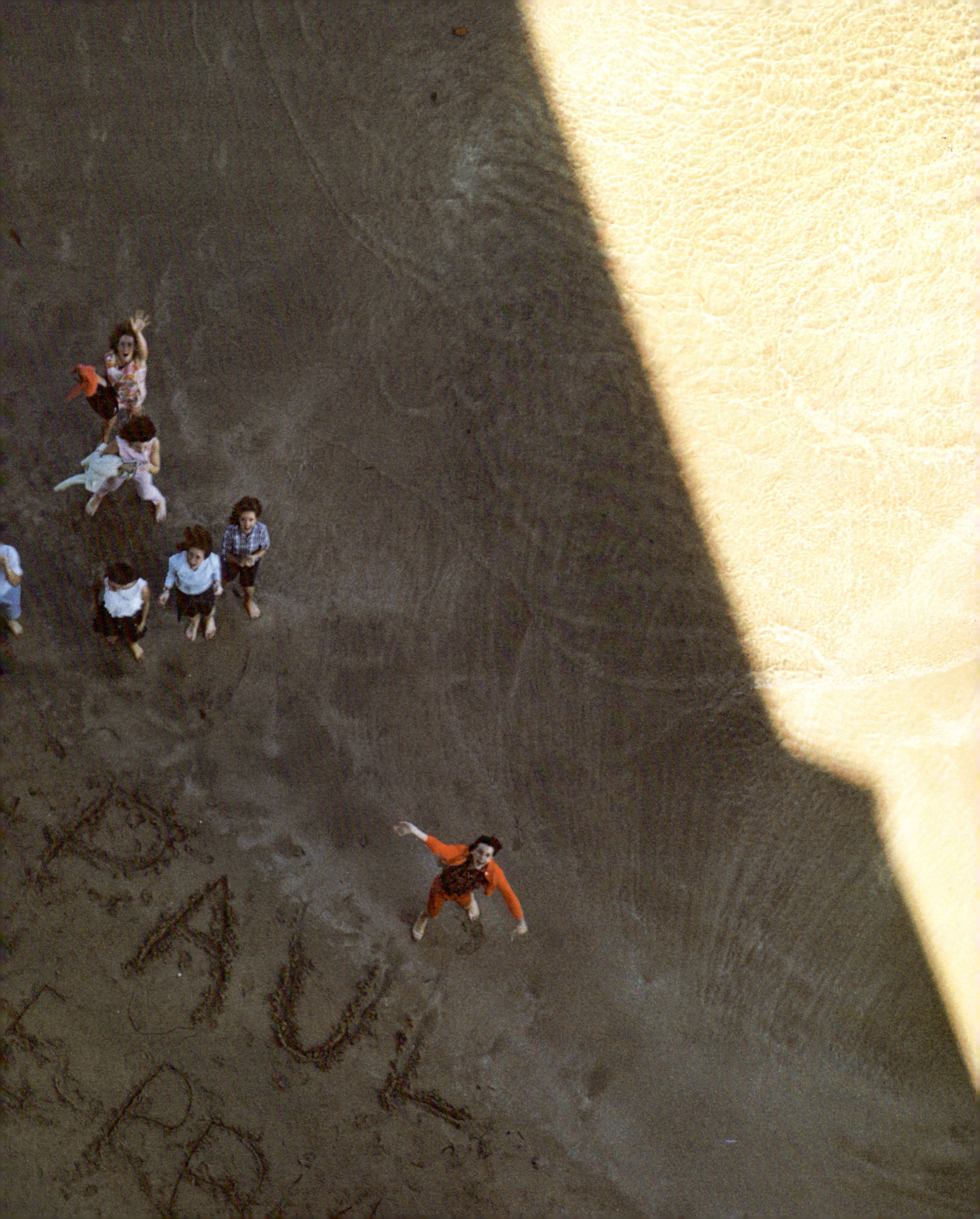

Ondas (e acenos) da janela.

Tiradas em uma sessão de fotos.

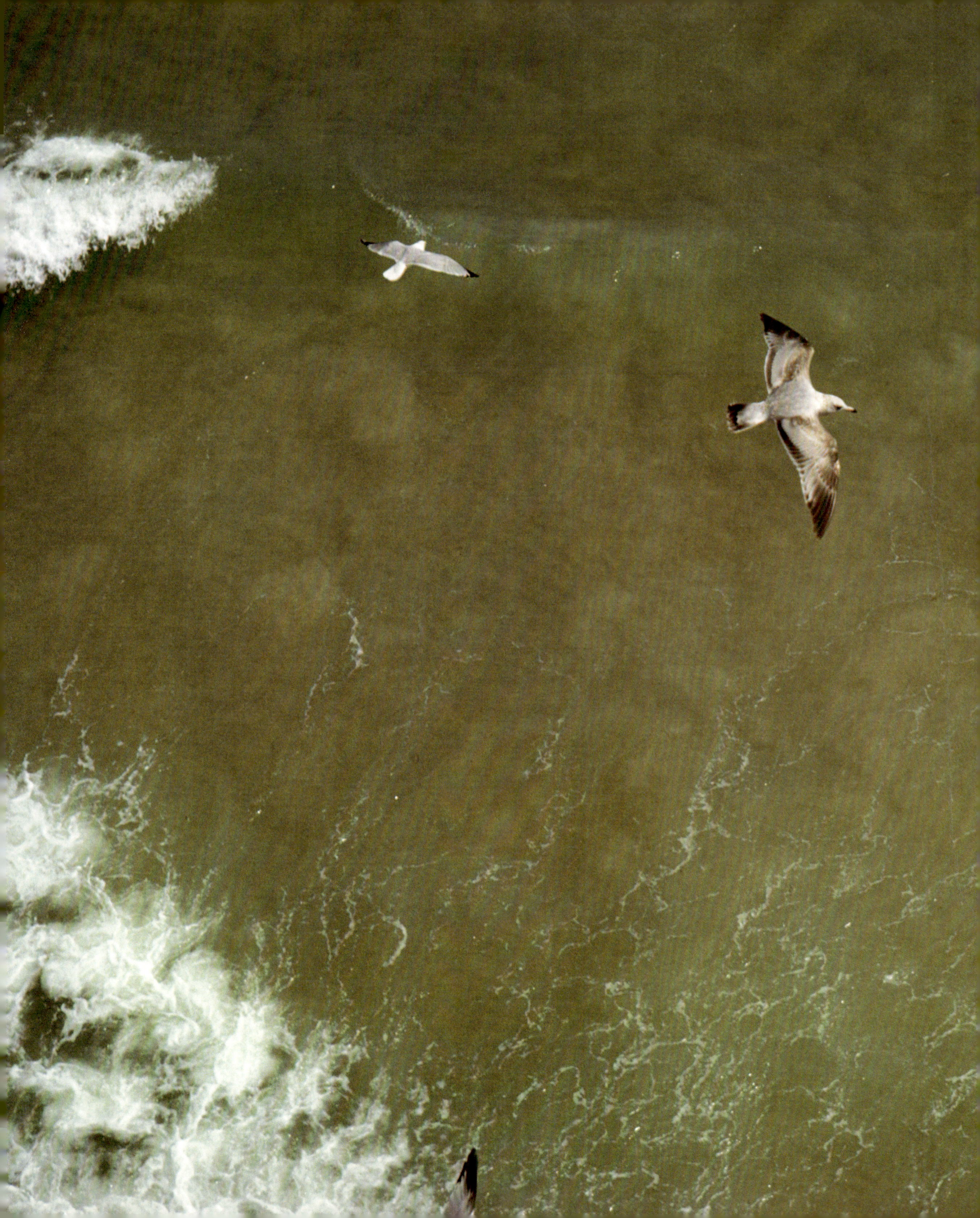

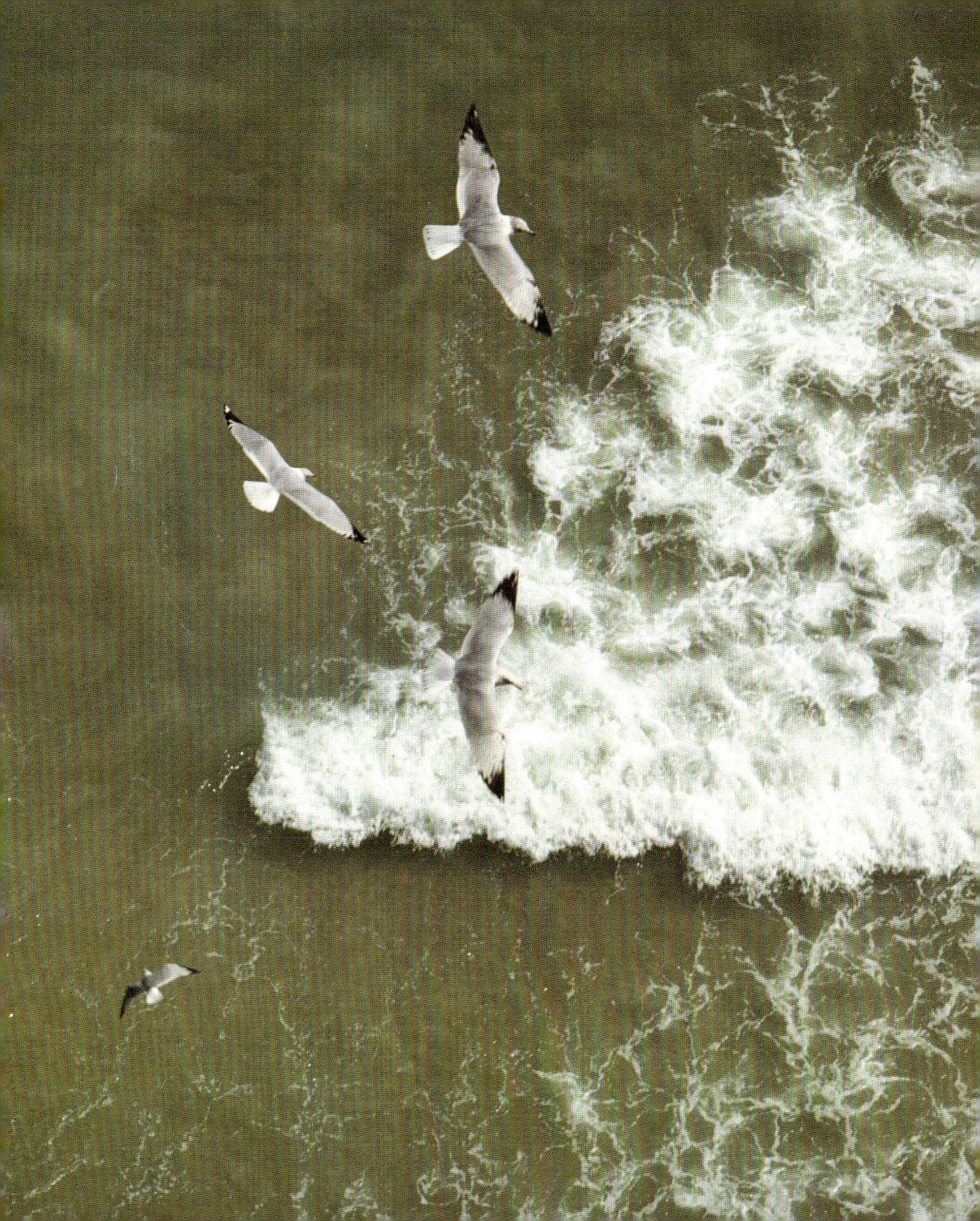

Ensaiando para a nossa segunda apresentação ao vivo no *The Ed Sullivan Show*.

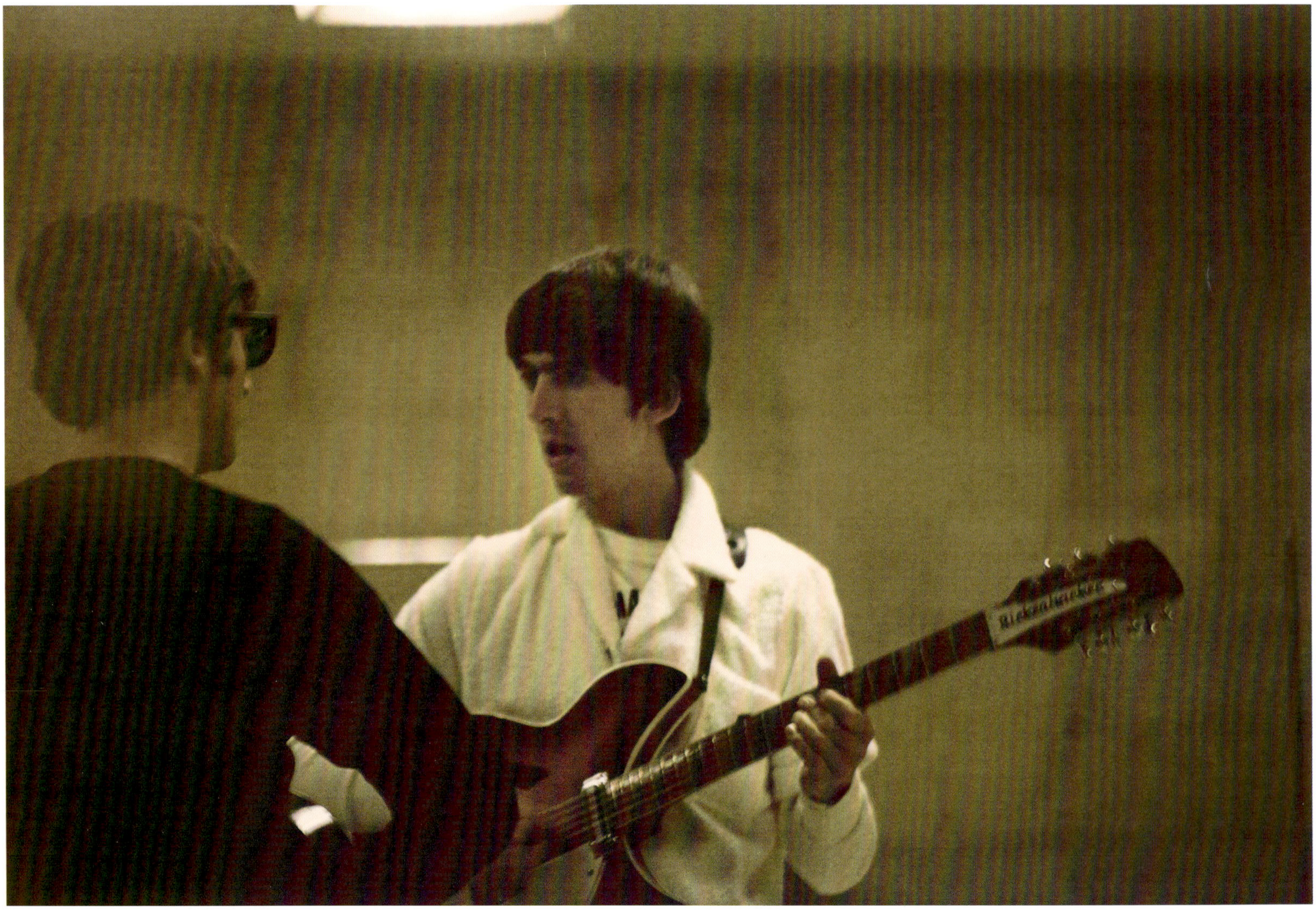

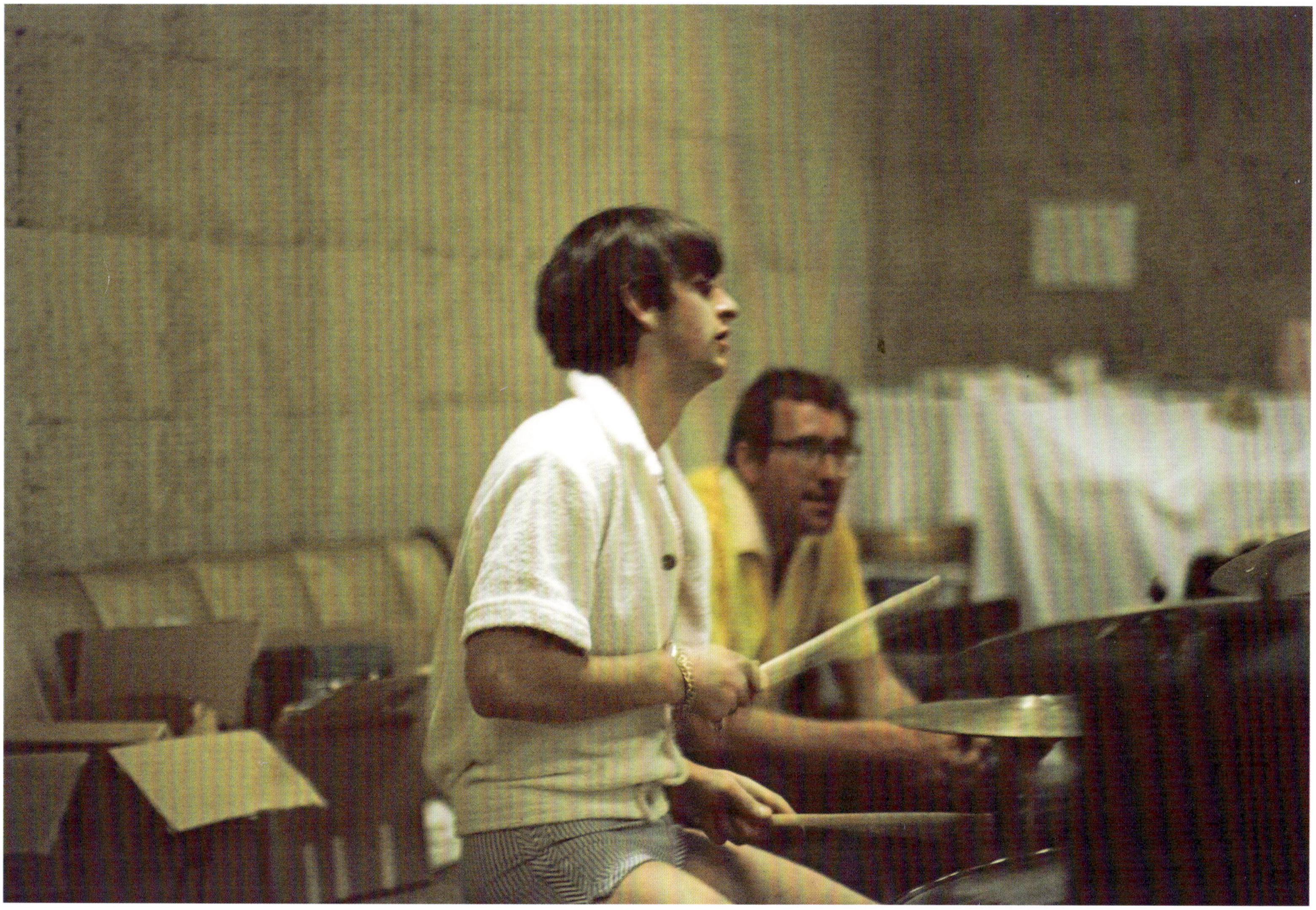

Neil e Ringo curtindo um dia de folga.

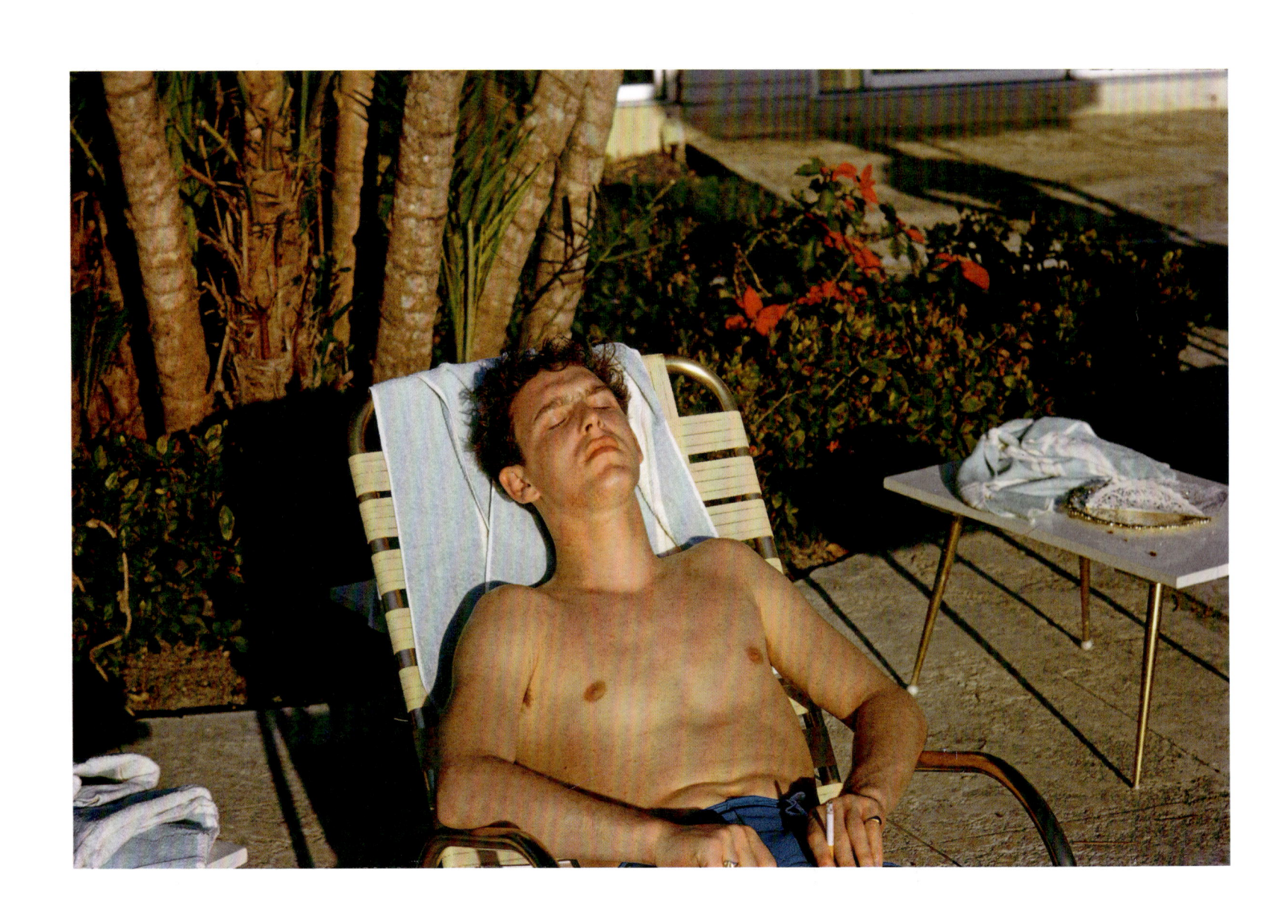

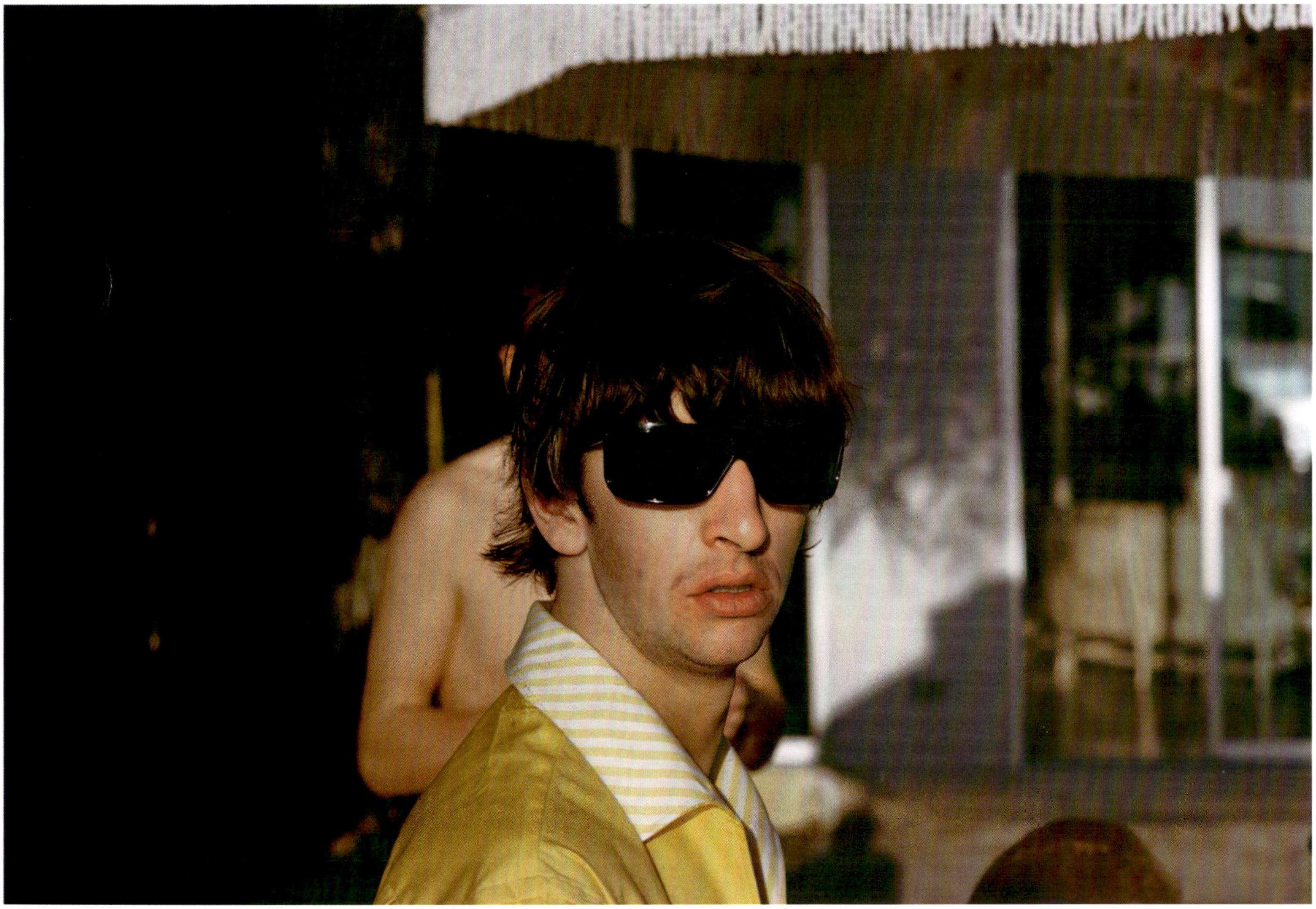

Mal aproveitava sua alta estatura para jogar basquete.

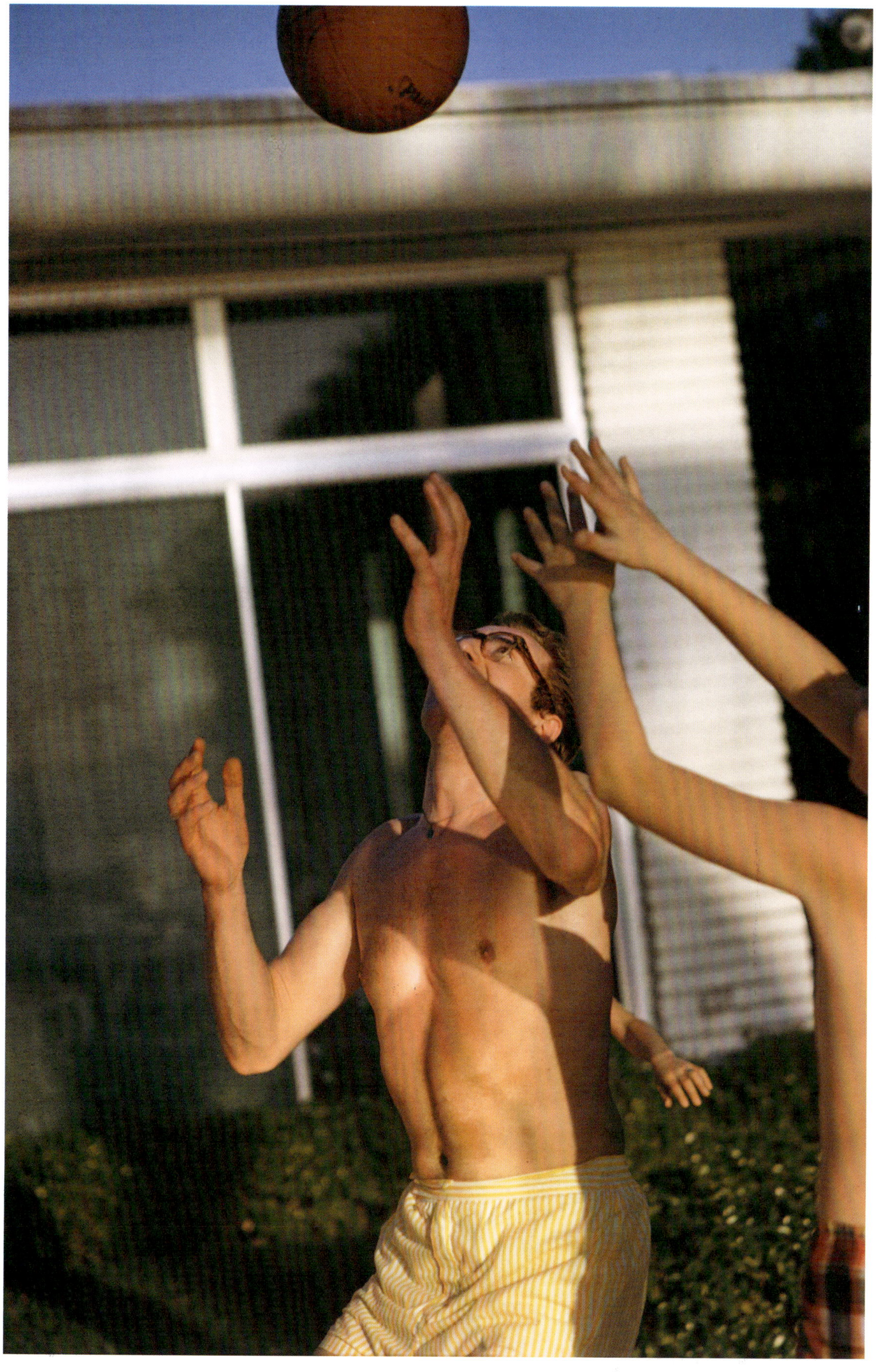

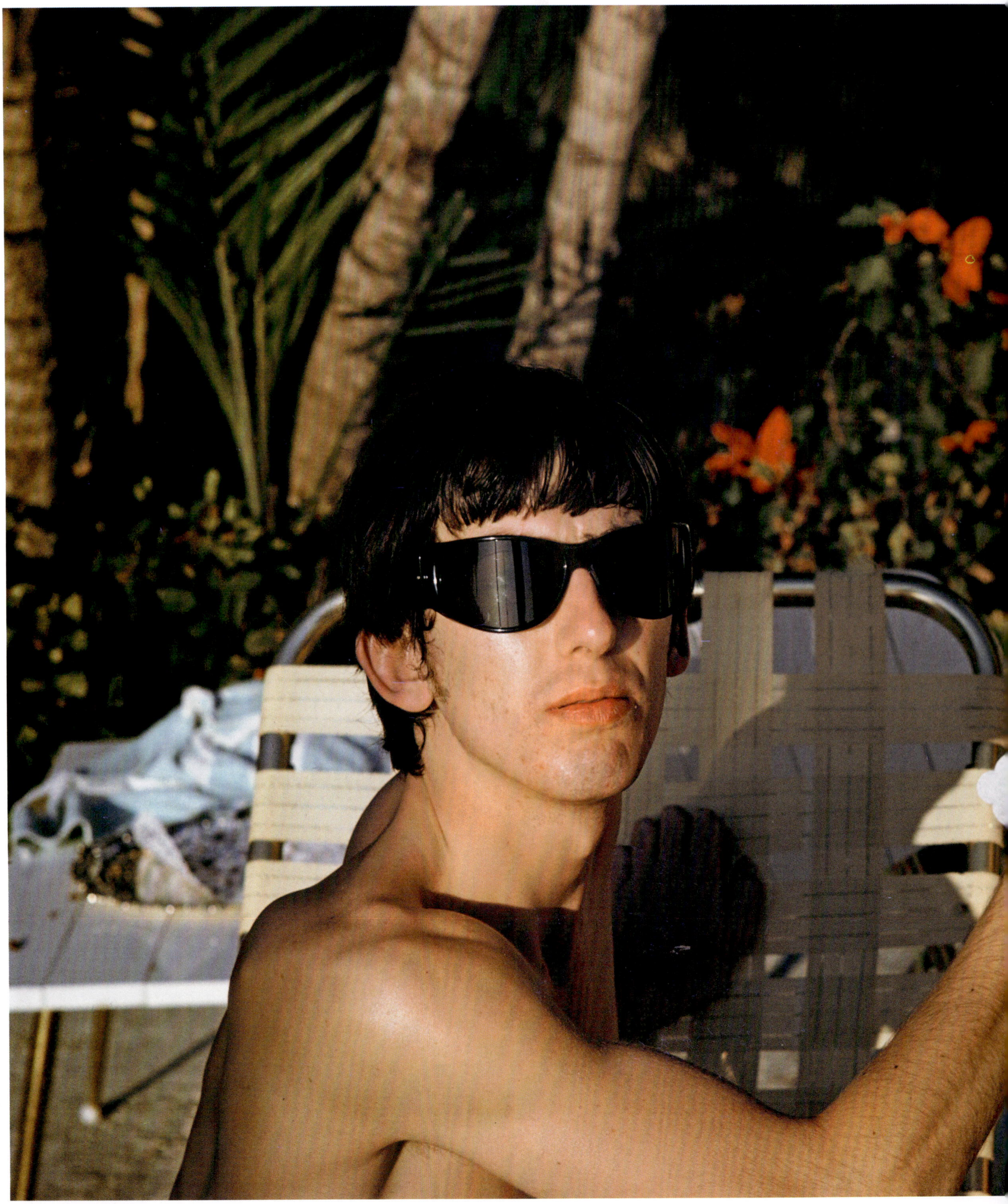

269

Página anterior: George com o semblante jovem, bonito e relaxado. Curtindo a vida.
Acima: Sargento Buddy Dresner e a segurança levada a sério.

Membros da tripulação do *Southern Trail*.

Nós quatro passávamos tanto tempo trabalhando juntos que
é bom nos ver só relaxando e nos divertindo.

273

Ringo, George, Robert Freeman; John e Cynthia.

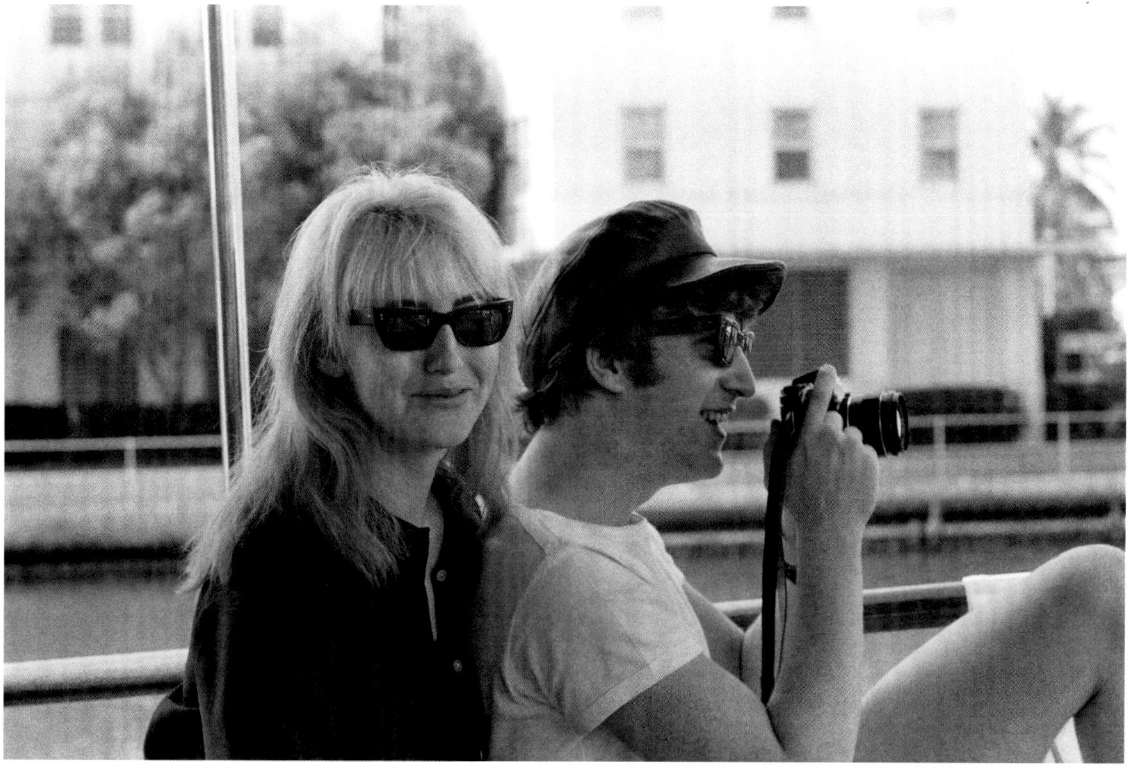

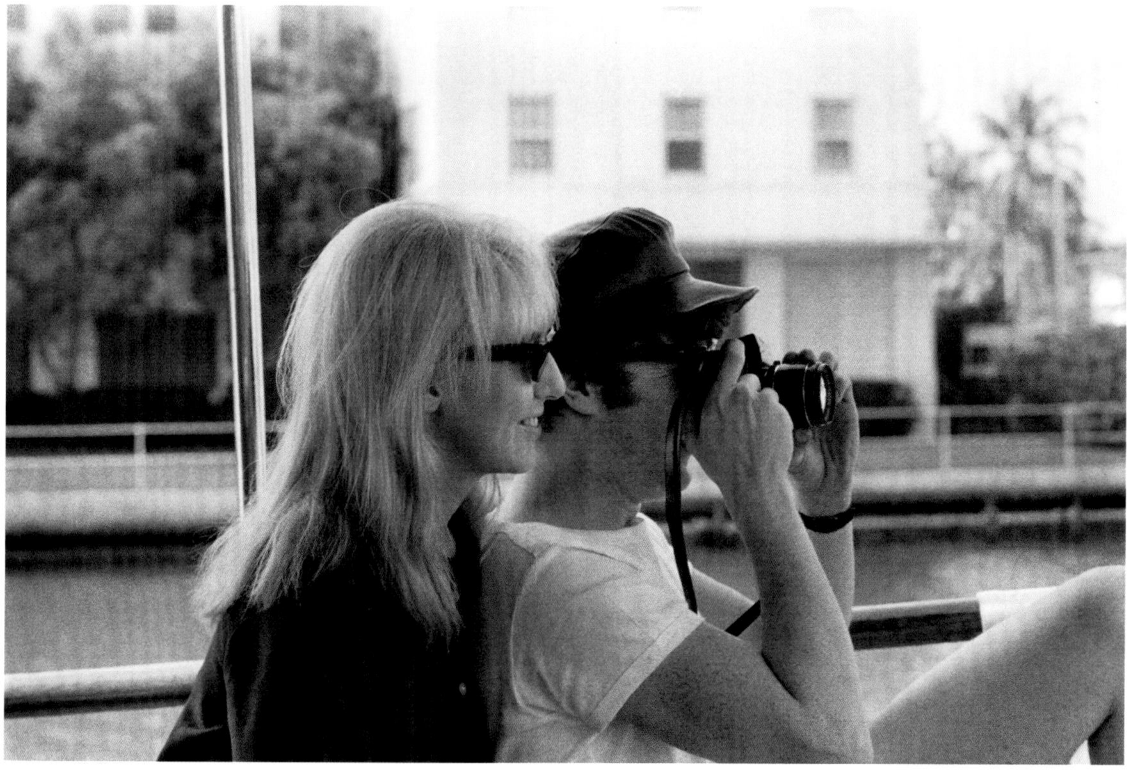

O azul-celeste de Miami contrasta com o cinza de Nova York e Washington.

Alguém alegaria ser o segundo Mister Pants?

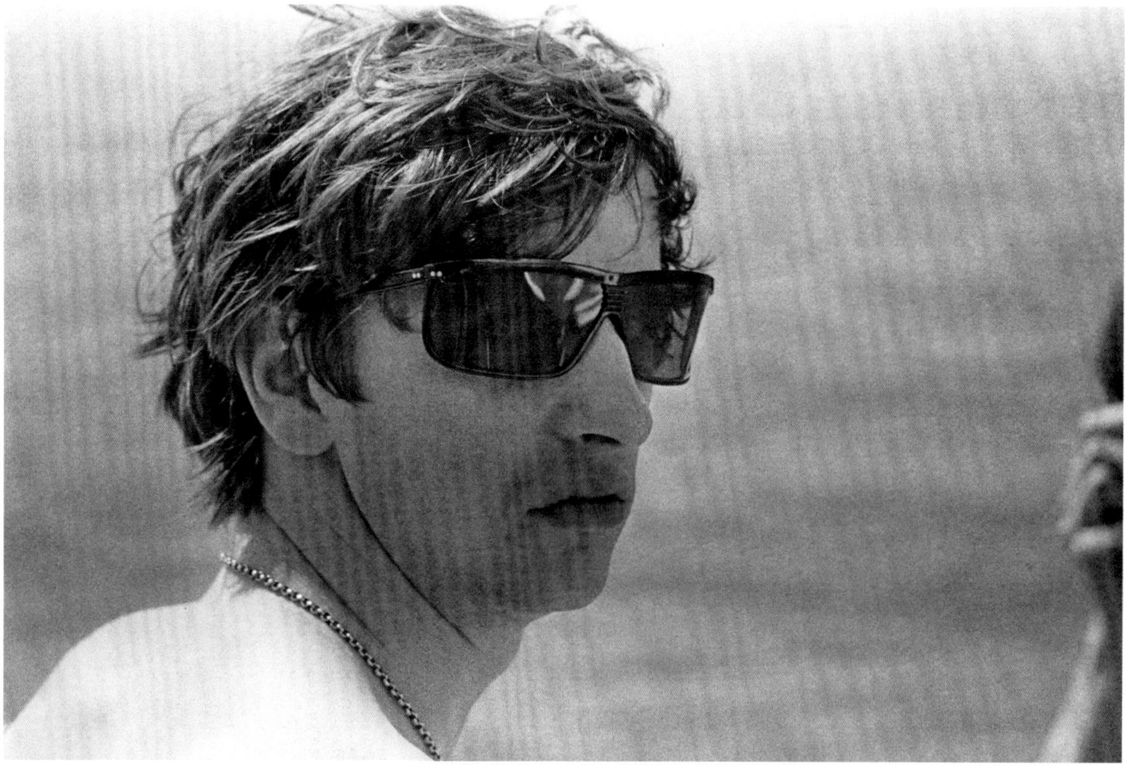

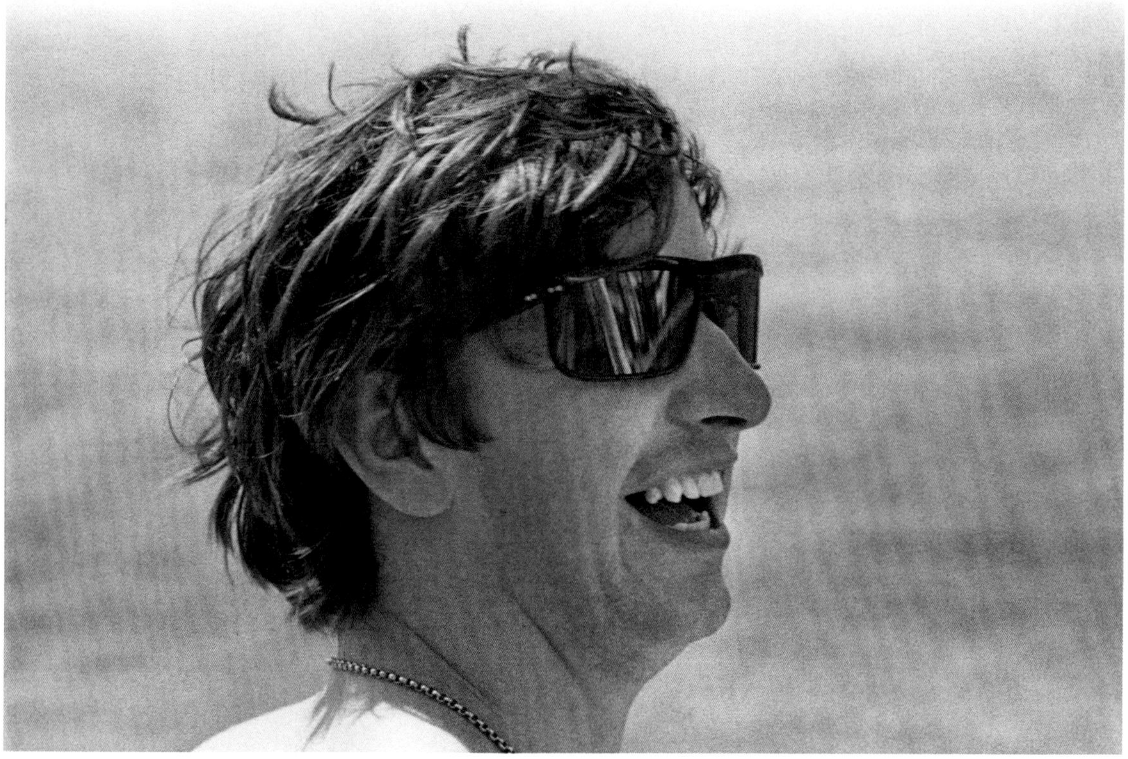

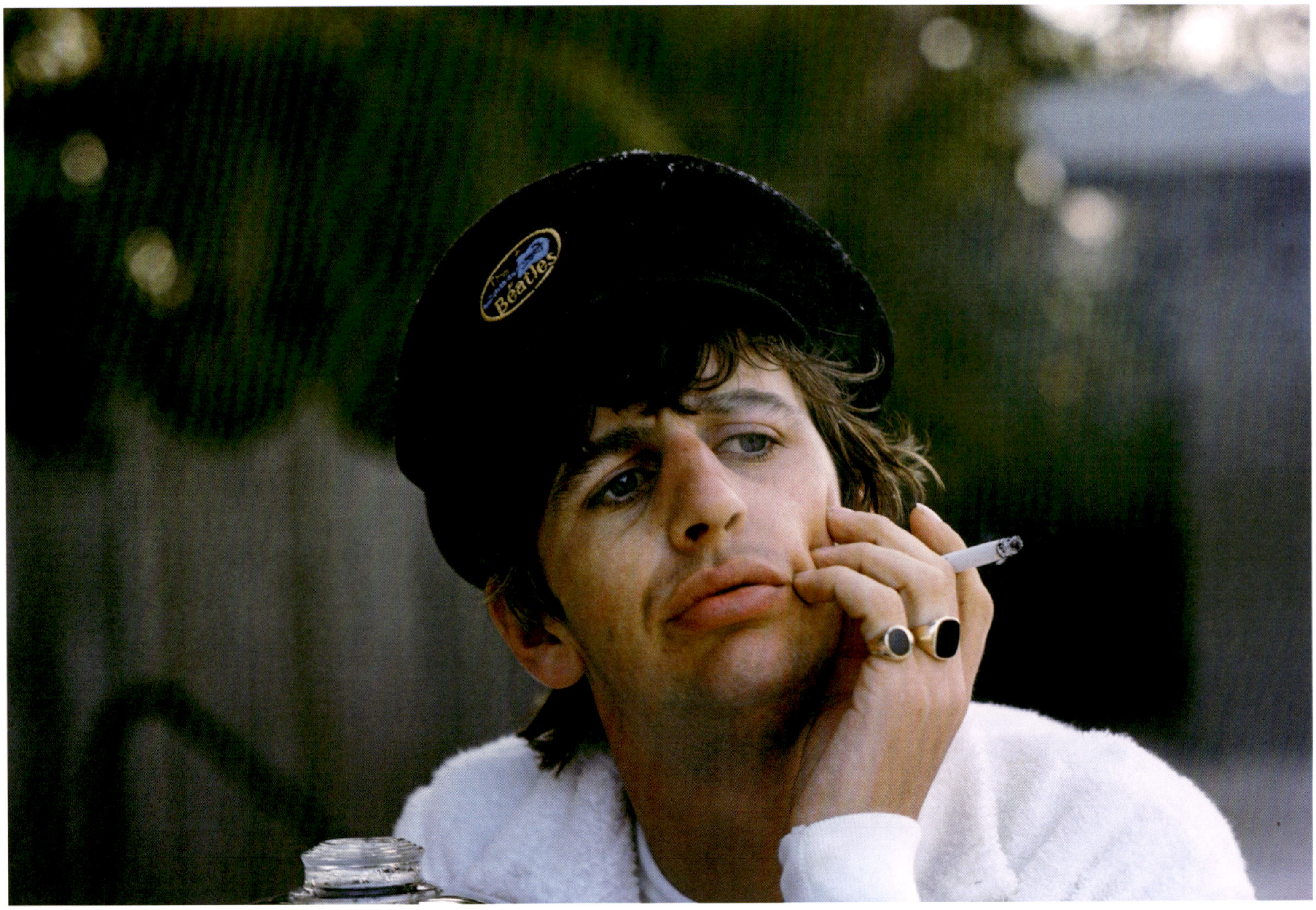
Beatles

281

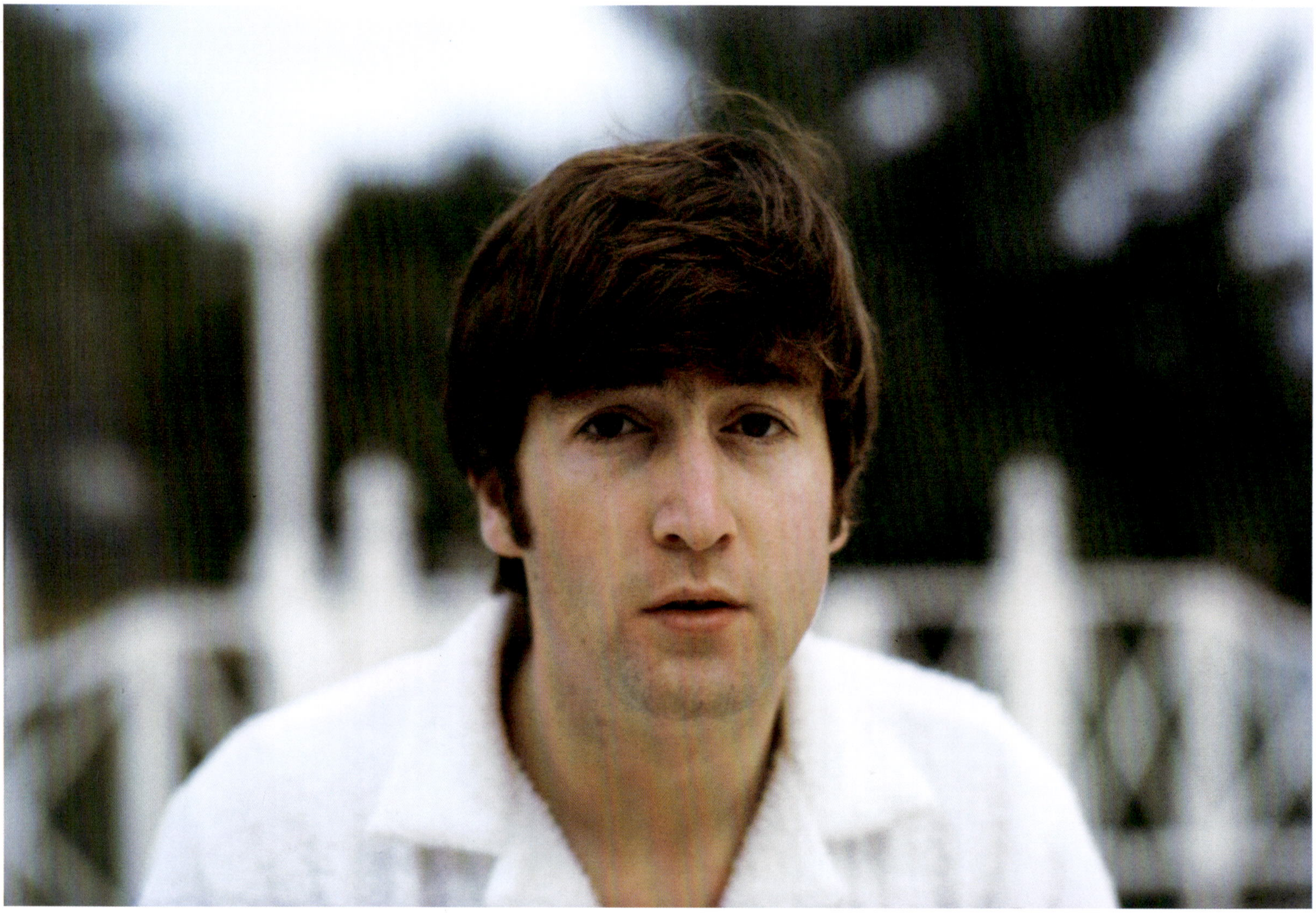

Eu amo e sinto a falta de ambos com ternura.

Impossível ignorar o luxo de termos uma piscina particular.

285

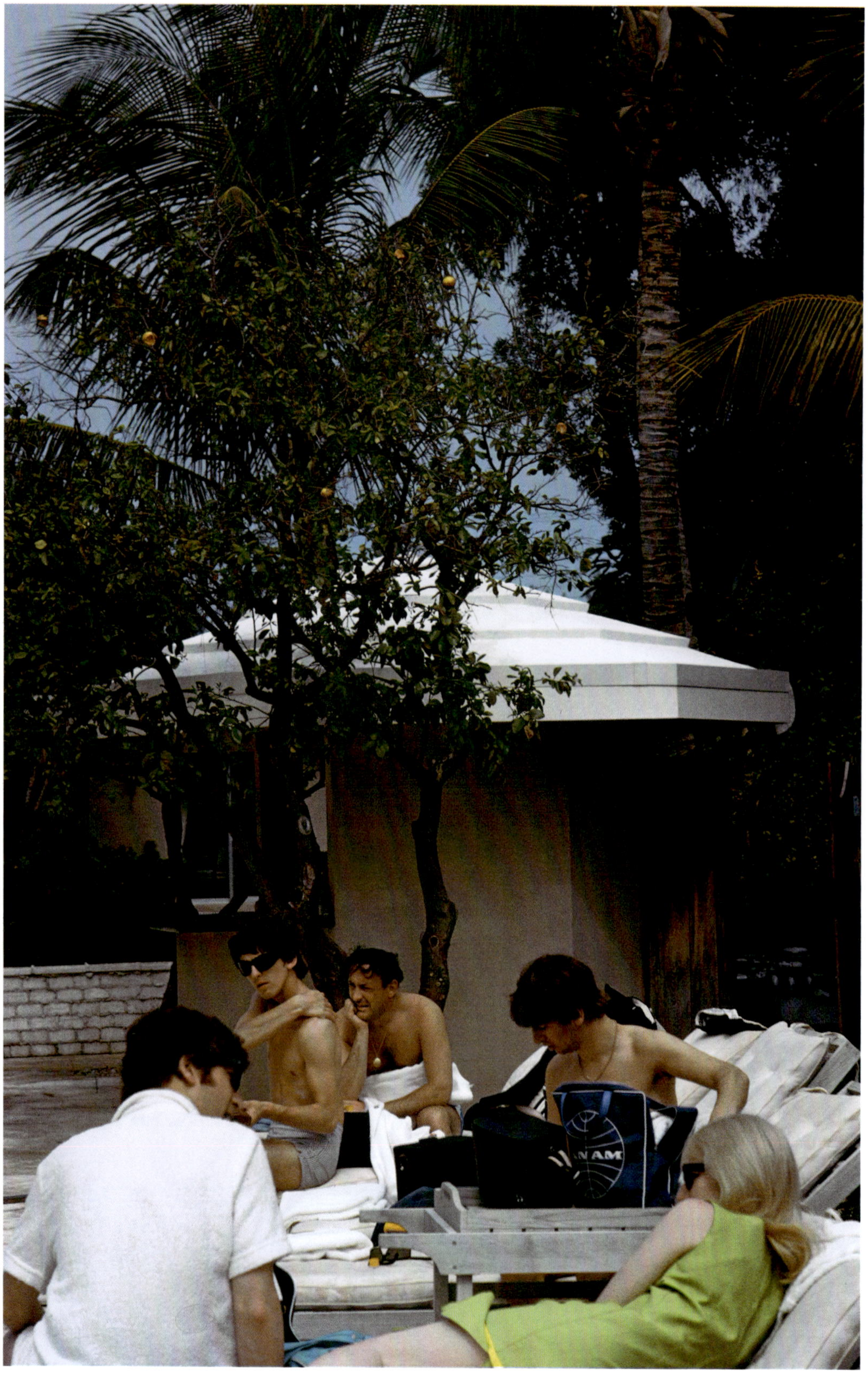
AN AM

Curtindo à beira da piscina.

George Martin e Judy Lockhart-Smith, futura sra. Judy Martin.

Murray the K admirando George e suas habilidades em aplicar o protetor solar.

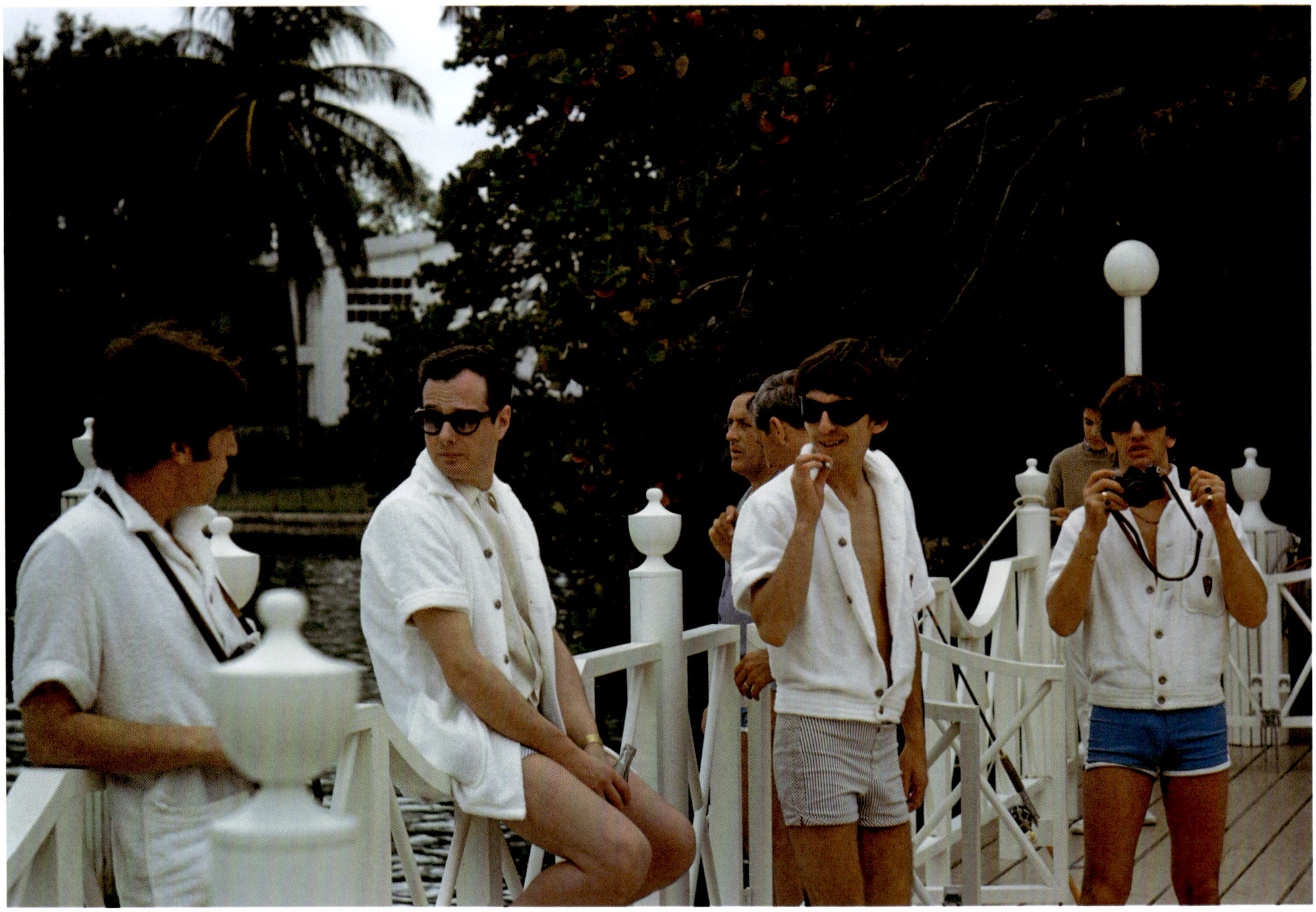

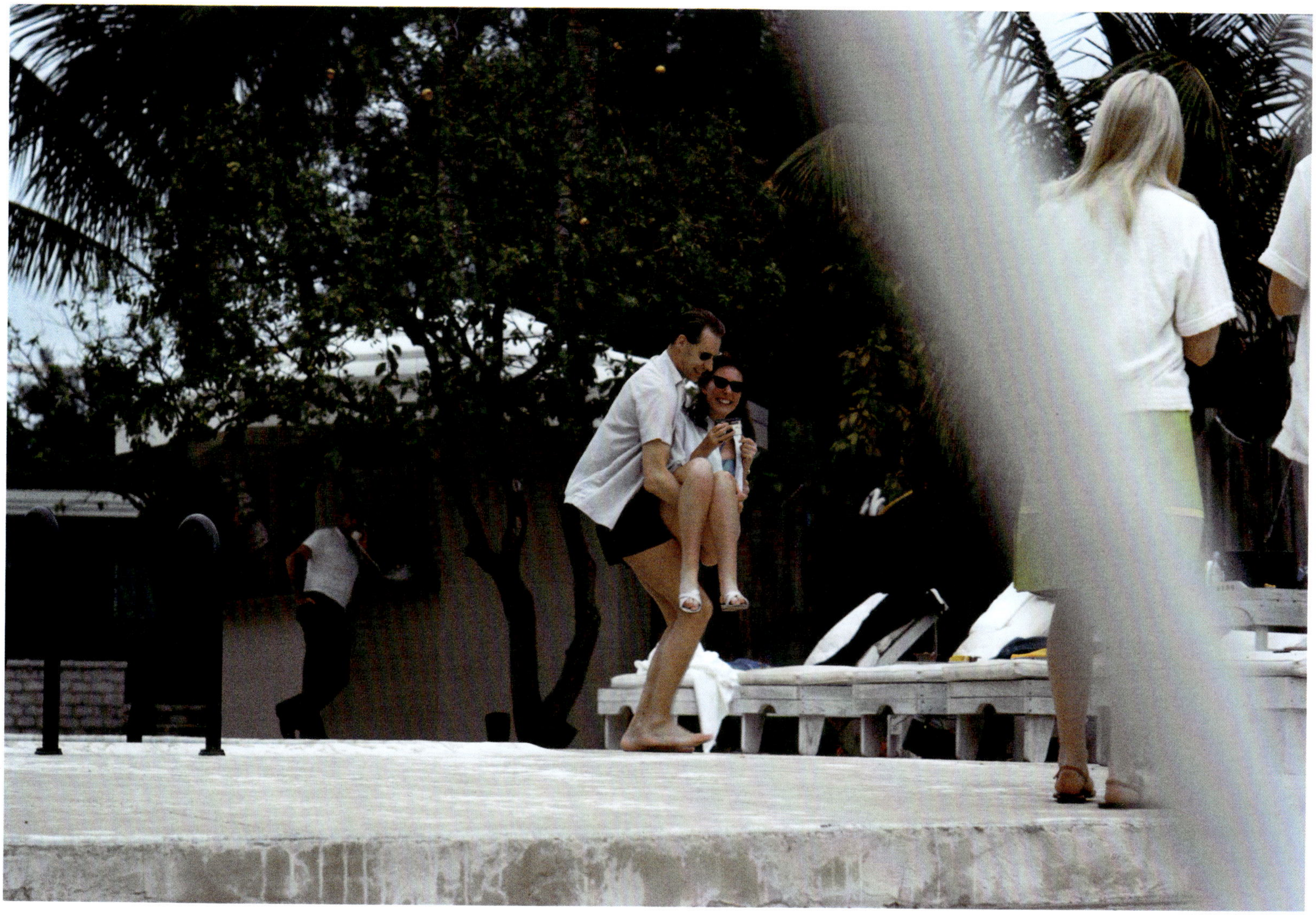

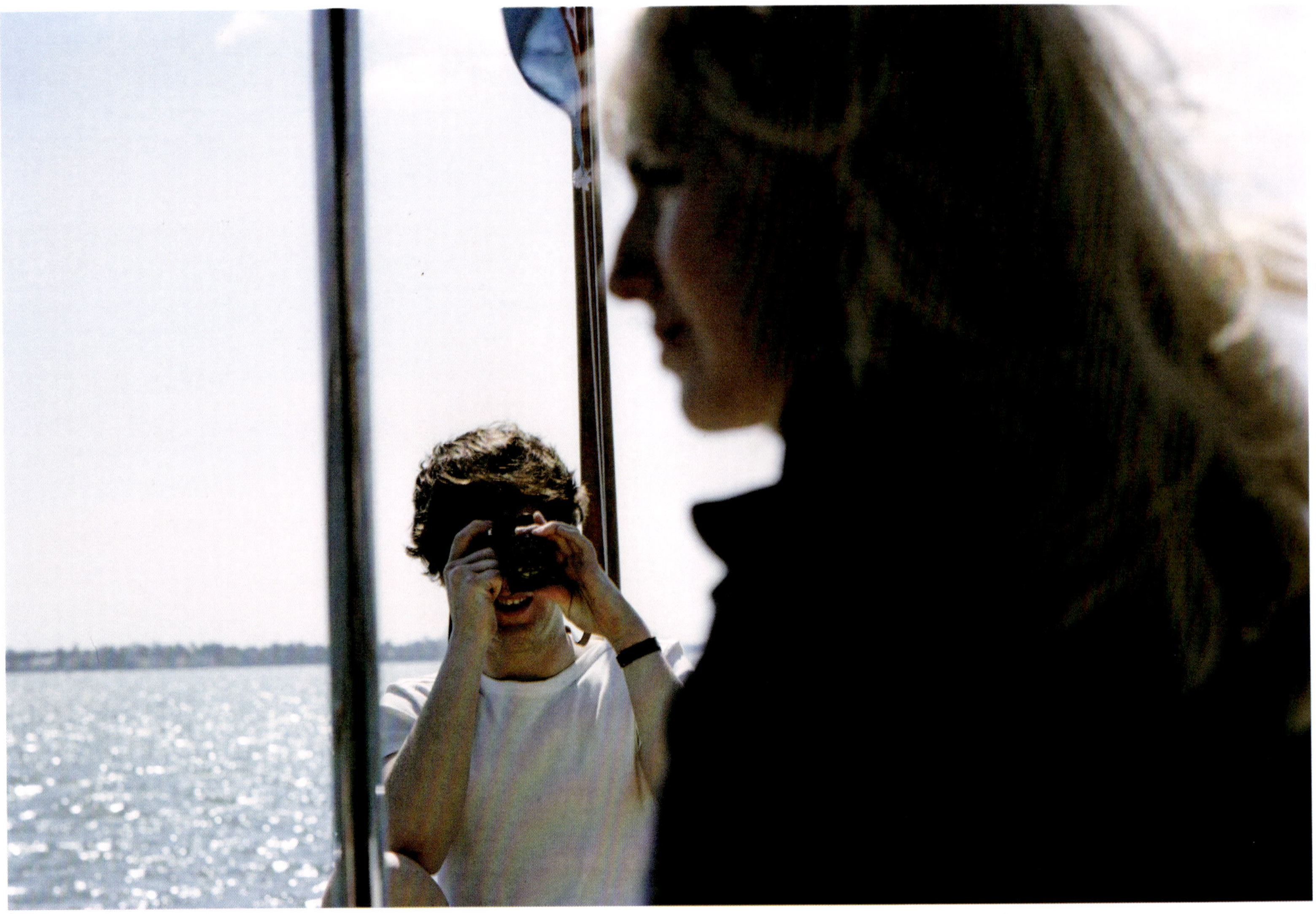

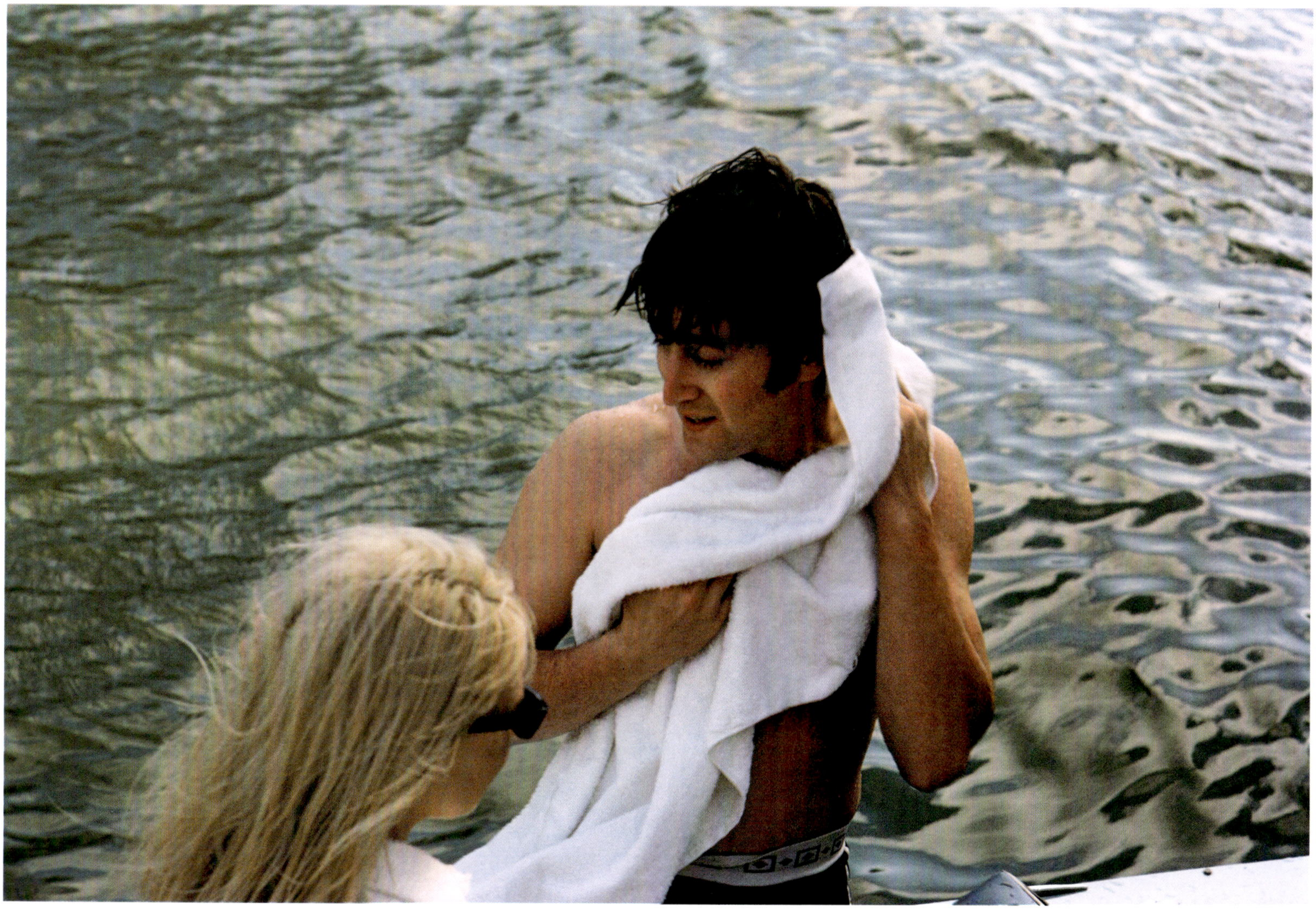

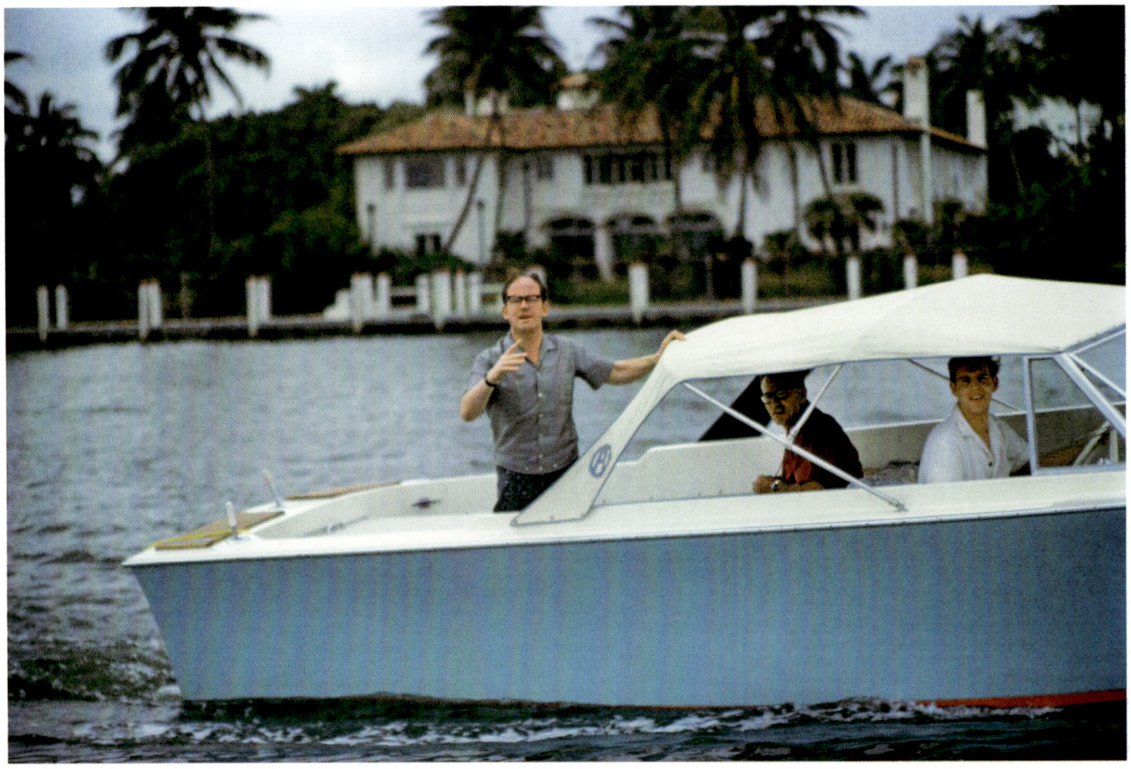

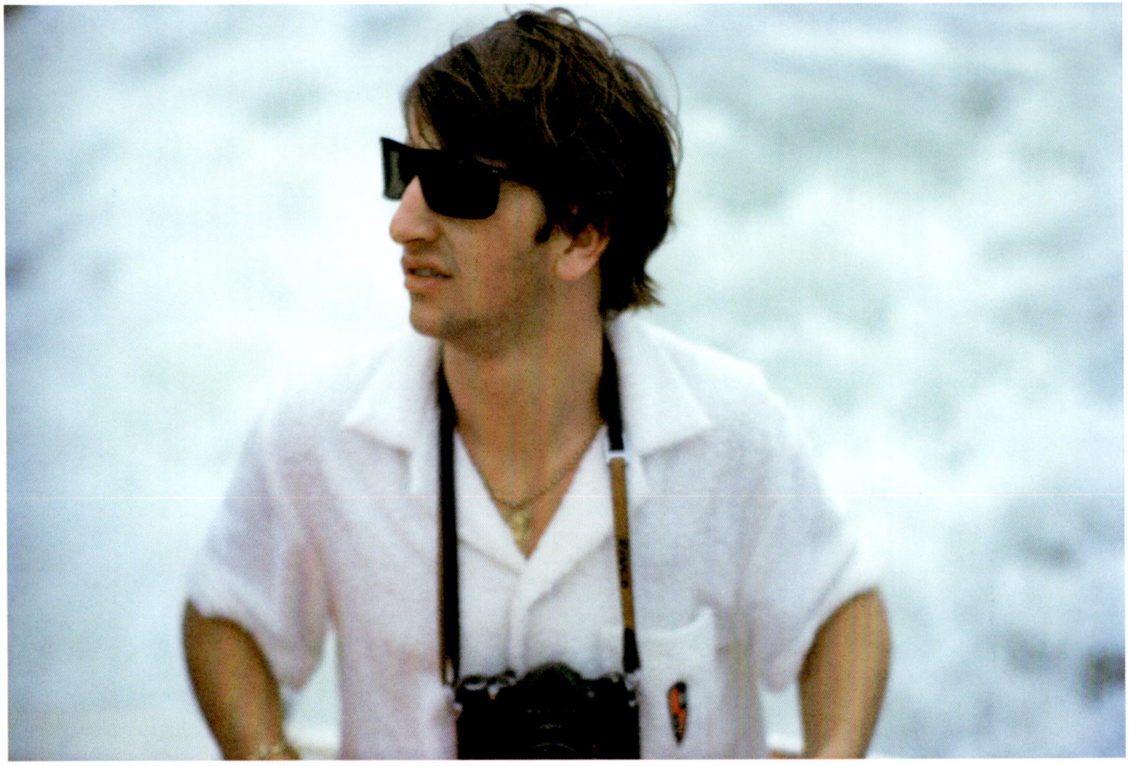

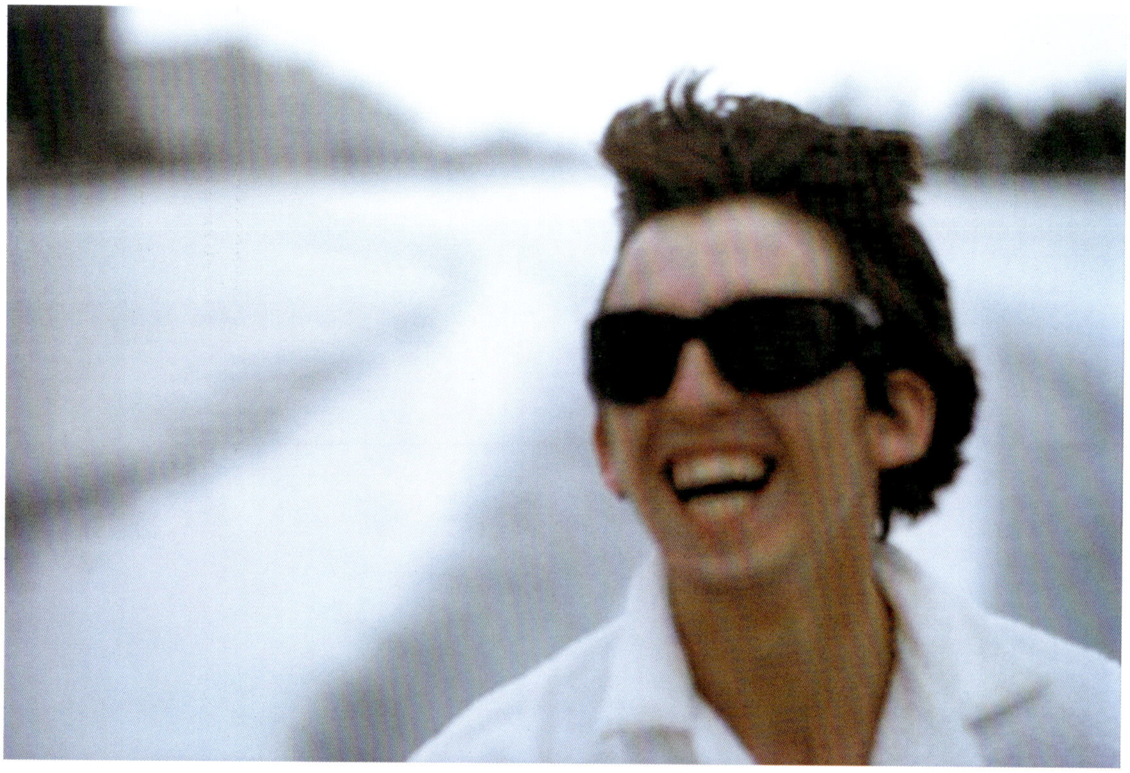

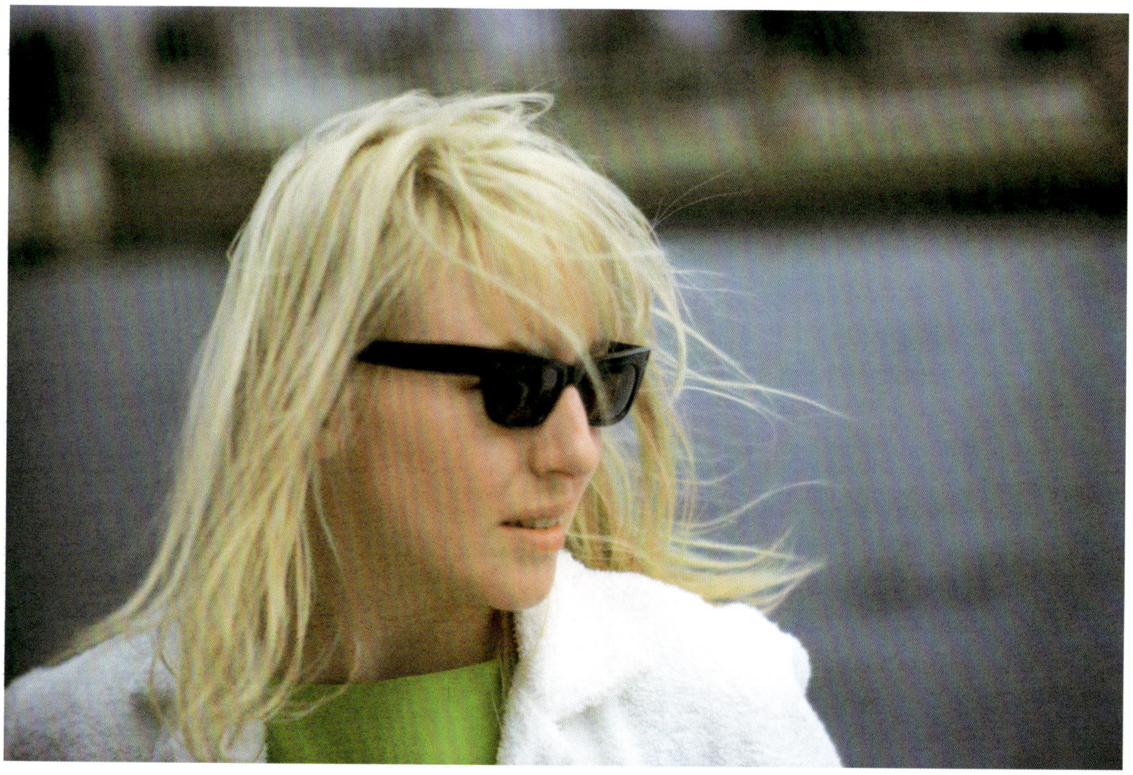

Momento introspectivo. Coisa rara ver Brian sem o terno habitual e com o casaco do hotel, em tecido atoalhado.

Momento nem tão introspectivo.

Brian era só alguns anos mais velho que nós, mas sempre o consideramos um adulto charmoso.

A pesca não era meu forte, então logo soltei este de volta!

Diane Levine, com quem saí em Miami. Geminiana como eu. Liguei para a srta. Levine no escritório do pai dela e depois fomos juntos a um cinema drive-in.

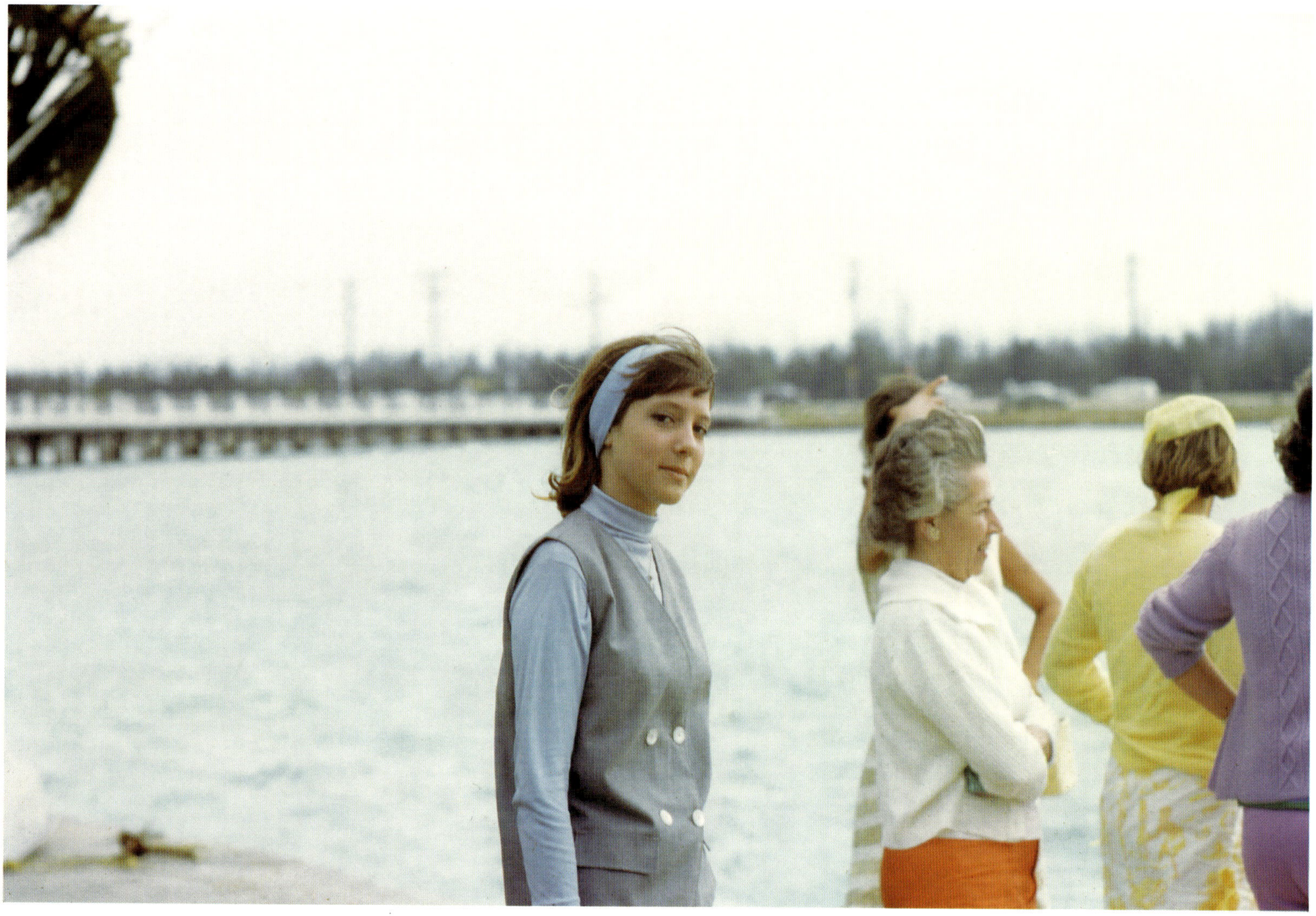

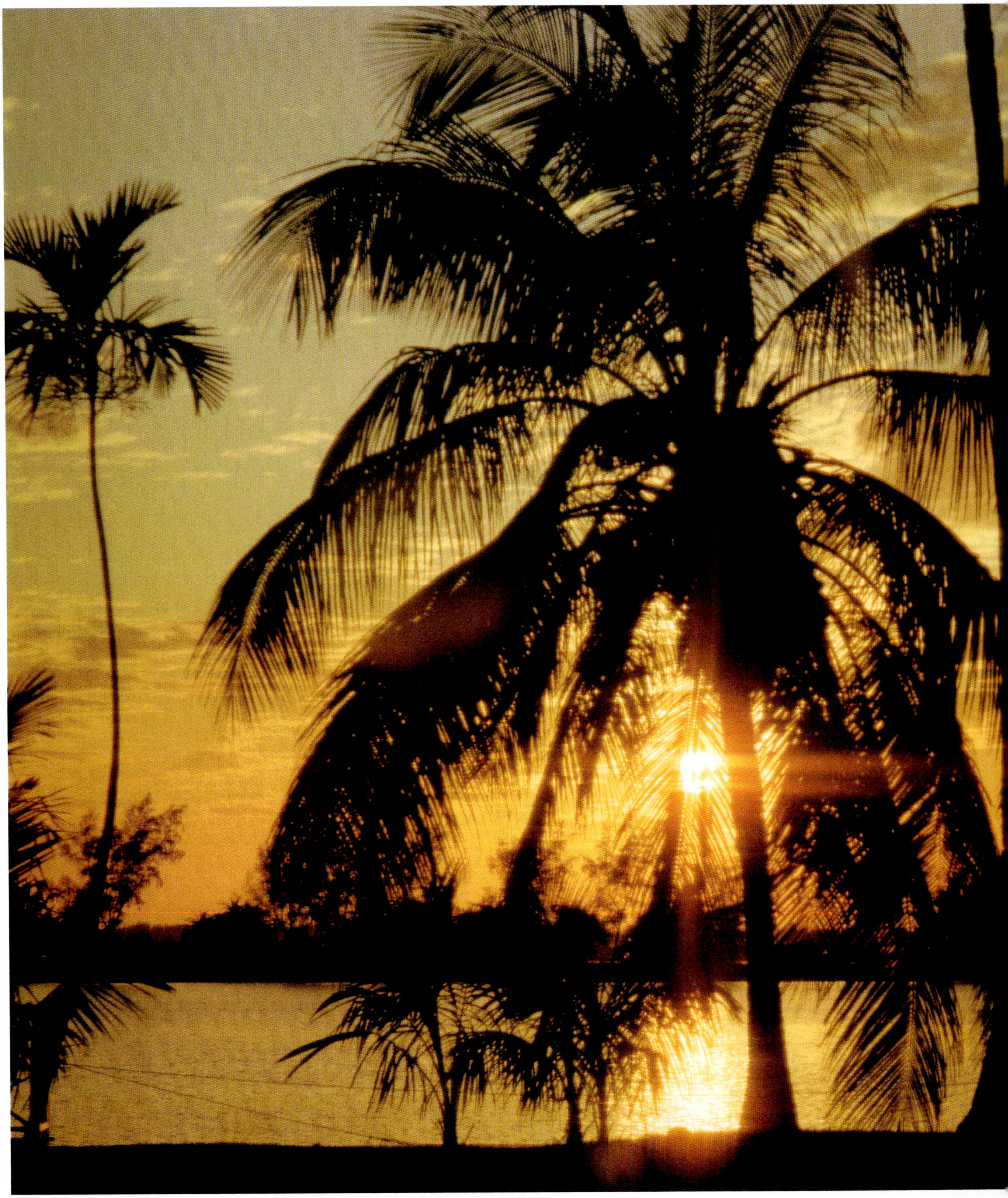

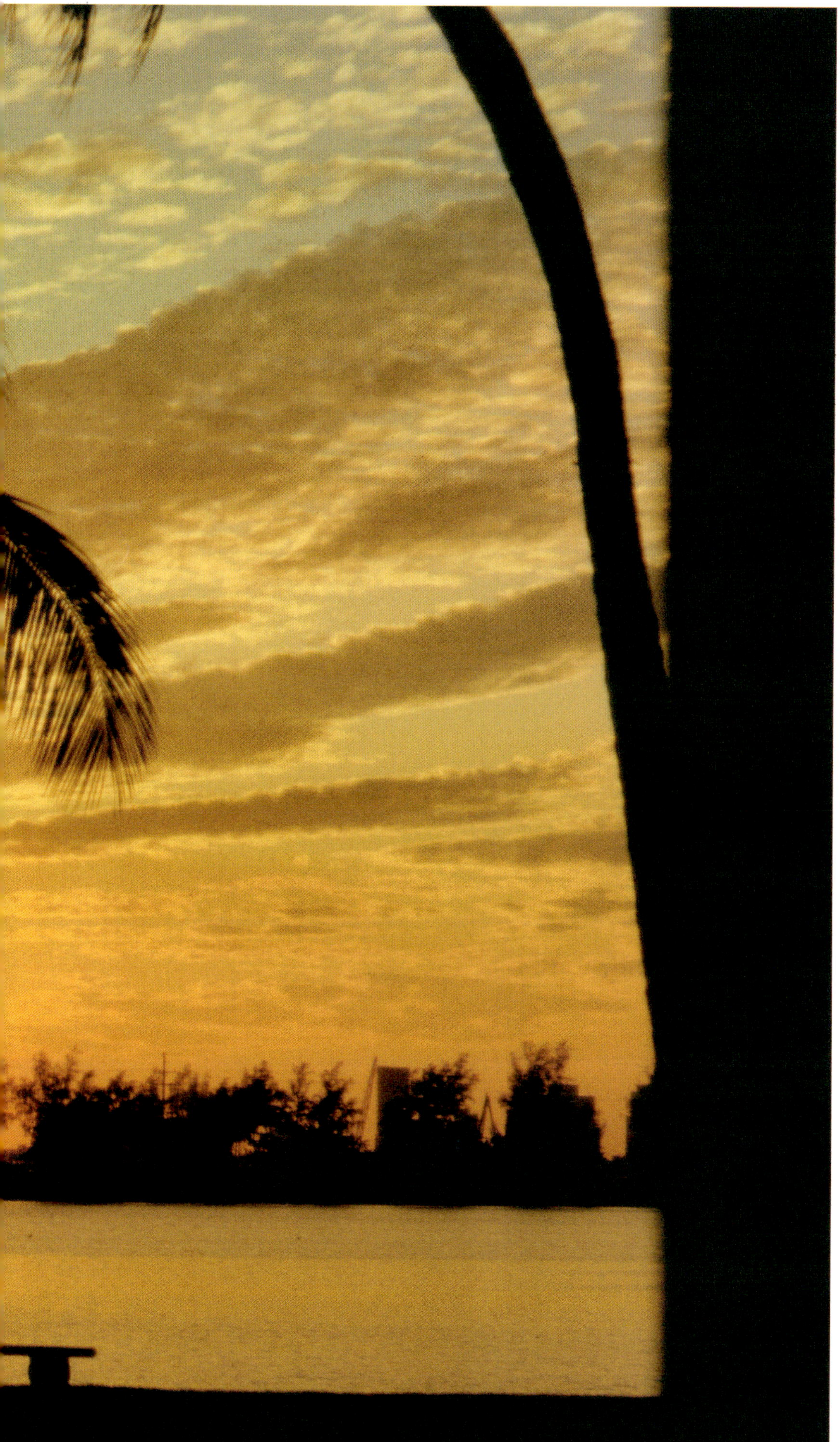

CODA

Quando começa uma volta na montanha-russa, você é gradativamente elevado aos céus. Lá no topo, há uma breve pausa em que tudo é pura ansiedade... antes de o mundo virar de pernas para o ar. Para nós, Beatles, esse exato momento foi 9 de fevereiro de 1964 no *The Ed Sullivan Show*. Após isso, passamos os meses e anos seguintes segurando firme para não cairmos. Palavras não conseguem descrever o que ocorreu conosco, mas imagine cada um de seus sonhos se tornando realidade e talvez você chegue perto.

Minhas fotografias no restante de 1964 são esporádicas, mal registrando o que se seguiu. Não perdi o interesse pela fotografia. Longe disso. Meu amor e interesse pelas artes só cresceram, e cresceram exponencialmente quando começamos a nos encontrar cara a cara com os melhores artistas contemporâneos. Fizemos sessões com os fotógrafos David Bailey, Don McCullin, Richard Avedon e a minha esposa Linda Eastman. Gente como Robert Fraser nos apresentou a artistas como Peter Blake, Jann Haworth, Richard Hamilton e Andy Warhol. Não é que me faltasse vontade de pegar a câmera, apenas embarquei numa vida tão acelerada e empolgante que era impossível sobrar tempo, muito menos tempo para refletir sobre o significado daquilo. Eu tinha um emprego, também, muitas canções para compor, shows para fazer. As páginas seguintes trazem fotografias de preciosos momentos de tempo livre, quando tive a oportunidade de portar minha máquina fotográfica. Os negativos se perderam, então só tenho as seis folhas de contato originais para contar o resto da história.

Após aterrissarmos em Londres ao cabo da primeira visita aos Estados Unidos, imergimos direto nas filmagens de *A Hard Day's Night* (*Os reis do iê-iê-iê*). O filme captura o frenesi da energia cinética provocada pela Beatlemania e logo foi concluído. Mal tivemos tempo para decorar as falas e aprender como atuar, que dirá contracenar à altura com atores experientes como Wilfrid Brambell e Victor Spinetti.

Depois de meses filmando, gravando discos e fazendo participações na TV, embarcamos em nossa primeira turnê mundial e voltamos aos Estados Unidos. Muitas partes do país a explorar. A viagem de fevereiro revolucionou as nossas vidas, mas foi breve e se restringiu a três cidades. Dessa vez, percorremos o país todo, visitando lugares que nem os turistas visitam. Notávamos pequenos detalhes que nos pareciam marcantes, como os nomes dos jogadores nos vestiários das grandes arenas esportivas. Vínhamos de uma terra de sobrenomes Fletcher e Williams; aqui os sobrenomes dos jogadores eram Kowalski e Hernandez, maravilhoso símbolo das oportunidades aos imigrantes.

Estas fotos, em sua maioria tiradas nessa segunda visita à América do Norte, contemplam o glamour de Las Vegas, o icônico Hollywood Bowl e nossas primeiras apresentações no Canadá. Também aparecem algumas de nossa primeira turnê na Austrália.

Viajamos com uma trupe. Alguns dos grupos que abriam os shows podem ser vistos nestas fotos. E você também vai se deparar com a já familiar lente da câmera apontada para nós. Por mais que o mundo curtisse nos observar, nós adorávamos retribuir esse olhar. Ainda me assombra pensar quantos olhos havia naquele furacão.

A nossa imprensa estava se tornando incontrolável. Para controlar o incontrolável, trouxemos Derek Taylor, aqui desembarcando na Austrália, em junho de 1964.

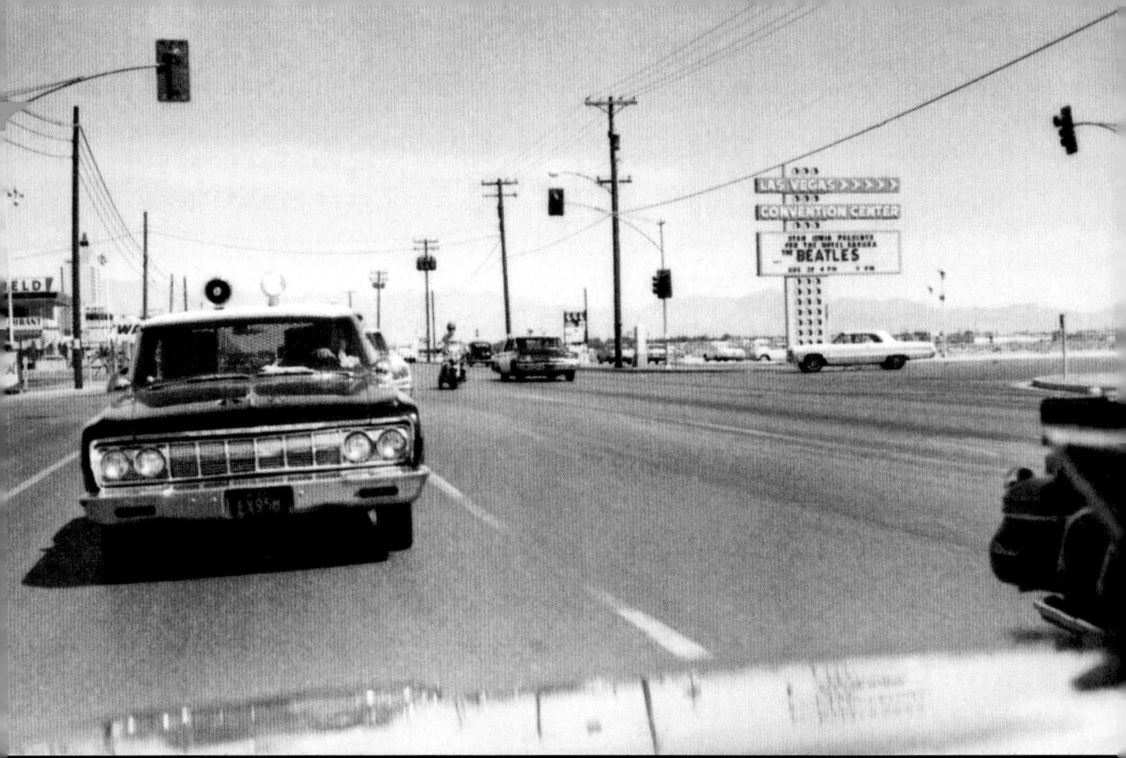
LAS VEGAS
CONVENTION CENTER
BEATLES

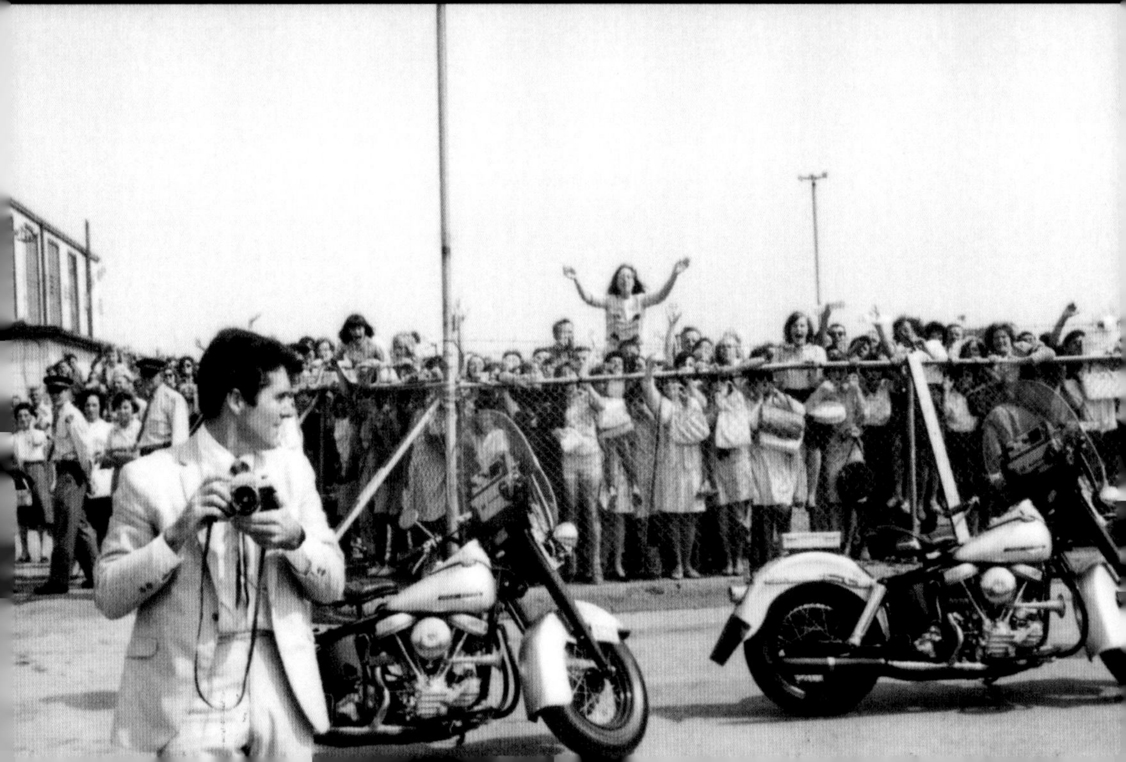

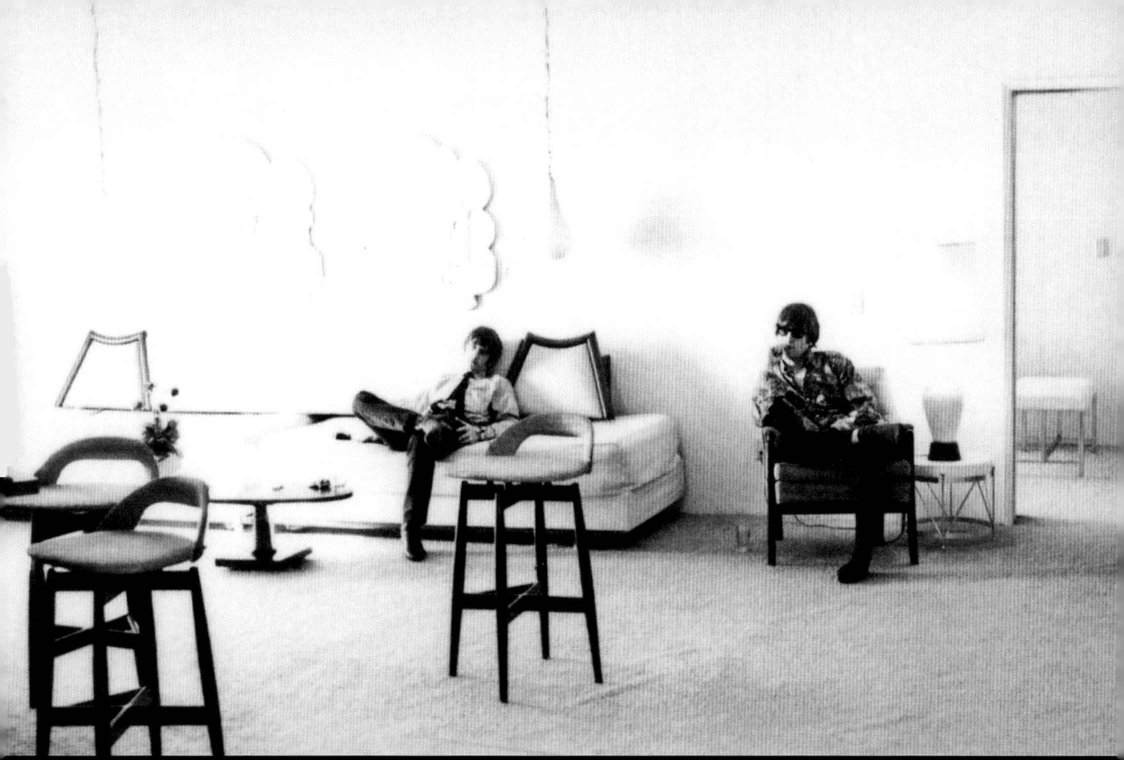

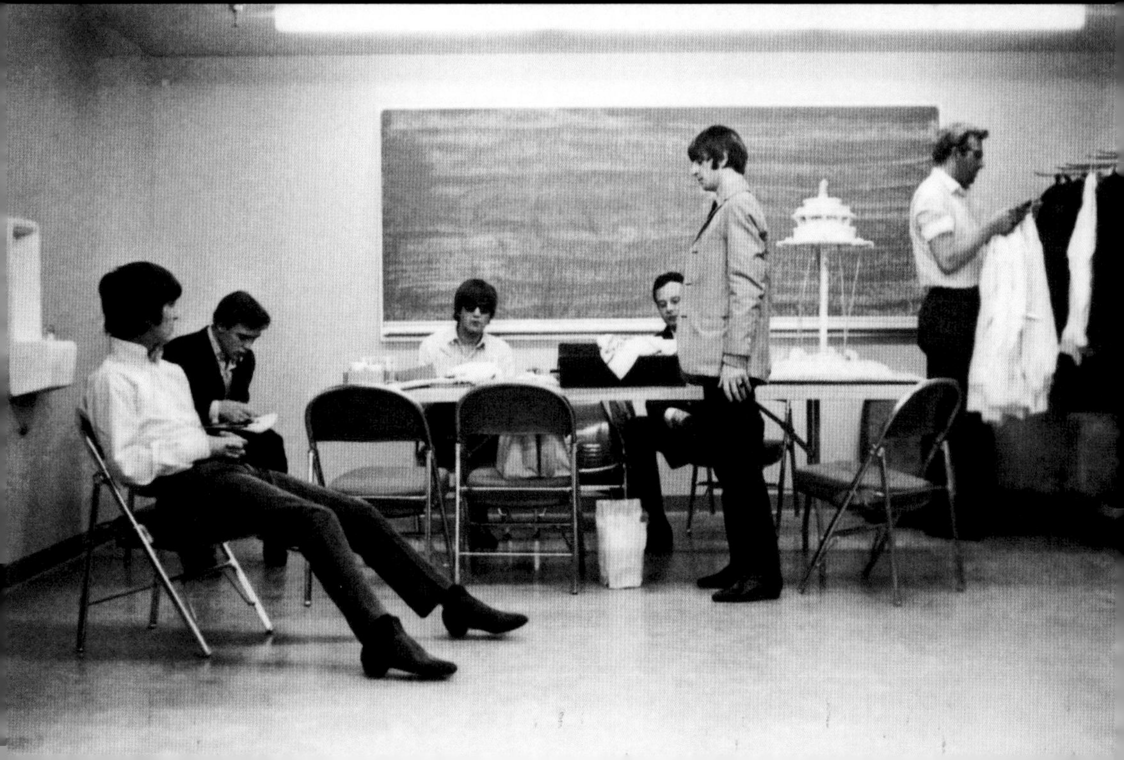

Mais olhos do furacão, Toronto, setembro de 1964.

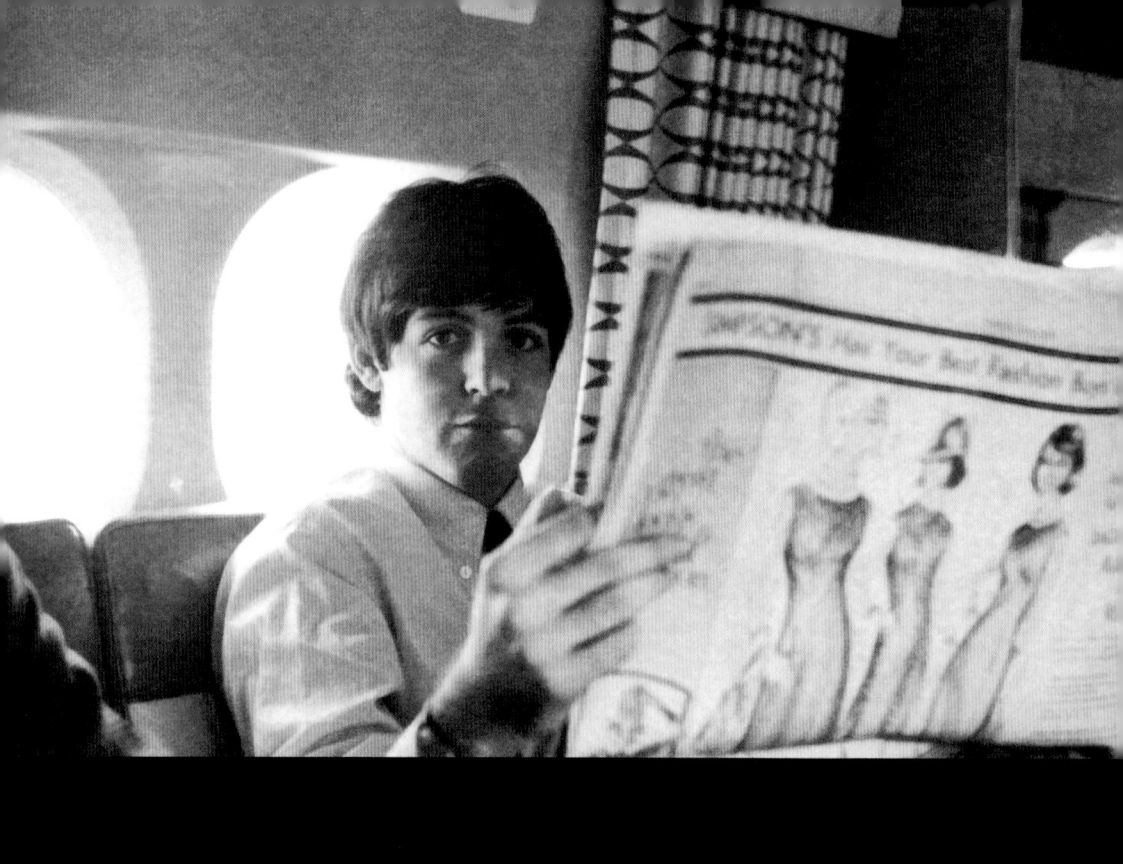

Clarence "Frogman" Henry, que abriu nossos shows na turnê norte-americana, agosto/setembro de 1964.

Em turnê e nos bastidores com The Exciters e Jackie DeShannon, agosto/setembro de 1964.

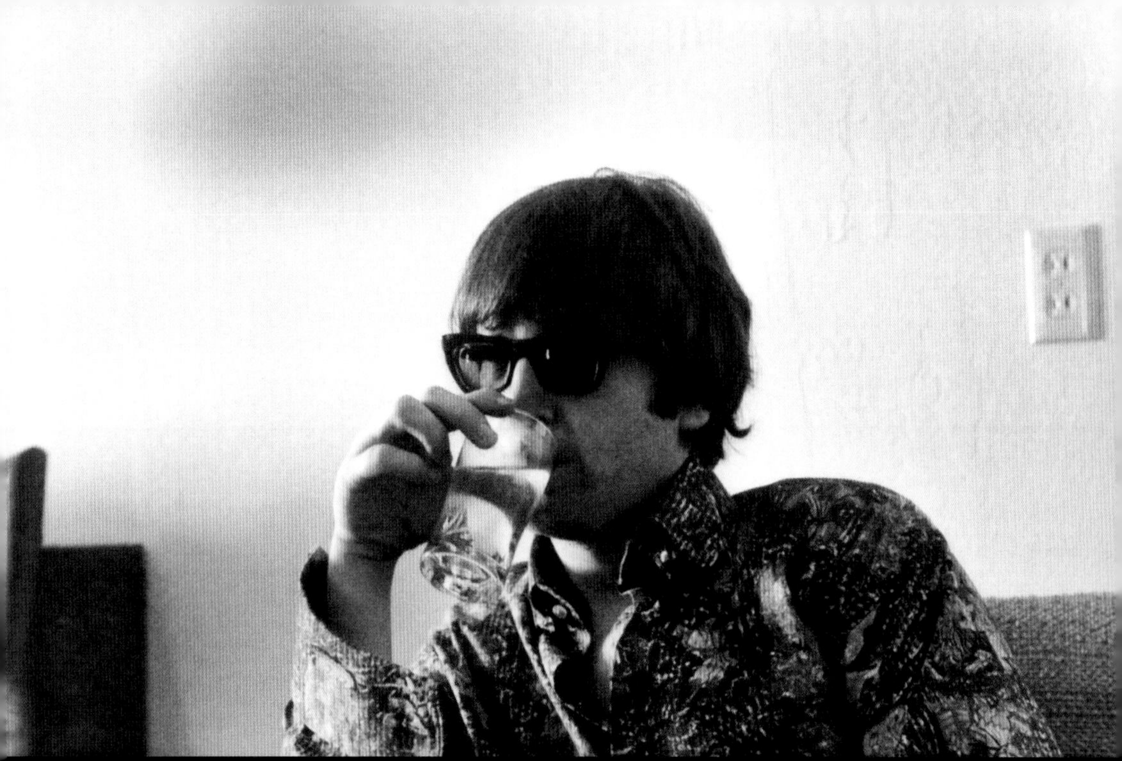

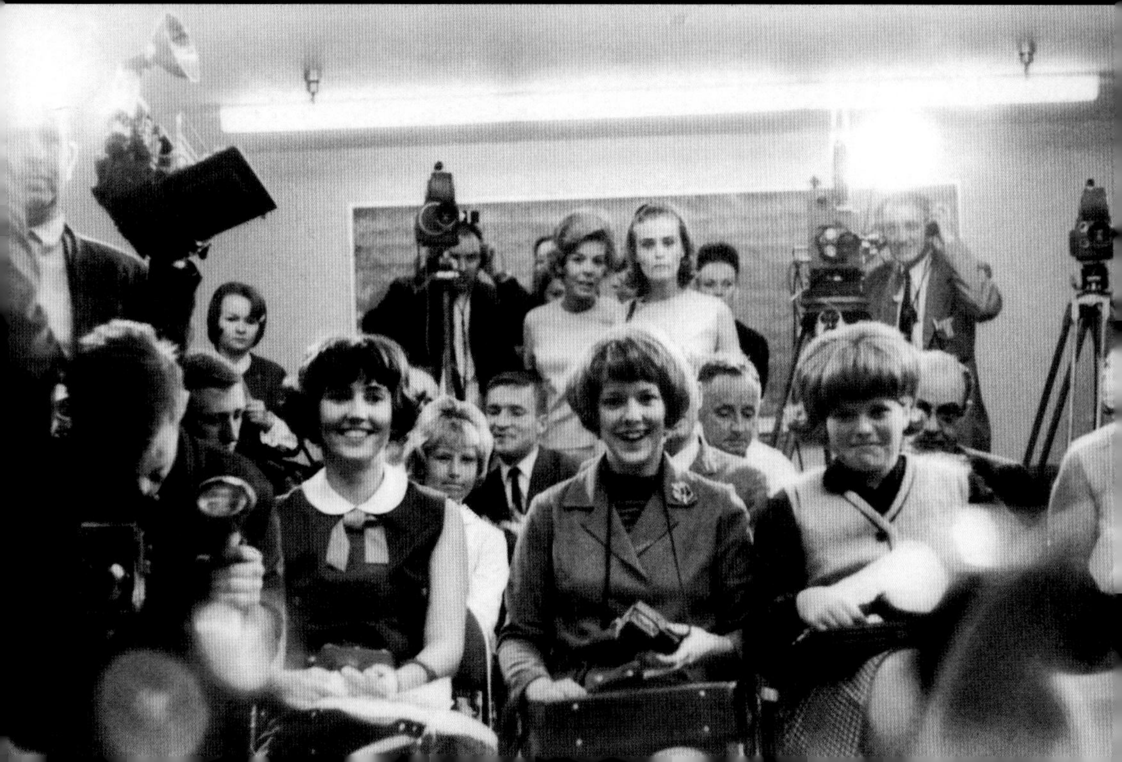

Outra lente
Rosie Broadley

É uma imensa tapeçaria, e quanto mais eu olho para trás em minha vida e penso, mais me sinto uma espécie de marujo ancestral que andou por todos esses portos e viu todas essas coisas fascinantes.

Paul McCartney

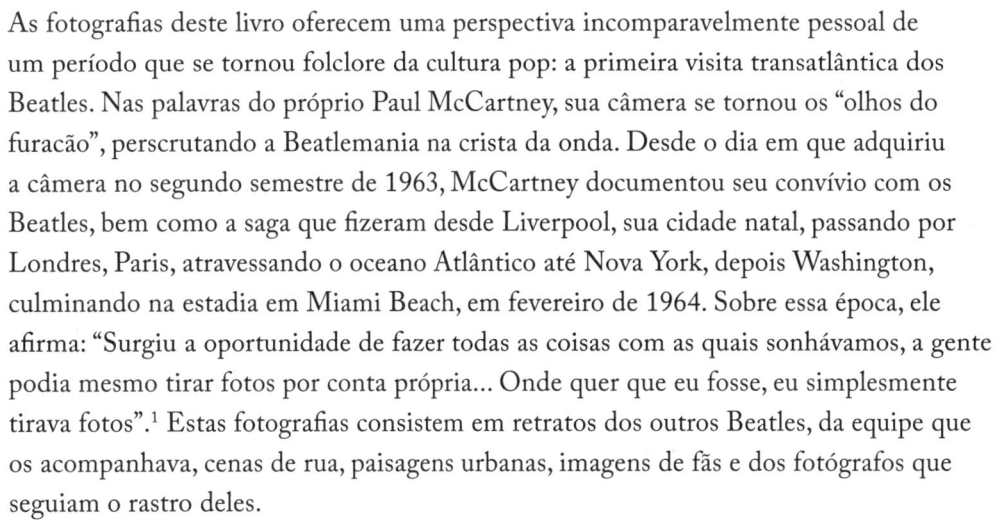

As fotografias deste livro oferecem uma perspectiva incomparavelmente pessoal de um período que se tornou folclore da cultura pop: a primeira visita transatlântica dos Beatles. Nas palavras do próprio Paul McCartney, sua câmera se tornou os "olhos do furacão", perscrutando a Beatlemania na crista da onda. Desde o dia em que adquiriu a câmera no segundo semestre de 1963, McCartney documentou seu convívio com os Beatles, bem como a saga que fizeram desde Liverpool, sua cidade natal, passando por Londres, Paris, atravessando o oceano Atlântico até Nova York, depois Washington, culminando na estadia em Miami Beach, em fevereiro de 1964. Sobre essa época, ele afirma: "Surgiu a oportunidade de fazer todas as coisas com as quais sonhávamos, a gente podia mesmo tirar fotos por conta própria... Onde quer que eu fosse, eu simplesmente tirava fotos".[1] Estas fotografias consistem em retratos dos outros Beatles, da equipe que os acompanhava, cenas de rua, paisagens urbanas, imagens de fãs e dos fotógrafos que seguiam o rastro deles.

As fotografias de McCartney evocam os lugares pelos quais eles viajaram e abordam o envolvimento dele com um leque de influências culturais, incluindo o cinema. As fotos em preto e branco tiradas nos camarins dos teatros nos remetem à Grã-Bretanha do pós-guerra, exemplificada nos dramas realistas da época, que retratavam a sordidez da vida moderna. As cenas de rua em Paris são como instantâneos de um filme da Nouvelle Vague. E, por fim, o sonho americano em Technicolor ganha vida nas vibrantes fotos de McCartney tiradas na Flórida, repletas de alegria e encanto, mostrando os Beatles à beira da piscina, numa lancha, animados com o sucesso de suas apresentações no *The Ed Sullivan Show*.

Com o passar das semanas, os retratos de McCartney de seus colegas Beatles evoluíram à medida que eles foram reagindo ao que estava acontecendo. As imagens fixadas no Reino Unido são em sua maioria cenas de interiores, e a banda parece mal-humorada. John Lennon usa os óculos de armação grossa que só usava em particular e morde o dedo, ansioso (Fig. 1). Nos EUA, a banda se transforma: John mergulha na piscina com júbilo infantil, George cai na risada e Ringo faz estilo de óculos escuros.

As fotos de McCartney documentam os interlúdios em que os Beatles não estavam se apresentando nem gravando música, além daqueles raros momentos em que ficavam a sós. Muitas vezes, são imagens que, nas palavras dele mesmo, "ninguém mais poderia clicar".² Também colocam em foco um amplo elenco de personagens comumente esquecidos em outros registros visuais dos Beatles, incluindo os *roadies* Mal Evans e Neil Aspinall, o motorista Bill Corbett, que dirigia o Austin Princess da banda, e Freda Kelly, a jovem responsável por administrar as sacolas diárias de correspondência de fãs (Fig. 2). A turnê permitiu a McCartney passar mais tempo com as pessoas e as conhecer melhor, incluindo o empresário dos Beatles, Brian Epstein. Olhando hoje para as fotos, McCartney fala sobre esses momentos: "Tivemos todas essas oportunidades: ver Brian, com quem normalmente nos sentávamos apenas para tratar de negócios, mas agora ali estava ele, em turnê conosco e então poderíamos nos divertir à beça… jogar cartas e fazer as refeições juntos. Algo mais intimista. A gente se acostumou mais com ele, e vice-versa".³ Os retratos afetuosos que ele tirou de Epstein, falecido tragicamente de overdose em 1967, com apenas 32 anos, são especialmente pungentes. Numa série, Epstein cai na risada ao notar que McCartney vai tirar uma foto sua (Fig. 3).

Às vezes, McCartney entregava a câmera a Epstein, Mal Evans ou Neil Aspinall. Por isso, em algumas fotos o vislumbramos no palco, visto dos bastidores ou das laterais, ou participando de uma sessão de fotos, sem esconder a alegria. O fotógrafo Terence Spencer os fez entrar em formação na cobertura dos shows de Natal dos Beatles, em Londres, em 1963, para a revista *Life* (Fig. 4).⁴ Em Paris, noutra sessão de fotos, dessa vez organizada pelo fotógrafo Dezo Hoffmann, McCartney clicou o grupo em uniformes franceses. Ringo, com um chapéu de Napoleão, mira McCartney com um olhar sarcástico (Fig. 5). Esses retratos posados, visando à publicação em revistas e materiais promocionais, são a antítese das fotos espontâneas de McCartney.

Em 1963, os Beatles se deparavam com câmeras em todos os lugares para onde olhavam e, a essa altura, a câmera em si acabou se tornando um motivo nas fotos de McCartney. Em Paris e Nova York, ele vira a sua lente para os próprios fotógrafos, aglomerados no primeiro plano em busca de uma foto. Essas situações transparecem uma intensidade, mas, apesar disso, quando todas as lentes focam McCartney, também há um tom de brincadeira – os fotógrafos não escondem o deleite por terem sido notados por McCartney e por estarem sendo fotografados por ele. É McCartney quem recorda: "Esse detalhe era encantador… sem dúvida, não éramos tímidos. Então o pessoal viu que podia brincar e se divertir conosco, e nós com eles". A essa altura, os Beatles estavam apreciando a atenção que recebiam; "só nos anos finais que começaria a arrefecer".⁵

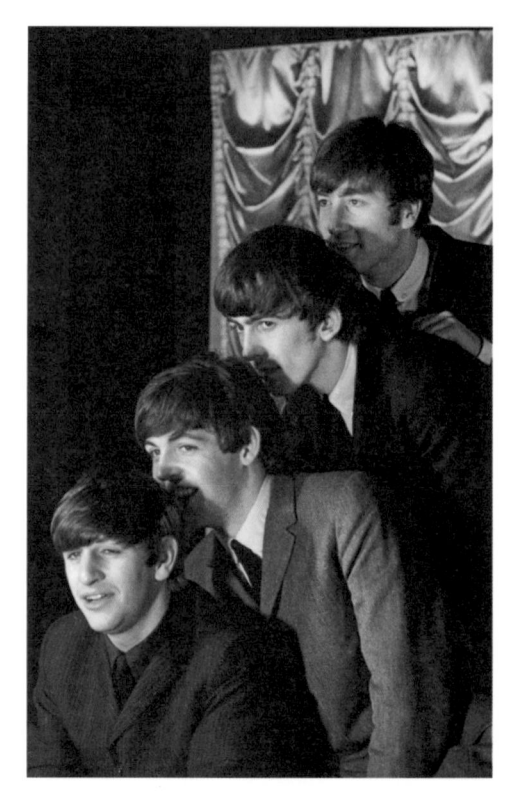

Assim como McCartney, os outros Beatles também portavam câmeras. Uma fotografia colorida na Flórida mostra John tirando um retrato da esposa Cynthia sentada ao sol. Na foto de McCartney, embora Cynthia esteja no primeiro plano, John é o foco (Fig. 6). Essas imagens passam uma intimidade que para McCartney hoje transmite uma potência especial: "É um Beatle flagrando um Beatle… eu curto esse toque meio incestuoso".⁶ Michael Braun, o jornalista americano, descreve a animação após a banda ouvir que "I Want To Hold Your Hand" tinha alcançado o número 1 nos Estados Unidos, e todos eles pegaram suas próprias câmeras: "John tinha comprado uma câmera de 35 mm, e agora todos eles tinham uma, e ficaram saltitando ao redor, tirando fotos uns dos outros e bebendo champanhe".⁷ Ringo Starr é o único Beatle cujas fotos da época foram publicadas, e elas transmitem esse apreço compartilhado por tudo que surpreende e diverte. Nas ruas de Washington, os dois fotografaram simultaneamente os dizeres de um cinema decadente "Christine Keeler vira nudista" sob o letreiro "Arte". A banda ficou surpresa ao ver que Keeler também havia se tornado famosa nos Estados Unidos.⁸

Diversos fotógrafos, cineastas e jornalistas foram mobilizados por jornais e meios de comunicação para fazer a cobertura da visita dos Beatles a Paris e aos EUA. A maioria só teve interações fugazes com a banda, em coletivas de imprensa e sessões fotográficas, mas alguns foram convidados por Epstein para se juntar à comitiva, como Michael Braun ou Albert e David Maysles, que realizaram o documentário *What's Happening! The Beatles in the U.S.A.*⁹ Trabalharam lado a lado, e inevitavelmente há interseção em seus produtos; eventos e anedotas ecoam e se amplificam nos diferentes meios.

O NOVO ESPÍRITO NA FOTOGRAFIA

"Fomos instruídos pelas coisas que vimos... começamos a ver fotografias muito interessantes... Culturalmente, as coisas estavam bombando."

O lúdico e a espontaneidade das fotos de McCartney são características de um espírito emergente na fotografia, possibilitado por novas tecnologias e desencadeado por jovens adeptos. Para fazer estas fotografias, McCartney usou a Pentax SLR (de *Single-Lens Reflex*, ou reflexo de lente única), câmera automática de novíssima geração introduzida no fim dos anos 1950. Essas inovações tecnológicas permitiram o desenvolvimento de uma estética "instantânea" que abraçava as imperfeições. Um dos expoentes primordiais, Tony Armstrong-Jones (que se tornaria Lorde Snowdon), descreveu essa nova abordagem para a criação de imagens em 1958: "Tinham que ser tiradas agilmente. Na vida real não vale dizer 'peraí'. É como trancar o fôlego e descobrir que o perdeu".¹⁰ As fotos que McCartney tirou de um carro em movimento, no instante em que os Beatles chegavam ao Plaza Hotel em Nova York, compartilham desse tipo de sensibilidade. Capturam toda a urgência do momento: crianças correm no meio da rua, policiais avançam rumo ao veículo que se aproxima (Fig. 7).

Graças ao sucesso, os Beatles tiveram condições de adquirir os equipamentos mais modernos e de se familiarizar com essas novas câmeras de 35 mm simultaneamente com alguns profissionais do ramo. David Bailey, o fotógrafo britânico por excelência da década de 1960, só foi adquirir sua primeira câmera SLR de 35 mm em 1961.¹¹ Como os próprios Beatles, muitos dos novos fotógrafos que atuavam na Grã-Bretanha eram jovens e oriundos da classe trabalhadora, com paralelos visíveis em sua postura e estilo. Os analistas culturais tinham obsessão pelos cortes de cabelo, ternos e botas dos Beatles, mas também ficaram intrigados com essa nova geração – predominantemente masculina – de fotógrafos. Em março de 1963, o *Observer* descreveu o "visual" de um típico fotojornalista: "Calculadamente casual... Jaquetas de lã italianas, calça e camisa jeans... portam câmeras pretas de 35 mm tão imperceptivelmente quanto pistolas".[12] Em se tratando de suas próprias fotografias, McCartney se alinhava naturalmente com esse dinâmico estilo.

Até o fim de 1963, os Beatles tinham sido fotografados por diversos e promissores fotojornalistas britânicos, incluindo Jane Bown para o *Observer* e Philip Jones Griffiths. Os dois clicaram a banda durante uma turnê pelo Reino Unido, retratando-os nos bastidores fumando, cochilando e bebendo chá servido em xícaras com pires. Jones Griffiths inclusive registrou Ringo dando autógrafos de cueca. Essas imagens deveriam transmitir autenticidade, a antítese do retrato pop bem ajustado para o qual a banda costumava posar. Serviram de modelo para as fotos do próprio McCartney tiradas em Liverpool e Londres na mesma época, evocando camarins claustrofóbicos e uma sensação de camaradagem entre os representados (Fig. 8).

A abordagem pragmática de McCartney ecoa os movimentos culturais relacionados na Grã-Bretanha, como o realismo *gritty* no teatro e na literatura e o movimento Free Cinema, todos os quais priorizaram as perspectivas da classe trabalhadora. Ele descreveu o período em que os Beatles se instalaram provisoriamente em várias hospedarias de Londres, antes de se mudarem em definitivo para a capital, fazendo um paralelo com um romance de 1960 ambientado numa pensão londrina: "Você poderia ler *The L-Shaped Room*, de Lynne Reid Banks, e se identificar plenamente. 'É isso que estou fazendo! Isso é sobre mim'."[13] Em suas fotos, McCartney mostra a capacidade de evocar o espírito de um lugar e de adaptar o seu estilo para alcançar uma atmosfera especial. Isso também fica evidente em suas fotografias tiradas em Paris. Essa sequência de imagens incorpora reminiscências estéticas do cinema francês contemporâneo. Naturalmente, a estrela de cinema predileta de McCartney e Lennon era Brigitte Bardot.[14] Conheciam a Nouvelle Vague, que ganhou força em 1959, com os cineastas às vezes filmando na rua com uma câmera portátil. A sequência com John e George parados no vão da porta soa como uma cena ambivalente de diretores como Jean-Luc Godard e François Truffaut, em que os protagonistas vestidos de preto trocam olhares profundos (Fig. 9). Pela janela do Austin Princess, o carro particular dos Beatles levado de Londres a Paris especialmente para a viagem, McCartney registra os restaurantes com mesas nas calçadas e a sofisticada indiferença dos jovens que chamam sua atenção. Ao contrário dos fãs no Reino Unido e nos Estados Unidos, aqui eles não gritam, só observam.

Para McCartney e a maior parte da comitiva dos Beatles, esta viagem aos EUA foi o primeiro voo transatlântico; só George havia visitado o país antes.[15] Na América, McCartney consegue registrar algo do *zeitgeist* – o espírito da época. A janela do carro em que ele está sentado emoldura o rosto de uma garota. O lenço na cabeça dela reflete a luz solar, como se fosse uma auréola, e seu autocontrole infantil contrasta com a fervilhante multidão de adultos atrás dela. Essa imagem, na qual McCartney compartilha um vínculo momentâneo com uma pessoa desconhecida, ecoa a abordagem de fotojornalistas americanos como William Klein, que fotografou populares nas ruas de Nova York, em meados dos anos 1950. McCartney sentia uma atração por gente comum e trabalhadores em particular. Vendo um funcionário do aeroporto tocando *air guitar* quando os Beatles chegaram a Miami, ele capturou a guitarra imaginária com a câmera (Fig. 10). Sobre essa imagem, ele comenta: "Qualquer outra pessoa teria pensado, bem, é somente um cara que veio consertar o avião ou prepará-lo para a decolagem... Oriundo da classe trabalhadora, eu me identificava com eles. Sem dúvida, eu me identifico com o trabalho humilde porque minha família e eu fizemos isso. Todos nós fizemos trabalhos dessa natureza, então sei um pouco sobre o que se passa na cabeça desses trabalhadores, porque também fui um".[16]

INFLUÊNCIAS FOTOGRÁFICAS DE MCCARTNEY

"Definitivamente, eu estava em busca de fotos, ângulos, iluminação e composições interessantes."

As fotografias de McCartney brotaram de um desejo de gravar suas próprias experiências nessa época, talvez como forma de congelar o tempo, que passava tão rápido. Também nasceram, em parte, de um fascínio pela fotografia e pelas artes visuais que remonta à infância dele e à primeira câmera da família, uma Kodak Brownie. Ainda criança, se interessou pela obra do eminente fotógrafo canadense Yousuf Karsh, cujo retrato de Winston Churchill no modo "buldogue completo" é um dos retratos mais célebres da época. A paixão por música não impedia McCartney de se empolgar também com as transformações na cultura visual na Grã-Bretanha na década de 1950: "Era o pós-guerra", conta ele. "As coisas estavam melhorando, e você estava mais exposto a arte e fotografia de boa qualidade."[17]

A aguçada percepção de McCartney sobre a importância da imagem da banda e seu potencial fotográfico foi acentuada nas estadias dos Beatles em Hamburgo, em especial sob a influência de Astrid Kirchherr e Jürgen Vollmer. Esses jovens fotógrafos alemães ficaram amigos dos Beatles em 1960, após assistirem a um show deles no clube Kaiserkeller, na rua Große Freiheit, no boêmio bairro de St. Pauli. Os dois fotografam os Beatles, na época uma banda de cinco integrantes, como roqueiros marrentos, com roupas de couro e topetes. Mais tarde, McCartney reconheceu: "O senso de estilo e as excelentes habilidades fotográficas" de Jürgen Vollmer exerceram um efeito profundo nos Beatles.[18] Kirchherr afirmou que "se apaixonou por suas atitudes e rostos; tinham o visual que eu queria fotografar".[19] Em 1962, a pedido dos Beatles, ela foi contratada para tirar fotos que ilustrariam os anúncios de imprensa do primeiro single da banda na EMI, "Love Me Do". As fotografias os mostram vestindo ternos, mas ainda sérios – atitude contrastante com as imagens alegres e coloridas comumente usadas para promover artistas pop. O jeito como Kirchherr usava a luz impressionou McCartney: "Ela nos convidava para ir à casa dela e tirava nossos retratos. Assim, a gente aprendia vendo".[20] A influência dela permaneceu forte em 1964: numa das cenas de rua de McCartney, em Paris, as elegantes fotografias de Kirchherr, escolhidas para atrair uma multidão parisiense, estavam impressas em pôsteres e coladas num painel publicitário (Fig. 11).

Em Hamburgo, McCartney comprou uma câmera para Mike, o irmão caçula. A carta que acompanhou o presente demonstra a empolgação dele com os recursos da câmera: "Comprei pra você uma câmera Rollei Magic, igualzinha à de Astrid... Você pode AMPLIAR as fotos e o tema fica SUPIMPA"[21] – no vernáculo de Liverpool, não havia elogio maior. Quando McCartney voltou à casa da família na Forthlin Road, ele e Mike colaboraram numa série de retratos impressionantes, descritos por Mike como "construção imagética", em que experimentaram luz, poses e ambientes. Mike lembrou que "antes de os Beatles realmente acontecerem... os meninos todos treinavam para ser famosos. Vinham até mim e diziam: 'Faça-nos parecer com Elvis'. Naquela época, estavam desesperados por fama, e eu tirava fotos deles porque eu estava desesperado por modelos dispostos... Eu fazia Paul sentar-se por horas enquanto eu experimentava as técnicas".[22] Mike fotografou o irmão mais velho lendo o *Observer* (ver p. 13), um dos primeiros jornais a publicar o trabalho dos novos fotojornalistas, e em cujas páginas McCartney se deparou com os primeiros exemplos desse estilo em expansão. Por meio de seu irmão, McCartney também se familiarizava com os rudimentos do processo fotográfico. Mike processava os rolos de filme no banheiro da casa, pendurando as fotos recém-reveladas para secar num varal estendido em seu quarto. A paixão pela câmera evoluiu para uma carreira fotográfica, ao lado do sucesso musical como membro da banda The Scaffold.

11

FOTÓGRAFOS EM TURNÊ

"As pessoas se tornaram nossas amigas, como parte de sua família, então, da mesma forma que você se comporta com a família no café da manhã, a gente podia simplesmente ignorá-las e cuidar de nossas próprias coisas. Isso foi muito especial. Casualmente, um deles era o empresário dos Beatles, e o outro, um renomado fotógrafo, mas isso não importava."

Com a acertada percepção de que as viagens dos Beatles a Paris em janeiro de 1964 e aos EUA no mês seguinte proporcionariam excelentes oportunidades publicitárias, Epstein convidou vários fotógrafos para acompanhar a banda e documentar cada passo. McCartney recorda que, a princípio, os Beatles relutaram: "As pessoas nos pediam para nos acompanhar em três dias da turnê e, primeiro, você dizia: 'Três dias? Por quê? Não pode só tirar uma foto?'. Respondiam: 'Não, a ideia é fazer um ensaio de fotojornalismo', e daí você concordava: 'Ah, ok' e depois até começava a gostar dele".[23] Porém, isso significava raros espaços privados para os próprios Beatles. As amplas suítes em hotéis de luxo – o George V em Paris, o Plaza em Nova York e o Deauville em Miami Beach – serviam de salas de reuniões, escritórios, salas de correspondência e estúdios fotográficos. Fotógrafos como Dezo Hoffmann, Harry Benson e Robert Freeman aparecem nas fotos de McCartney. Observando as práticas deles, ele desenvolveu a sua própria.

Nascido na Eslováquia em 1912, Dezo Hoffmann, veterano fotógrafo da imprensa, aparece em várias fotos de McCartney, sempre de óculos de aros pretos. Numa imagem,

McCartney clica Dezo combinando uma fotografia com George e o colega fotógrafo Harry Benson (Fig. 12). Dezo pertencia a uma geração anterior à dos fotojornalistas, mas apesar disso se tornou uma das primeiras influências de McCartney. Hoffmann conhecia os Beatles desde os primórdios da banda, quando a imagem deles era nitidamente menos polida. A primeira sessão com ele foi no Abbey Road Studios, norte de Londres, em 4 de setembro de 1962. Ringo era um novato na banda e George ostentava um desconcertante olho roxo, adquirido numa briga (Hoffmann explicou: "Foram às vias de fato em Liverpool. O motivo foi a substituição de Pete Best por Ringo").[24] Em março de 1963, Hoffmann fotografou os Beatles fazendo tarefas domésticas na Forthlin Road – cenário pitoresco criado para o jornal musical semanal *Record Mirror*. Seguindo uma abordagem "quase documental",[25] Hoffmann preferiu arquitetar um enredo em vez de deixar a situação se desenrolar. Sabia exatamente o que desejava alcançar, uma visão alicerçada no cotidiano: "Com eles, nunca fiz nada artístico. Esse é o tipo de imagem que eu queria projetar".[26]

Noutra ocasião, Hoffmann emprestou a McCartney e Harrison sua câmera Rolleiflex e pediu que fizessem autorretratos no espelho: "Dei umas dicas de como fotografar sem flash, mas elas ficaram um pouco trêmulas e fora de foco".[27] Naquelas fotos, McCartney ensaia os autorretratos que fez mais tarde com a Pentax, mais avançada, em que focaliza seu próprio reflexo, cigarro pendurado nos lábios. Ávido por inovação, McCartney confidenciou a Michael Braun: "Nossas preferências mudam tanto... Eu me lembro de que no começo daquele ano pensávamos que Dezo era o maior fotógrafo do mundo".[28] Embora estivessem superando a abordagem de Hoffmann em busca de uma maior contribuição criativa, a interação com ele os incentivou a explorar a fotografia com mais profundidade.

Outro fotógrafo da turnê foi Harry Benson, natural de Glasgow, na Escócia, que mais tarde se destacou por seus trabalhos na revista *Life* (Fig. 13). Em 1964, Benson atuava no *Daily Express*, jornal de grande tiragem. Fazia a cobertura da amotinação militar em Uganda quando foi enviado para fotografar os Beatles em Paris. A reação inicial de Benson foi recusar: "Eu me considerava um jornalista sério... Eu conhecia os Beatles... Eu não tinha interesse em circular por aí atrás deles". Mudou de ideia rapidamente. "Fui até o meu carro pegar a extensão para o flash e, quando voltei, estavam tocando 'All My Loving'. Sensacional. Pensei: 'Jesus, é isso... A revolução'."[29]

Em Paris, no Hotel George V, Benson clicou os Beatles dando autógrafos e compondo: apesar da cansativa agenda de dois shows diários no Olympia, compuseram muitas das canções para o filme *A Hard Day's Night* nessa temporada de três semanas em Paris. É de Benson também a famosa foto dos Beatles em seus pijamas fazendo uma guerra de travesseiros, tirada na noite em que comemoravam o 1º lugar nas paradas americanas. "A sessão inteira durou cerca de quinze minutos, e devo ter usado uns cinco rolos de filme. Voltei ao meu quarto, fechei o banheiro com fita adesiva e improvisei uma câmara escura. Peguei o ampliador e lavei as impressões. Às 6 da manhã eu as transmiti para Londres do meu quarto."[30] Benson tinha a tarefa de enviar todos os dias uma foto a Londres, via telégrafo sem fio. Para McCartney, a engenhosidade de Benson o lembrou a do irmão dele, Mike, que improvisava uma câmara escura no banheiro da família. A guerra de travesseiros foi ideia de Benson e, como McCartney lembra, eles sempre foram cooperativos: "A gente sabia que Harry Benson tinha que entregar uma foto por dia, então tentávamos ajudá-lo. Por isso, se ele queria uma guerrinha de travesseiro, ele ganhava uma guerrinha de travesseiro".³¹ Como as fotos de Hoffmann, as fotos de Benson eram encenadas de uma maneira que as de McCartney não eram.

O fotógrafo britânico Robert Freeman é a presença mais frequente nas fotos de McCartney: batendo papo com a banda ou brincando na água em Miami (Fig. 14). O quarteto admirava as fotografias dele, e seu conhecimento sobre o palpitante cenário artístico de Londres deixou McCartney muito interessado. Freeman era mais próximo dos Beatles em idade e se inspirava no trabalho de Robert Frank, fotógrafo americano nascido na Suíça, com quem havia travado contato em Nova York. Em meados de 1963, Freeman enviou a Brian Epstein amostras de seu trabalho, incluindo fotos em preto e branco de músicos de jazz, como John Coltrane. "Uns dias depois, Brian me ligou para dizer que todos tinham curtido as fotos", lembrou. "Sugeriu que eu os encontrasse em Bournemouth."³² Foi nesse balneário que Freeman tirou a foto icônica para a capa de *With The Beatles* (usada para *Meet The Beatles!* nos Estados Unidos), tarefa que ele abordou como extensão de sua fotografia de jazz.

A composição chique desta fotografia – com rostos em meia-luz – desmente as circunstâncias nada glamorosas em que ela foi feita. Freeman fotografou os Beatles na sala de jantar do Palace Court Hotel: "A luz forte penetrava lateralmente pelos janelões, e as cortinas de veludo marrom-escuro serviram como pano de fundo", lembrou ele.³³ Para obter a posição certa, Ringo se ajoelhou num banquinho. O frescor estético e a inventividade de Freeman encantaram McCartney: "Quando Bob Freeman foi tirar fotos dos Beatles pela primeira vez, nós o tratamos como a um fotógrafo qualquer. Quando mostrou os resultados, começamos a olhar para ele sob um novo prisma".³⁴ Essa abordagem foi uma inspiração óbvia para McCartney, principalmente nos retratos que fez da namorada, a atriz Jane Asher, que alcançaram efeito semelhante (Fig. 15).

Os retratos que McCartney fez de Asher representam o começo de uma história de amor no âmago desta coleção de fotografias. Atriz famosa e celebridade da tevê entre os adolescentes, Asher conheceu os Beatles quando foi fotografada para a revista *Radio Times* no evento *Swinging Sound '63*, no Royal Albert Hall. Quando Epstein transferiu toda a banda para Londres no mesmo ano, McCartney virou hóspede dos Asher e passou a morar no quarto do sótão na sofisticada residência da família, na Wimpole Street. As fotos tiradas na privacidade da casa dos Asher transmitem uma quietude e intimidade extraordinárias. Pela primeira vez, a única câmera na sala é a de McCartney. Num desses retratos, ele captura Asher no espelho enquanto ela penteia o cabelo para trás. Nos bastidores dos shows, o espelho era um dispositivo de composição habitual nas fotos de McCartney, mas, nesse caso, o resultado é mais bem resolvido. McCartney era muito bem-vindo na família Asher, e a casa se tornou, por vários anos, um local para se refugiar da Beatlemania, o local onde Paul McCartney e John Lennon se reuniam para compor novas canções, incluindo "I Want To Hold Your Hand".

A essa altura, McCartney havia embarcado num curso cultural por imersão. Relembrou mais tarde: "Muitas vezes eu sentia que os outros caras estavam meio que curtindo, enquanto eu aprendia muito".[35] Assim como os Asher, Freeman apresentou McCartney a um meio cultural mais amplo. Além das atividades como fotógrafo, ele trabalhava no pioneiro Institute of Contemporary Arts, organizando exposições e palestras. Apresentou os Beatles a vários artistas promissores, incluindo Joe Tilson, ícone da pop art, que escreveu em sua agenda em setembro de 1963: "Chá com os Beatles e o fotógrafo Robert Freeman e show dos Beatles em Luton".[36] Os Beatles, e McCartney em particular, se entranharam na contracultura de Londres, que incentivava a polinização cruzada de arte, música, tecnologia e elementos da cultura pop, inclusive design comercial. Em 1968, quando o renomado artista britânico Richard Hamilton pediu aos Beatles fotos pessoais para incorporar ao pôster que idealizou para *The Beatles* ("Álbum Branco"), McCartney compartilhou algumas folhas de contato dessa coleção de fotos.

FOLHAS DE CONTATO E IMAGENS EM MOVIMENTO

> *"Gostamos do cinema vérité – a ideia de capturar coisas de improviso. Combinava com quem éramos e com o que estávamos fazendo. Só fotografar ou filmar as pessoas, e elas se esquecem de que você está ali."*

O arquivo fotográfico de McCartney é composto por centenas de imagens preservadas como negativos e folhas de contato. Hoje raramente usada por fotógrafos, a folha de contato era uma ferramenta crucial ligada ao uso da câmera de 35 mm. Tiras de filme negativo eram impressas numa única folha de papel fotográfico para que todas as imagens de um só filme – trinta e seis num filme padrão – fossem visualizadas em conjunto, possibilitando observar os eventos em sequência. McCartney fotografa Ringo escrutinando uma folha de contato, ele e Epstein sentados na suíte do George V. Com as folhas de contato, McCartney imita uma abordagem profissional em relação à fotografia: vai marcando, com um lápis de cera, as fotos que deseja ampliar como fotos individuais. Ao contrário de escolhas feitas por um profissional, porém, elas não se destinavam à publicação na época. Só um pequeno número de impressões foi realizado para amigos próximos e familiares. Reanalisando as folhas de contato nos dias de hoje, McCartney acabou revisando algumas opções: "Acho que outras podem ser ainda melhores, observando agora".[37] Ao mesmo tempo em que encapsulam a passagem do tempo, as folhas de contato dão vida aos rostos de indivíduos em diálogo com McCartney enquanto ele fotografa.

A natureza sequencial das folhas de contato nos remete ao cinema e, nesse contexto, ao primeiro filme dos Beatles, *A Hard Day's Night (Os reis do iê-iê-iê)*, rodado em fevereiro e março de 1964, logo após a volta de sua primeira viagem aos EUA. Em preto e branco, o longa-metragem carrega a influência do emergente movimento de documentários do fim dos anos 1950 e início dos anos 1960. Seu ritmo acelerado e episódico explora ao máximo a energia juvenil e o senso de humor compartilhado dos Beatles. A convite de Epstein, o diretor do filme, Richard Lester, e o roteirista, Alun Owen, se hospedaram em quartos adjacentes à suíte dos Beatles no Hotel George V, em janeiro de 1964, quando a banda fez a temporada de shows no teatro Olympia. No roteiro, Owen citou diretamente as famosas coletivas de imprensa em que os Beatles se digladiavam com jornalistas aparentemente obcecados por seus cortes de cabelo.

Lester recorda: "O roteiro do filme foi surgindo ao natural. Observamos o comportamento deles do carro ao hotel, e dó hotel ao Olympia e assim por diante... Elaboramos um roteiro que lhes pedia para fazer o que já sabiam".[38] Ele os dirigiu em cenas com os quatro fugindo de fãs e viajando de trem, sob os cliques implacáveis de fotógrafos em seu encalço. Para John Lennon, o filme era uma "versão em história em quadrinhos da vida real... A pressão era bem mais séria do que a retratada no filme". Nas fotos de McCartney, essa pressão é mais tangível.[39]

O protótipo de *A Hard Day's Night* foi o documentário realizado por Albert e David Maysles, encomenda da emissora de TV britânica Granada.[40] Pioneiros do estilo de documentário "mosca na parede", também conhecido como cinema direto, intimamente ligado ao *cinéma vérité* francês e ao fotojornalismo, os Maysles procuravam ser meros observadores, cineastas registrando cenários da vida real da forma mais discreta possível. Para McCartney, a presença deles na comitiva foi bem-vinda. "Eram amigos e exerciam uma atração porque eram artísticos... Assim, quando nos disseram: 'Ah, simplesmente nos ignorem', pensamos 'Uau... que maneira sensacional de fazer um filme'."[41] Os Maysles projetaram e construíram sua câmera e equipamento de som próprios, tudo para ser compacto e móvel, o que lhes permitia trabalhar em espaços exíguos. Albert Maysles observou: "Paul e George se fascinaram com a maneira como fizemos o filme, a tecnologia, os recursos para sermos ágeis".[42]

Os Maysles constataram que os Beatles nunca esqueciam de verdade que eles estavam lá: "Posar para a câmera de vez em quando vinha basicamente da prática adquirida na Inglaterra antes de vir aos EUA ('faça isso, faça aquilo'), por isso tinham o hábito de tocar para a câmera".[43] Até mesmo no hotel, os Beatles, cercados por lentes na maior parte do tempo, estavam representando, mesmo quando a expectativa era que agissem com suas personalidades "autênticas". No filme dos Maysles, Freeman aparece fotografando McCartney lendo o jornal em voz alta. No trem de Nova York a Washington, os Maysles flagraram Ringo e George brincando com a audiência cativa de fotógrafos e jornalistas, mas McCartney se afasta: "Não estou no modo risonho", afirma ele.[44] Tirar fotos era, para McCartney, uma forma de comunicação que exigia uma energia que lhe faltava naquele instante. Nessa etapa da viagem, as fotos dele mostram principalmente as paisagens vistas pela janela do trem, em vez de companheiros de viagem.

Os Maysles deixaram os Beatles após a apresentação deles no *The Ed Sullivan Show*, no glamoroso Deauville Hotel. Era o último show deles agendado na viagem (o último *Ed Sullivan Show* em Nova York tinha sido pré-gravado). Ao vislumbrar o céu azul brilhante, McCartney decidiu usar filme colorido. Essas fotografias têm uma qualidade *wide-screen* que transmite vistas amplas e a luz solar de Miami. Dias após enfrentarem nevascas em Nova York e Washington, era como se estivessem pulando através de várias estações em poucas semanas. Nas fotos de McCartney, os Beatles e sua comitiva relaxam sob o sol quente (Fig. 16). A maioria das fotos foi tirada ao ar livre, em barcos ou à beira da piscina.

Mais parecem fotos de férias. Como o resto do grupo, o fotógrafo Dezo Hoffmann trocou as roupas de inverno por sungas. Mais tarde, comentou: "Miami foi uma experiência marcante. Tínhamos um andar inteiro no Deauville Hotel e também pegamos emprestada uma *villa* de um milionário. Eles [os Beatles] curtiram muito; nas fotos, você não observa um só rosto triste. Era como se tivessem nascido nesse meio, pareciam tão à vontade".[45] Foi nesse dia que John Loengard, fotógrafo da revista *Life*, tirou seu retrato icônico dos Beatles na piscina, só com as cabeças para fora d'água. Em mais de uma década trabalhando para a *Life*, ele considerou essa fotografia dos músicos britânicos como sua imagem "mais americana": sentimento que reflete não só o quanto o público americano acolheu os Beatles em seus próprios corações, mas também o impacto que os EUA tiveram nos Beatles.[46]

Se a memória de Loengard não falha, o clima estava ameno, não muito quente. Não é essa a impressão que as gloriosas fotos de McCartney nos passam – e para os Beatles, acostumados com o norte da Inglaterra, fazia calor suficiente para nadar ao ar livre. A experiência contrastava com a infância de McCartney, na Grã-Bretanha do pós-guerra, onde usava uniforme escolar até mesmo nas férias: "A gente não tinha roupa informal, como as crianças americanas tinham, tipo bermudas e camisetas".[47] Em Miami Beach, todos estão de sunga e jaquetinhas atoalhadas fornecidas pelo hotel: a última moda em roupa "informal". Até mesmo Epstein, em geral um dândi escrupuloso, embarcou na brincadeira de vestuário (Fig. 17).

Para McCartney, a motivação para tirar fotos era semelhante ao impulso criativo de compor letra e música: "Era o que estava rolando, o que acontecia na época, e era muito emocionante, então tirar fotos disso, compor canções sobre isso, falar nisso, dar entrevistas sobre isso, foi tudo muito bom".[48] Assim, a experiência de revisitar essas fotos antigas é análoga ao recente projeto de McCartney de analisar as letras de suas canções, processo que ele comparou a folhear "um antigo álbum de fotos esquecido num sótão empoeirado. Alguém resgata o álbum e, súbito, página após página, as reminiscências vão sendo avivadas".[49] As fotografias de McCartney nos revelam como foi olhar pelos olhos dele enquanto os Beatles conquistavam o mundo: uma lente que abrangia o pessoal com quem partilhou a experiência. Falam de como ele compreendia o processo fotográfico, de seu interesse por tecnologia e de sua responsividade à cultura contemporânea. O ponto de vista dele permanece com um frescor extraordinário: "Nunca perdi esse fascínio pelo que estávamos fazendo e pelo que estava acontecendo conosco... Nunca deixei de me maravilhar".[50]

Rosie Broadley, Curadora Sênior, 20th Century Collections
National Portrait Gallery, Londres

16

17

Linha do tempo

1963 Outubro

13 de outubro
Cerca de 15 milhões de pessoas no Reino Unido sintonizam para ver os Beatles liderarem o line-up no programa da ITV *Val Parnell's Sunday Night at the London Palladium*.

14 de outubro
A imprensa britânica cunha o termo "Beatlemania" pela primeira vez, para descrever o caos do lado de fora do Palladium.

17 de outubro
"I Want To Hold Your Hand" e "This Boy" são gravadas junto com "The Beatles Christmas Record" – um disco flexível exclusivo para os membros do fã-clube.

23 de outubro
Os Beatles decolam rumo à Suécia para sua primeira turnê internacional.

31 de outubro
Milhares de fãs histéricos no London Airport dão as boas-vindas aos Beatles em seu retorno da Suécia. Ed Sullivan testemunha o frenesi em primeira mão.

1963 Novembro

1º de novembro
Em Cheltenham, os Beatles começam sua turnê de fim de ano no Reino Unido.

4 de novembro
Os Beatles tocam no show *The Royal Variety Performance* no Prince of Wales Theatre, em Londres. A transmissão é assistida por 21 milhões de telespectadores, e a banda é apresentada à Rainha Mãe e à Princesa Margaret.

18 de novembro
Os Beatles são vistos na televisão americana pela primeira vez, durante o *Huntley-Brinkley Report* da NBC.

22 de novembro
With The Beatles, o segundo álbum da banda, é lançado e logo substitui *Please Please Me* no topo das paradas do Reino Unido, onde permanece durante 21 semanas. A banda está tocando no Globe, em Stockton-on-Tees, como parte da turnê de fim de ano, quando ficam sabendo que o presidente Kennedy foi assassinado.

1963 Dezembro

7 de dezembro
Os Beatles fazem duas participações na BBC TV: no programa *Juke Box Jury*, e, mais tarde, na mesma noite, no especial *It's The Beatles*. São assistidos no Reino Unido por um público estimado em mais de 22 milhões de espectadores.

21 a 22 de dezembro
Os Beatles dão uma palhinha do *The Beatles Christmas Show* no Gaumont Cinema, em Bradford, e no Empire Theatre, em Liverpool.

24 de dezembro
Os Beatles iniciam uma temporada de 16 noites do *The Beatles Christmas Show*, no Finsbury Park Astoria, em Londres.

1964 Janeiro

11 de janeiro
The Beatles Christmas Show encerra sua temporada no Finsbury Park Astoria, em Londres.

12 de janeiro
A segunda apresentação dos Beatles no programa de auditório *Sunday Night at the London Palladium*.

14 de janeiro
John, Paul e George decolam rumo a Paris.

15 de janeiro
Os Beatles fazem um show de aquecimento no Cinéma Cyrano em Versalhes. Ao retornarem à suíte deles no Hotel George V, ficam sabendo que "I Want To Hold Your Hand" chegou ao número 1 nos EUA.

16 de janeiro
Os Beatles fazem seu primeiro show na temporada de três semanas no Olympia, em Paris. São dois shows por dia ao longo de 18 dias, como parte de um line-up de nove artistas. O grupo tira dois dias de folga, em 21 e 28 de janeiro.

29 de janeiro
"Can't Buy Me Love" é gravada no Pathé Marconi Studios. Durante a sessão também gravam "Komm, gib mir deine Hand" e "Sie liebt dich" para serem lançadas na Alemanha Ocidental.

1964
Fevereiro

4 de fevereiro
Os Beatles fazem seu último show no Olympia, em Paris.

5 de fevereiro
Os Beatles voltam ao Reino Unido.

7 de fevereiro
Os Beatles aterrissam no JFK Airport, Nova York. Hospedam-se no Plaza Hotel.

8 de fevereiro
John, Paul e Ringo atendem à imprensa no Central Park e depois ensaiam para o *The Ed Sullivan Show*. Devido a uma crise de amigdalite, George fica no hotel.

9 de fevereiro
A primeira apresentação dos Beatles no *The Ed Sullivan Show* é assistida por 73 milhões de telespectadores – a maior audiência de TV de todos os tempos até aquele momento.

11 de fevereiro
Os Beatles chegam de trem a Washington, D. C., para fazer seu primeiro show nos EUA, no Coliseum. Em seguida, vão a uma festa na Embaixada Britânica.

12 de fevereiro
Os Beatles voltam a Nova York e fazem dois shows no Carnegie Hall.

13 de fevereiro
Os Beatles voam a Miami. Ficam no Deauville Hotel, em Miami Beach.

14 de fevereiro
Pela manhã, sessão de fotos da revista *Life*. À tarde, ensaio para *The Ed Sullivan Show*.

15 de fevereiro
Ensaios adicionais para a segunda apresentação deles no *The Ed Sullivan Show*. Enquanto isso, *Meet The Beatles!* alcança o nº 1 na parada de álbuns da *Billboard*, onde permanece por 11 semanas consecutivas.

16 de fevereiro
Os Beatles fazem sua segunda participação no *The Ed Sullivan Show*, ao vivo do Deauville Hotel.

17 a 20 de fevereiro
Os Beatles curtem uns dias de folga em Miami. Em 18 de fevereiro, conhecem Cassius Clay, que está treinando para disputar o cinturão do Campeonato Mundial dos Pesos Pesados com Sonny Liston.

22 de fevereiro
Os Beatles voltam ao Reino Unido.

25 de fevereiro
Os Beatles retornam ao Abbey Road Studios, no 21º aniversário de George, para gravar as canções do filme *A Hard Day's Night (Os reis do iê-iê-iê)*.

29 de fevereiro
Introducing... The Beatles atinge sua posição máxima, o 2º lugar, na parada de álbuns dos EUA. Foi impedido de chegar ao topo durante 9 semanas por *Meet The Beatles!*

1964
Março

Ao longo do mês de março
Os Beatles filmam cenas para *A Hard Day's Night* no Twickenham Film Studios e em locações.

19 de março
Os Beatles recebem, das mãos do primeiro-ministro Harold Wilson, o prêmio "Show Business Personality of 1963", ofertado pelo Variety Club, no Dorchester Hotel, em Londres.

23 de março
O Duque de Edimburgo agracia os Beatles com dois prêmios durante uma transmissão ao vivo pela tevê, The Carl-Alan Awards, a partir do Empire Ballroom, em Londres.

1964
Abril

Ao longo de abril
Os Beatles continuam as filmagens de *A Hard Day's Night* no Twickenham Film Studios e no entorno de Londres.

4 de abril
Os Beatles ocupam 12 posições na parada de singles da *Billboard* nos EUA, incluindo os 5 primeiros lugares (Nº 1 "Can't Buy Me Love", Nº 2 "Twist And Shout", Nº 3 "She Loves You", Nº 4 "I Want To Hold Your Hand" e Nº 5 "Please Please Me").

26 de abril
O grupo toca ao vivo no Poll-Winners' All-Star Concert da *NME*, no Empire Pool, em Wembley.

1964 Maio

2 de maio
Os Beatles saem de férias e *The Beatles' Second Album* substitui *Meet The Beatles!* no 1º lugar da parada de álbuns da *Billboard*, nos EUA.

6 de maio
O programa de TV *Around The Beatles* é transmitido no Reino Unido. Nos EUA, vai ao ar em 15 de novembro de 1964.

31 de maio
Realizam *The Pops Alive!* – duas apresentações no Prince of Wales Theatre, em Londres.

1964 Junho

3 de junho
Ringo adoece às vésperas da turnê mundial dos Beatles.

4 de junho
A turnê mundial dos Beatles de 27 dias começa na Dinamarca, com Jimmie Nicol na bateria.

12 de junho
O grupo é recebido por mais de 100.000 fãs ao longo do percurso de 10 km desde o aeroporto de Adelaide, na Austrália, até a cidade.

15 de junho
Ringo se reincorpora ao grupo em Melbourne, na Austrália.

18 de junho
Paul faz 22 anos.

26 de junho
O álbum da trilha sonora de *A Hard Day's Night* é lançado nos EUA e fica 14 semanas como nº 1 na parada de álbuns da *Billboard*.

1964 Julho

2 de julho
Os Beatles voltam ao Reino Unido.

6 de julho
A estreia mundial do filme *A Hard Day's Night* (*Os reis do iê-iê-iê*) acontece no London Pavilion.

10 de julho
A Hard Day's Night, o terceiro álbum dos Beatles, é lançado no Reino Unido. Quando a banda retorna a Liverpool para a estreia nortista do filme, 150.000 pessoas se aglomeram nas ruas para lhes dar as boas-vindas na volta ao lar.

23 de julho
The Night of a Hundred Stars, um show beneficente no London Palladium, apresenta os Beatles suspensos palco acima em um número de balé chamado "I'm Flying".

28 e 29 de julho
Os Beatles fazem uma segunda visita à Suécia, onde tocam quatro vezes em duas noites.

1964 Agosto

11 de agosto
Os Beatles iniciam as sessões para seu próximo álbum no Estúdio 2 do Abbey Road.

16 de agosto
Os Beatles se apresentam na Opera House, em Blackpool. The Kinks completam o line-up com outra banda, The High Numbers, que em breve se transformaria no The Who.

19 de agosto
Os Beatles tocam o primeiro show de uma turnê de 26 datas na América do Norte, no Cow Palace, em São Francisco. A turnê inclui duas datas no Canadá e um concerto de caridade na cidade de Nova York.

28 de agosto
Após o show em Nova York, no Forest Hills Tennis Stadium, os Beatles se encontram com Bob Dylan pessoalmente pela primeira vez.

1964 Setembro

20 de setembro
O último show nos EUA em 1964, *An Evening with The Beatles*, ocorre no Paramount Theatre, em Nova York.

21 de setembro
Os Beatles voltam ao Reino Unido.

1964 Outubro

2 e 3 de outubro
Ensaio e gravação do programa de TV americano *Shindig!*, no Granville Studio, Londres. Os Beatles se apresentam ao vivo diante de uma plateia composta por membros de seu fã-clube.

9 de outubro
A nova turnê britânica dos Beatles, com 27 datas, começa no 24º aniversário de John, no Gaumont Cinema, em Bradford. Fazem dois shows por noite em cada local.

1964 Novembro

10 de novembro
A última noite da turnê britânica é no Colston Hall, em Bristol.

1964 Dezembro

21 a 23 de dezembro
Ensaios para o *Another Beatles Christmas Show*, no Hammersmith Odeon, em Londres.

24 de dezembro
Estreia do *Another Beatles Christmas Show* no Hammersmith Odeon, em Londres. Realizam ao todo 38 shows em 20 noites.

Notas

BEATLELÂNDIA: O MUNDO EM 1964

1 "Beatles First Time on American TV!", *The Huntley-Brinkley Report*, NBC News, 18 de novembro de 1963, https://www.youtube.com/watch?v=SY9PoR7-XGA.

2 Bill Crandall, "CBS News Reports on the Beatles in 1963", CBS News, 21 de janeiro de 2014, https://www.cbsnews.com/news/cbs-newsreports-on-the-beatles-in-1963/.

3 "The Beatles on CBS News", 21 de novembro de 1963, https://www.youtube.com/watch?v=z-sI-e-eJwQ.

4 Sobre os anos sessenta começarem em 1964, consultar principalmente Jon Margolis, *The Last Innocent Year: America in 1964 – the Beginning of the "Sixties"* (Nova York: William Morrow, 1999), cuja tese é ecoada por muitos analistas, como Robert Caro e Rick Perlstein, em *1964: American Experience*, escrito e dirigido por Steven Ives (PBS 2014).

5 "JFK Assassination: Cronkite Informs a Shocked Nation", https://www.youtube.com/watch?v=6PXORQE5-CY.

6 "Reporting JFK's Assassination: A BBC Correspondent's Notes", 18 de novembro de 2012, https://www.bbc.com/news/magazine-24954509.

7 "How the Kennedy Assassination Caught BBC on the Hop", 18 de novembro de 2003, https://www.independent.co.uk/news/media/how-the-kennedy-assassination-caught-the-bbc-on-the-hop-78973.html.

8 Paul McCartney, entrevista concedida à autora, 20 de maio de 2022.

9 Bruce Spizer, "50 Years Ago: Tales of Triumph and Tragedy – The Beatles Kennedy Connection", 21 de novembro de 2013, https://www.beatle.net/50-years-ago-tales-of-triumph-and-tragedy-the-beatles-kennedy-connection/.

10 Burgess citado em "How the Kennedy Assassination Caught the BBC on the Hop".

11 Steven D. Stark, *Meet the Beatles: A Cultural History of the Band That Shook Youth, Gender, and the World* (Nova York: HarperCollins, 2005), 91.

12 Citado em Sam Lebovic, "'Here, There, and Everywhere': The Beatles, America, and Cultural Globalization, 1964-1968", *Journal of American Studies* 51, nº 1 (fevereiro de 2017): 48.

13 "Singers: The New Madness", *Time*, 15 de novembro de 1963, https://content.time.com/time/subscriber/article/0,33009,873176,00.html.

14 "Beatles Interview: AP & CBS News, Plaza Hotel 2/10/1964", The Beatles Ultimate Experience, http://www.beatlesinterviews.org/db1964.0210cbs.beatles.html.

15 Louis Menand, *The Free World: Art and Thought in the Cold War* (Nova York: Farrar, Straus and Giroux, 2021), 327.

16 Citado em Stark, *Meet the Beatles*, 6.

17 Jonathan Gould, *Can't Buy Me Love: The Beatles, Britain, and America* (Nova York: Harmony Books, 207), 167.

18 Frederick Lewis, "Britons Succumb to 'Beatlemania'", *New York Times*, 1º de dezembro de 1963.

19 *The Beatles: Eight Days a Week – The Touring Years*, direção de Ron Howard, roteiro de Mark Monroe (Capitol, 2016), DVD.

20 *The Beatles: Eight Days a Week*, 1:30.

21 Lebovic, "Here, There, and Everywhere", 50.

22 Kenneth L. Campbell, *The Beatles and the 1960s: Reception, Revolution and Social Change* (Londres: Bloomsbury Academic, 2021), 55.

23 Stark, *Meet the Beatles*, 13.

24 Stark, *Meet the Beatles*, 139.

25 "Beatles Press Conference: Indianapolis, Indiana 9/3/1964", The Beatles Ultimate Experience, http://www.beatlesinterviews.org/db1964.0903.beatles.html.

26 Philip Larkin, *Poems*, seleção de Martin Amis (Londres: Faber & Faber, 2011).

27 *The Beatles: Eight Days a Week*, 7:20.

28 Peter Atkinson, "The Beatles and the Broadcasting of British Cultural Revolution, 1958-63", na obra *Fifty Years with the Beatles*, edit. por Tim Hill (Croxley Green: Atlantic Publishing, 2013), 18-22.

29 *The Beatles: Eight Days a Week*, por volta de 8:00.

30 Eric Torkelson Weber, *The Beatles and the Historians: An Analysis of Writings About the Fab Four* (Jefferson, NC: McFarland, 2016), 18.

31 "Peter Cook's The Establishment Club", Darkest London, 11 de março de 2013, https://darkestlondon.com/2013/03/11/peter-cooks-the-establishment-club/.

32 Ver Jill Lepore, "The Man in the Box: Fifty Years of Doctor Who", *New Yorker*, 11 de novembro de 2013.

33 Citado em Peter Hennessy, *Winds of Change: Britain in the Early Sixties* (Londres: Allen Lane, 2019), 317.

34 "Beatles Interview: AP & CBS News, Plaza Hotel 2/10/1964", The Beatles Ultimate Experience, http://www.beatlesinterviews.org/db1964.0210cbs.beatles.html.

35 Campbell, *The Beatles and the 1960s*, 44.

36 Gould, *Can't Buy Me Love*, 155.

37 "CBS News: Cronkite Introduces the Beatles", https://www.youtube.com/watch?v=BIez0S6M5_k e Randy Lewis, "The Beatles, JFK and Nov. 22, 1963", *Los Angeles Times*, 22 de novembro de 2013, https://www.latimes.com/entertainment/music/posts/la-et-ms-beatles-kennedy-assassination-nov-22-1963-20131122-story.html.

38 "Beatles Interview: Washington Coliseum 2/11/1964", The Beatles Ultimate Experience, http://www.beatlesinterviews.org/db1964.0211.beatles.html.

39 "Beatles Interview: Carroll James, Washington Coliseum 2/11/1964", The Beatles Ultimate Experience, http://www.beatlesinterviews.org/db1964.0211cj.beatles.html.

40 Citado em Stark, *Meet the Beatles*, 24.

41 "Beatles Press Conference: Sydney Australia 6/11/1964", The Beatles Ultimate Experience, http://www.beatlesinterviews.org/db1964.0611.beatles.html.

42 Ian MacDonald, *Revolution in the Head: The Beatles' Records and the Sixties* (Nova York: Holt, 1994), 2.

43 "Colonialism Is Doomed" (discurso proferido perante a Assembleia Geral das Nações Unidas, em 11 de dezembro de 1964), Che Guevara Internet Archive, https://www.marxists.org/archive/guevara/1964/12/11-alt.htm.

44 Jennifer Crwys-Williams, ed., *In the Words of Nelson Mandela* (Parktown, África do Sul: Penguin Books, 1997), 35.

45 Bradford E. Loker, *History with the Beatles* (Indianapolis: Dog Ear, 2009), 84-86.

46 Gould, *Can't Buy Me Love*, 8.

47 Até mesmo o assassinato de Kennedy, como disse McCartney: "Foi assustador, mas a verdade é que estávamos em nossas próprias cabeças". *The Beatles: Eight Days a Week*, por volta de 11:00.

48 *The Beatles: Eight Days a Week*, por volta de 12:00. Paul: "Metade do meu pensamento sobre isso era que durante a visita ao país, o pessoal ia tirar sarro de nós ou nos fazer perguntas difíceis, então a saída seria sempre: 'Bem, mas estamos no topo das paradas em seu país'".

49 "The BEATLES Are Coming: Teaser Stickers and 1964 Promotional Campaign", Mitch McGeary's Songs, Pictures and Stories of the Beatles website, http://www.rarebeatles.com/photopg2/comstk.htm.

50 Gareth L. Pawlowski, *How They Became the Beatles: A Definitive History of the Early Years*, 1960-1964 (Londres: Macdonald, 1990), 175. Gould, *Can't Buy Me Love*, 211-12.

51 *What's Happening! The Beatles in the U.S.A.*, filme para TV, dirigido por Albert Maysles e David Maysles (Maysles Films, 1964), por volta de 8:00.

52 Stark, *Meet the Beatles*, 10.

53 John McMillian, *Beatles vs. Stones* (Nova York: Simon & Schuster, 2013), 3.

54 "Beatles Press Conference & Interview: Jacksonville 9/11/1964", The Beatles Ultimate Experience, http://www.beatlesinterviews.org/db1964.0911.beatles.html.

55 Citado em Stark, *Meet the Beatles*, 15.

56 *Federal Role in Urban Affairs: Hearings Before the Subcommittee on Executive Reorganization of the Committee on Government Operations*, Senado dos EUA, 89º Cong., 2ª Sess. (29 a 30 de agosto de 1966), Parte 5 (Washington, DC: US Government Printing Office, 1966), 1361-62.

57 Citado em Weber, *The Beatles and the Historians*, 21.

58 Gould, *Can't Buy Me Love*, 229.

59 "Beatles Interview: Carnegie Hall, 2/12/1964", *The Beatles Ultimate Experience*, http://www.beatlesinterviews.org/db1964.0212.beatles.html.

60 Citado em Stark, *Meet the Beatles*, 149.

61 *1964: American Experience*, 42:50.

62 "Beatles Press Conference: New York City 8/28/1964", *The Beatles Ultimate Experience*, http://www.beatlesinterviews.org/db1964.0828.beatles.html.

63 *The Beatles: Eight Days a Week*, por volta de 3:30.

64 Stark, *Meet the Beatles*, 3-4.

65 Kaitlyn Tiffany, 'Why Fangirls Scream', *Atlantic*, 30 de maio de 2022, https://www.theatlantic.com/technology/archive/2022/05/justin-bieber-beatles-one-direction-screaming-fan/629845/.

66 David Dempsey, "Why the Girls Scream, Weep, Flip", *New York Times*, 23 de fevereiro de 1964, https://timesmachine.nytimes.com/timesmachine/1964/02/23/290257132.pdf?pdf_redirect=true&ip=0.

67 Latif Shiraz Nasser, "Spasms of the Soul: The Tanganyika Laughter Epidemic in the Age of Independence" (tese de doutorado, Harvard University, 2014).

68 "Beatles Press Conference: Detroit 9/6/1964", The Beatles Ultimate Experience, http://www.beatlesinterviews.org/db1964.0906.beatles.html.

69 Harris Faigel, "'The Wandering Womb': Mass Hysteria in School Girls", *Clinical Pediatrics* 7 (julho de 1968): 377-78.

70 Menand, *The Free World*, 319.

71 Andrew Boyd, "No. 2640: The Singing Nun", Engines of Our Ingenuity, https://www.uh.edu/engines/epi2640.htm.

72 "Johnny Hallyday 'Kili Watch' on *The Ed Sullivan Show*", https://www.youtube.com/watch?v=r1ID-7SVqv8.

73 Citado em Charles Gower Price, "Sources of American Styles in the Music of the Beatles", *American Music* 15, nº 2 (1997).

74 Gould, *Can't Buy Me Love*, 6.

75 *What's Happening!*, por volta de 39:00.

76 Citado em Jon Margolis, *The Last Innocent Year*, xi.

77 "Beatles Press Conference: Washington Coliseum 2/11/1964", The Beatles Ultimate Experience, http://www.beatlesinterviews.org/db1964.0211pc.beatles.html.

78 *1964: American Experience*, 2014.

79 *The Beatles: Eight Days a Week*, por volta de 23:00.

80 "Malcolm X Comments on Civil Rights Bill, 1964", Special Collections and University Archives, University of Maryland Libraries, College Park, https://www.youtube.com/watch?v=8MH49Aw83U4.

81 Campbell, *The Beatles and the 1960s*, 63.

82 Citado em Menand, *The Free World*.

83 Conforme citado em Lerone Bennett Jr., "Stokely Carmichael, Architect of Black Power", *Ebony*, setembro de 1966 (e reproduzido num cartaz nos arquivos da NAACP sobre um comício de 1966 em Atlanta, em que os manifestantes tentavam libertar Carmichael da prisão).

84 Brian Ward, *Just My Soul Responding: Rhythm and Blues, Black Consciousness, and Race Relations* (Berkeley: University of California Press, 1998), 330.

85 Gareth L. Pawlowski, *How They Became the Beatles*, 177.

86 *1964: American Experience*, 2014.

87 "Beatles Press Conference: Washington Coliseum 2/11/1964", The Beatles Ultimate

Experience, http://www.beatlesinterviews.org/db1964.0211pc.beatles.html.

88 *The Beatles: Eight Days a Week*, por volta de 34:00.

89 Senado dos Estados Unidos, "Civil Rights Act of 1964", https://www.senate.gov/artandhistory/history/civil_rights/cloture_finalpassage.htm.

90 Gould, *Can't Buy Me Love*, 249-50.

91 "Beatles Press Conference: New York City 8/28/1964", The Beatles Ultimate Experience, http://www.beatlesinterviews.org/db1964.0828.beatles.html.

92 Erika White, "Make America Beatley Again! Inside the 'Ringo for President' Campaign of 1964", *Rebeat*, http://www.rebeatmag.com/make-america-beatley-again-the-ringo-for-president-campaign-of-1964/.

93 "Beatles Press Conference: Los Angeles 8/23/1964", The Beatles Ultimate Experience, http://www.beatlesinterviews.org/db1964.0823.beatles.html.

94 "Fannie Lou Hamer: Testimony at the Democratic National Convention 1964", *The American Yawp Reader*, https://www.americanyawp.com/reader/27-the-sixties/fannie-lou-hamer-testimony-at-the-democratic-national-convention-1964/.

95 Andy Gill, *Bob Dylan: The Stories Behind the Songs, 1962-68* (Londres: Welbeck, 2021), 64.

96 Robert Cohen e Reginald E. Zelnik, eds., *The Free Speech Movement: Reflections on Berkeley in the 1960s* (Berkeley: University of California Press, 2002), 119.

97 "Beatles Press Conference: American Arrival 2/7/1964", The Beatles Ultimate Experience, http://www.beatlesinterviews.org/db1964.0207.beatles.html.

98 "Beatles Press Conference & Interview: Denver 8/26/1964", The Beatles Ultimate Experience, http://www.beatlesinterviews.org/db1964.0826.beatles.html.

99 Michael Ray Fitzgerald, "Much Ado About Nada: Beatles Brouhaha at the Gator Bowl", *The Jitney*, 25 de setembro de 2021.

100 Citado em Stark, *Meet the Beatles*, 142.

101 "Beatles Interview: North-East Newsview 10/15/1964", The Beatles Ultimate Experience, http://www.beatlesinterviews.org/db1964.1016.beatles.html.

102 Citado em Gould, *Can't Buy Me Love*, 271.

103 David Edgerton, *The Rise and Fall of the British Nation: A Twentieth-Century History* (Londres: Allen Lane, 2018), 282.

104 Margolis, *The Last Innocent Year*, viii. Margolis também é o acadêmico que defende que os anos sessenta começaram em 1964 e que 1964 começou em 22 de novembro de 1962 (viii).

105 Dinky Romilly para Joan Baez, 9 de julho de 1965, Student Non-violent Coordinating Committee Files on the Beatles, Martin Luther King, Jr. Center for Nonviolent Social Change, Inc., Atlanta, Georgia.

106 Citado em Lebovic, "Here, There, and Everywhere", 61.

OUTRA LENTE

1 Paul McCartney, entrevista concedida à autora, 5 de julho de 2022.

2 McCartney, entrevista concedida à autora.

3 McCartney, entrevista concedida à autora.

4 Terence Spencer, *It Was Thirty Years Ago Today* (Nova York: Henry Holt, 1994), 146.

5 McCartney, entrevista concedida à autora.

6 McCartney, entrevista concedida à autora.

7 Michael Braun, *Love Me Do! The Beatles' Progress* (Greymalkin Media, 2019), 96.

8 Ringo Starr, *Photograph* (Guildford, Surrey: Genesis, 2015), 132.

9 O título original. Revisado para lançamento em DVD como *The Beatles: The First U.S. Visit* (Capitol: 1991).

10 Tony Armstrong-Jones, *London* (Londres: Weidenfeld & Nicolson, 1958), 7.

11 Martin Harrison, *Young Meteors: British Photojournalism 1957-1965* (Londres: Jonathan Cape, 1998), 97.

12 Harrison, Young Meteors, 7.

13 Barry Miles, *Paul McCartney: Many Years from Now* (Nova York: Henry Holt, 1998), 100.

14 Miles, *Paul McCartney*, 69.

15 O primeiro voo transatlântico comercial direto a jato havia ocorrido apenas em 1958.

16 McCartney, entrevista concedida à autora.

17 McCartney, entrevista concedida à autora.

18 Do prefácio escrito por McCartney para o livro de Jürgen Vollmer, *From Hamburg to Hollywood* (Guildford, Surrey: Genesis, 1997).

19 Kenneth L. Campbell, *The Beatles and the 1960s: Reception, Revolution and Social Change* (Londres: Bloomsbury, 2022), 34.

20 McCartney, entrevista concedida à autora.

21 Michael McCartney, *Remember: The Recollections and Photographs of Michael McCartney* (Londres: Merehurst, 1992), 27.

22 Michael McCartney, *Remember*, 28.

23 McCartney, entrevista concedida à autora.

24 Dezo Hoffmann, *With The Beatles: The Historic Photographs of Dezo Hoffmann*, ed. Pearce Marchbank (Londres: Omnibus, 1982), 7.

25 Terence Pepper e Jon Savage, *Beatles to Bowie: The 60s Exposed* (Londres: National Portrait Gallery, 2009), 14.

26 Pepper e Savage, *Beatles to Bowie*, 32.

27 Hoffmann, *With The Beatles*, 30.

28 Braun, *Love Me Do!*, 37.

29 Karin Andreasson, "Harry Benson's Best Photograph: The Beatles Pillow Fighting" (entrevista), *Guardian*, 12 de fevereiro de 2014, https://www.theguardian.com/artanddesign/2014/feb/12/harry-benson-best-photograph-beatles-pillow-fight.

30 Harry Benson, *The Beatles: On the Road 1964-1966* (Alemanha: Taschen, 2017), 10.

31 McCartney, entrevista concedida à autora.

32 Robert Freeman, *Yesterday: Photographs of The Beatles*, de Robert Freeman, com prefácio de Paul McCartney (Londres: Weidenfeld and Nicolson, 1983), 7.

33 Freeman, *Yesterday*, 8.

34 Freeman, *Yesterday*, 5.

35 Miles, *Paul McCartney*, 116.

36 Lisa Tickner, *London's New Art Scene: Art and Culture in the 1960s* (New Haven: Yale University Press, 2020), 21.

37 McCartney, entrevista concedida à autora.

38 Michael Bonner, "The Making of A Hard Day's Night: 'The Fans Had Got Hacksaws…'", *Uncut*, 5 de outubro de 2015; publicado originalmente em setembro de 2014, https://www.uncut.co.uk/features/the-making-of-a-hard-days-night-the-fans-had-got-hacksaws-71060/

39 Kenneth L. Campbell, *The Beatles and the 1960s: Reception, Revolution and Social Change* (Londres: Bloomsbury, 2022), 79.

40 Foi encomendado para o telejornal da TV Granada, *Scene at Six Thirty*, no qual foi mostrado em vários episódios. Ver também Derek Granger, "Letter: Albert Maysles' Beatles Films Were an Enduring Relic of Their Fabled Early Years", *Guardian*, 17 de março de 2015, https://www.theguardian.com/film/2015/mar/17/albert-maysles-obituary-letter.

41 McCartney, entrevista concedida à autora.

42 Albert Maysles, comentário, *The Beatles: The First U.S. Visit* (Capitol, 2004), DVD.

43 Comentário de Maysles, *The Beatles*.

44 *The Beatles: The First U.S. Visit* (Capitol, 2004), DVD.

45 Hoffmann, *With The Beatles*, 98.

46 Richard Sandomir, "John Loengard, *Life* Photographer and Chronicler, Dies at 85", *New York Times*, 30 de maio de 2020; atualizado em 2 de junho de 2020, https://www.nytimes.com/2020/05/30/arts/john-loengard-dead.html.

47 Paul McCartney, entrevista a Jill Lepore, 20 de maio de 2022.

48 McCartney, entrevista concedida à autora.

49 *Paul McCartney, The Lyrics: 1956 to the Present* (London: Penguin/Allen Lane; New York: Liveright, 2021), xiv. Edição brasileira: *Paul McCartney, As Letras: 1956 até o presente* (Caxias do Sul: Belas Letras, 2021).

50 McCartney, entrevista concedida à autora.

Agradecimentos

Agradecimentos especiais a Nancy, meus filhos e minha amável família. Também a Bob Weil, Stuart Proffitt, Nicholas Cullinan, Rosie Broadley, Jill Lepore, Lee Eastman e Richard Ewbank.

MPL
Alex Parker
Aoife Corbett
Ben Chappell
Issy Bingham
Louise Morris
Maddy Evans
Mark Levy
Miranda Langford
Nancy Jeffries
Nansong Lue
Richard Miller
Ross Martin
Samantha Townsend
Samantha Woodgate
Sarah Brown
Steve Ithell
E todo mundo na MPL

LIVERIGHT/W. W. NORTON
Anna Oler
Bonnie Thompson
Clio Hamilton
Cordelia Calvert
Don Rifkin
Elisabeth Kerr
Elizabeth Clementson
Haley Bracken
Joe Lops
Julia Reidhead
Nick Curley
Peter Miller
Pete Simon
Rebecca Homiski
Steve Attardo
Steven Pace

ALLEN LANE/PENGUIN PRESS
Alice Skinner
Ingrid Matts
Isabel Blake
Jim Stoddart
Katy Banyard
Liz Parsons
Rebeca Lee
Sam Voulters
Thi Dinh

NATIONAL PORTRAIT GALLERY, LONDRES
Andrea Easey
Andy Horn
Andrew Smith
Anna Starling
Denise Vogelsang
Ed Simpson
Emily Summerscale
Fran Laws
Georgia Smith
Jessica Rutterford-Nice
Jude Simmons
Juno Rae
Kara Green
Melanie Pilbrow
Poppy Andrews
Rosie Wilson
Sarah Tinsley
E todo o pessoal da
National Portrait Gallery

DESIGN DO LIVRO E DA CAPA
Stefi Orazi Studio

RESTAURAÇÃO DAS FOTOGRAFIAS
Altaimage London

AGRADECIMENTOS ADICIONAIS
Kevin Howlett
Steve Martin
Stuart Bell

Créditos

CRÉDITOS DE IMAGEM

Todas as fotografias © 1963-1964
Paul McCartney sob licença exclusiva a
MPL Archive LLP

À exceção de
Página 13: National Portrait Gallery, Londres.
© Mike McCartney
Página 21: Mark e Colleen Hayward/
Getty Images
Página 23: © Apple Corps Limited
Página 24: Popperfoto via Getty Images/
Getty Images
Página 26: Hal Mathewson/ NY Daily News
Archive via Getty Images
Página 28: CBS via Getty Images
Página 29: Daily Mirror/ Mirrorpix/ Mirrorpix
via Getty Images
Página 31: Chris Smith/ Popperfoto via
Getty Images/ Getty Images
Página 33: John McBride/ San Francisco
Chronicle via Getty Images
Página 34: Archive Photos via Getty Images

CRÉDITOS DE CANÇÕES E POEMAS

"All My Loving", "A Hard Day's Night"
e "Eleanor Rigby":
Compostas por John Lennon e
Paul McCartney.
© 1963 a 1966 MPL Communications Inc
e Sony Music Publishing LLC.
Administrados nos EUA pela MPL
Communications Inc e Sony Music
Publishing LLC.
Administrados no mundo exclusive os
EUA pela Sony Music Publishing LLC.
Todos os direitos em nome da Sony Music
Publishing LLC administrados pela Sony
Music Publishing LLC, 424 Church Street,
Suite 1200, Nashville, TN 37219.
Todos os direitos reservados. Usado com
permissão.

"Blackbird", "Julia", "Let It Be",
"Martha My Dear" e "Revolution":
Compostas por John Lennon e
Paul McCartney.
© 1968 a 1970 Sony Music Publishing LLC.
Todos os direitos administrados pela Sony Music
Publishing LLC, 424 Church Street,
Suite 1200, Nashville, TN 37219.
Todos os direitos reservados. Usado com permissão.

"From Me To You":
Composta por John Lennon e
Paul McCartney.
© 1963 MPL Communications Inc, Sony
Music Publishing LLC e Gil Music Corp.
Administrados nos EUA pela MPL
Communications Inc. e Sony Music
Publishing LLC. Administrados no Canadá
pela Round Hill Works em nome da
Gil Music Corp.
Administrados fora dos EUA e Canadá
pela Sony Music Publishing LLC.
Todos os direitos em nome da Sony Music
Publishing LLC administrados pela Sony
Music Publishing LLC, 424 Church Street,
Suite 1200, Nashville, TN 37219.
Todos os direitos reservados. Usado com permissão.

"Blowin' in the Wind"
Composta por Bob Dylan.
© 1963 Universal Tunes.
Todos os direitos administrados pela Universal Music
Publishing Group, 2105 Colorado Avenue,
Santa Mônica, CA 90404-3504.
Todos os direitos reservados. Usado com permissão.

Excerto de "Annus Mirabilis" da obra
The Complete Poems of Philip Larkin,
de Philip Larkin, editada por Archie Burnett.
Copyright © 2012 do Espólio de Philip Larkin.
Reimpresso com permissão
de Farrar, Straus e Giroux e
Faber e Faber Ltda. Todos os direitos reservados.

SOM NA CAIXA

*O clube de livros dos
apaixonados por música.*

www.somnacaixaclub.com.br

Este livro foi composto em Adobe Caslon e impresso em papel offset e couché pela gráfica BMF, em maio de 2023.